MIX
Papier aus verantwortungsvollen Quellen
Paper from responsible sources
FSC® C105338

Haftungsausschluss:
Die Ratschläge im Buch sind sorgfältig erwogen und geprüft. Alle Angaben in diesem Buch erfolgen ohne jegliche Gewährleistung oder Garantie seitens des Autors und des Verlags. Die Umsetzung erfolgt ausdrücklich auf eigenes Risiko. Eine Haftung des Autors bzw. des Verlags und seiner Beauftragten für Personen-, Sach- und Vermögensschäden oder sonstige Schäden, die durch die Nutzung oder Nichtnutzung der Informationen bzw. durch die Nutzung fehlerhafter und/oder unvollständiger Informationen verursacht wurden, ist ausgeschlossen. Verlag und Autor übernehmen keine Haftung für die Aktualität, Richtigkeit und Vollständigkeit der Inhalte und ebenso nicht für Druckfehler. Es kann keine juristische Verantwortung und keine Haftung in irgendeiner Form für fehlerhafte Angaben und daraus entstehende Folgen vom Verlag bzw. Autor übernommen werden.

Sollte diese Publikation Links auf Webseiten Dritter enthalten, so übernehmen wir für deren Inhalte keine Haftung, da wir uns diese nicht zu eigen machen, sondern lediglich auf deren Stand zum Zeitpunkt der Erstveröffentlichung verweisen.

Bibliografische Informationen der Deutschen Nationalbibliothek
Die Deutsche Nationalbibliothek verzeichnet diese Publikation in der Deutschen Nationalbibliografie; detaillierte bibliografische Daten sind im Internet über http://dnb.dnb.de abrufbar.

1. Auflage 2024
© 2024 by Remote Verlag, ein Imprint der Remote Life LLC, Powerline Rd., Suite 301-C 33201 Fort Lauderdale, Fl., USA
Alle Rechte vorbehalten. Vervielfältigung, auch auszugsweise, nur mit schriftlicher Genehmigung des Verlages.

Projektmanagement: Li Töppe, Melanie Krauß
Lektorat und Korrektorat: Katrin Gönnewig, Luise Hartung und Markus Czeslik
Umschlaggestaltung: Zarka Bandeira
Satz und Layout: Zarka Bandeira
Illustrationen und Grafiken: Zarka Bandeira
Abbildungen im Innenteil: ©Henryk Lüderitz

ISBN Print: 978-1-960004-54-3
ISBN E-Book: 978-1-960004-55-0
www.remote-verlag.de

HENRYK LÜDERITZ

DER KICKSTART FÜR JUNGE FÜHRUNGSKRÄFTE

Die wichtigsten Skills für einen
erfolgreichen Einstieg in die Führungsetage

INHALTSVERZEICHNIS

EINLEITUNG   **11**

DIE ERSTE SÄULE:
Aufgaben einer Führungskraft   **19**

Aufgaben, die die Gestaltung der
Zukunft betreffen   20

Aufgaben im Tagesgeschäft   22

Grundlegende Aufgabe:
Die Werte in Einklang bringen   54

Fazit für die Aufgaben einer Führungskraft   56

DIE ZWEITE SÄULE:
Zeit- und Selbstmanagement für Führungskräfte   **62**

Die Elemente des Zeit- und Selbstmanagement   63

Effektivität - was ich tue   68

Effizienz - wie ich Dinge tue   72

Timing - Die Frage, wann ich etwas tue   82

DIE DRITTE SÄULE:
Erfolgreiche Kommunikation   **99**

Grundlagen der 1:1-Kommunikation   101

Techniken für eine präzise und überzeugende Kommunikation   111

Grundlagen der Teamkommunikation   133

DER EINSTIEG
in die erste Führungsposition   **145**

Die Bewerbungsphase   146

Die Vorbereitungsphase   163

Die Kennenlernphase   172

Die Orientierungsphase   183

Die Umsetzungsphase   196

Regelmäßige Feedbackgespräche   207

Die Evaluierungsphase   216

BESONDERE SITUATIONEN 228

Enttäuschte Mitbewerber 229

Aufkeimende Konflikte 234

Fluktuation im Team 242

Ein unzufriedenes Team 248

Emotionale Bindung und Zufriedenheit erzeugen 253

Führung aus der Distanz 256

DOS AND DON`TS
für erfolgreiche Führungskräfte   **261**

10 Eigenschaften und Fähigkeiten
einer guten Führungskraft   261

Typische Fehler (junger)
Führungskräfte   290

Schlusswort und Bonus   **321**

Über den Autor   **328**

Quellenverzeichnis   **330**

EINLEITUNG

Herzlich willkommen! Du hältst gerade den Schlüssel zu deiner Zukunft als erfolgreiche und inspirierende Führungsperson in der Hand. In diesem Buch werde ich dich auf eine spannende und informative Reise durch die grundlegenden Fähigkeiten und Kenntnisse mitnehmen, die du benötigst, um erfolgreich in deine Führungsrolle zu starten oder deine bestehende Position als junge Führungskraft weiter auszubauen.

Dieses Buch basiert auf meinen Erfahrungen als Führungskraft, Coach und Managementtrainer. In meinen 12 Jahren bei Vodafone habe ich selbst sowohl die Höhen als auch die Tiefen des Führungslebens erlebt und danach zwischen 2012 und 2023 als Managementtrainer mehr als 2.500 Teilnehmer auf ihrem Weg zu einer Führungsposition begleitet. In diesem Buch teile ich meine wertvollsten Erkenntnisse und die Erfahrungen meiner Seminarteilnehmer mit dir. Du wirst hier die häufigsten Stolpersteine kennenlernen, über die jungen Führungskräfte straucheln, und erfahren, mit welchen Methoden du sie umgehen kannst, um deine Führungsrolle souverän und erfolgreich zu meistern.

In jedem Kapitel findest du **konkrete Praxisbeispiele,** die dir helfen, die vorgestellten Konzepte besser zu verstehen und in deinem eigenen Führungsalltag anzuwenden. Außerdem findest du am Ende des Buches als Bonus noch zwei wertvolle Tools, die dir helfen, das Wissen im Alltag erfolgreich anzuwenden. Bereite dich darauf vor, tief in die Welt der Führung einzutauchen und wertvolle Einblicke zu gewinnen, die dich auf deinem Weg zum Erfolg unterstützen werden. Es ist an der Zeit, dein volles

Potenzial als Führungskraft auszuschöpfen und deinen Weg zur Spitze zu starten.

An dieser Stelle noch ein Hinweis: Ich benutze wegen der besseren Lesbarkeit in diesem Buch in der Regel nur die weibliche oder männliche Form. Selbstverständlich schließe ich damit aber immer alle Geschlechter ein.

Führen oder sich führen lassen

Eines der häufigsten Dilemmas, mit denen Young Professionals konfrontiert sind, ist die Frage, ob sie den Weg in die Führungsetage einschlagen oder lieber als Experten in ihrem Fachbereich bleiben sollten. Diese Entscheidung hat weitreichende Konsequenzen für deine berufliche Entwicklung und Zufriedenheit. Deshalb ist es wichtig, dass du nicht einfach aus dem Bauch heraus oder aus Eitelkeit entscheidest, weil dir eine Führungsposition angeboten wird. Als Führungskraft bist du nämlich nicht mehr nur für dich und deine Arbeitsleistung verantwortlich. Du übernimmst auch Verantwortung für das Arbeitsumfeld und die Leistung anderer. Dadurch wirst du mit den Herausforderungen, Ängsten und Ambitionen deiner Mitarbeiter konfrontiert und musst lernen, sie zu verstehen, zu führen und zu inspirieren. Das bedeutet auch, dass du Menschen in ihrer Individualität anerkennen musst, mit all ihren Stärken, Schwächen und Eigenheiten. Ein alltägliches Beispiel für Individualität ist die Delegation von Aufgaben. Stell dir vor, du musst als junge Führungskraft eine deiner bisherigen Aufgaben an eine Person aus deinem Team abgeben. Schon während des Gespräches fällt dir auf, dass sie einen völlig anderen Weg, um Aufgaben zu bearbeiten, einschlagen wird, als du es bisher getan hast. In dir kommen Zweifel auf, ob dieser Weg überhaupt zum Ziel führen kann. Aus diesem Buch hast du aber gelernt, dass es wichtig ist, Mitarbeiter auch eigene Wege gehen zu lassen und ihnen dadurch das Gefühl der Eigenverantwortung zu geben.

Fehlt dir allerdings das Einfühlungsvermögen, das Verständnis und der Wille dazu, kann der Weg zur Führung schnell steinig werden.

Im Gegensatz dazu ermöglicht dir der Weg als Experte, deine Energie auf die Vertiefung deines Fachwissens zu konzentrieren und Spitzenleistungen auf deinem Spezialgebiet zu erbringen. Hier liegt der Fokus auf deiner individuellen Leistung und weniger darauf, andere zu führen und zu managen.

Auch ich stand am Anfang meiner Karriere vor der Frage: Willst du wirklich führen? In meinem ersten Talentprogramm hatte ich das Privileg, an einem Kaminabend mit einem Geschäftsführer von Vodafone zu plaudern. Ein gemütlicher Rahmen, der jedoch eine enorm wichtige Botschaft für mich bereithielt. Als wir auf das Thema Führung zu sprechen kamen, teilte er eine grundlegende Einsicht mit mir. Er sagte: »Als Führungskraft musst du Menschen lieben, denn du wirst jeden Tag mit neuen Verhaltensweisen konfrontiert. Wenn dir das Verständnis, das Einfühlungsvermögen und der Wille dafür fehlen, bleib lieber Experte! Das ist dann besser für dich und deine Mitarbeiter.«

Dieser Moment war für mich ein Meilenstein. Mir wurde klar, dass Führung zwar erlernbar ist, aber auch von einer inneren Grundhaltung geprägt sein muss. Ja, es gibt Basiswissen über die Aufgaben einer guten Führungskraft. Dieses »WAS« zu verstehen und zu lernen, ist der einfache Teil der Führungsaufgabe.

Die Komplexität beginnt jedoch mit dem »WIE« – wie führe ich richtig? Wie delegiere ich Aufgaben und setze Ziele, die meine Teammitglieder inspirieren und motivieren? Diese Fragen betreffen die Fähigkeiten und Skills, die eine Führungskraft benötigt. Dazu gehören unter anderem Kommunikation, Zeit- und Selbstmanagement. Auch diese Skills lassen sich erlernen und entwickeln.

Doch die größte Herausforderung ist die Einstellung – das »WARUM«. Dies ist der innere Kern, das Herz, das für Führung schlagen muss. Es ist die innere Haltung, die der Geschäftsführer von Vodafone damals als entscheidenden Aspekt einer erfolgreichen Führungskraft betonte.

Bereits als Kind fand ich mich oft in Situationen, in denen ich den Wunsch verspürte, mit Menschen zu arbeiten und Einfluss zu nehmen. Im Grundschulalter konnte ich andere durch meine Kommunikation für meine Ideen begeistern. Mein Interesse, Ideen auszutauschen und Ziele im Team zu erreichen, hat mich stets motiviert und angetrieben. Meine Mutter sagte einmal zu mir: »Henryk, du wirst später viele Menschen um dich herum brauchen, die deine Ideen umsetzen!« Dieser Satz erinnerte mich daran, dass es beim Führen nicht darum geht, alles allein zu machen, sondern Menschen zu inspirieren, gemeinsam Großes zu erreichen.

Wenn dein Herz also auch für Führung schlägt, dann bringst du die wichtigste Voraussetzung bereits mit. Wie du dein Wissen, deine Fähigkeiten und deine Skills erweitern und verfeinern kannst, werde ich dir in den folgenden Kapiteln zeigen. Aber vergiss niemals: Das Herz für Führung ist der entscheidende Ausgangspunkt.

Hier sind zehn Reflexionsfragen, um deine Bereitschaft zur Führung zu überprüfen:

1. Kannst du dir vorstellen, Verantwortung für das Wohlergehen und die Arbeitsergebnisse anderer Menschen zu übernehmen?

2. Wie siehst du die Herausforderung, dich tagtäglich mit den vielfältigen Persönlichkeiten und Arbeitsweisen deiner Mitarbeiter auseinanderzusetzen?

3. Wie würdest du dich fühlen, wenn du Aufgaben, die du bisher selbst erledigt hast, an andere delegieren müsstest und diese dann anders umgesetzt werden, als du es getan hättest?

4. Verfügst du über die nötige Empathie, das Verständnis und den Willen, andere Menschen zu führen, zu motivieren und zu inspirieren?

5. Wie wichtig ist dir der Status eines Experten in deinem Fachbereich? Könntest du dich mit dem Gedanken anfreunden, weniger Zeit für die Vertiefung deines Fachwissens zu haben und stattdessen andere Menschen zu führen und ihnen zu helfen, sich weiterzuentwickeln?

6. Fühlst du dich bereit, mit einer Vielzahl von unerwarteten Situationen und Verhaltensweisen umzugehen und dabei immer ein offenes Ohr und Verständnis für deine Mitarbeiter zu haben?

7. Ist der Satz »Als Führungskraft musst du Menschen lieben« etwas, mit dem du dich identifizieren kannst? Warum ja oder warum nein?

8. Kannst du dir vorstellen, dass deine Rolle als Führungskraft weniger mit deiner individuellen Leistung als mit der Leistung deines Teams zu tun hat?

9. Was erwartest du von dir selbst als Führungskraft und was glaubst du, erwarten andere von dir?

10. Fühlst du dich bereit, kontinuierlich an dir zu arbeiten und neue Fähigkeiten zu erlernen, die für eine Führungskraft wichtig sind?

Wie ist die ideale Führungskraft?

Als junge Fachkraft, die den nächsten Schritt plant und eine Führungsposition anstrebt, fragst du dich bestimmt: »Wie sieht eigentlich eine ideale Führungskraft aus?« Diese Frage ist sehr wichtig, um die eigenen beruflichen Ambitionen und das persönliche Führungsmodell zu reflektieren.

In meinen Seminaren stelle ich häufig zu Beginn eines Programms für die Entwicklung von jungen Führungskräften eine Frage, die dazu beitragen soll, dieses Bild zu schärfen. Du kannst diese Aufgabe hier nebenbei auch gern machen.

Ich bitte die Teilnehmer, an ihre bisherigen Vorgesetzten zu denken und sich an jene zu erinnern, die sie als besonders gut empfunden haben. Was hat diese Führungskräfte ausgezeichnet? Welche Eigenschaften hatten sie, die sie von anderen abgehoben haben? Die Antworten werden auf Moderationskarten notiert, gesammelt und sortiert.

Es ist faszinierend zu sehen, dass trotz der Unterschiedlichkeit der Teilnehmer und ihrer individuellen Erfahrungen die Ergebnisse auffallend ähnlich sind. Eine Schlüsselerkenntnis, die sich fast immer zeigt, ist, dass Fachwissen – also ein Experte auf seinem Gebiet zu sein – bei guten Führungskräften nur eine untergeordnete Rolle spielt. Dies mag zunächst überraschen, aber wenn du tiefer darüber nachdenkst, ergibt es durchaus Sinn. Eine gute Führungskraft muss nicht unbedingt der beste Fachexperte sein, sie muss vielmehr in der Lage sein, ihr Team erfolgreich zu führen, zu motivieren und die Talente jedes Einzelnen zu fördern. Dabei kann es sogar ein Nachteil sein, wenn du fachlich versierter bist als dein Team. Es verleitet beide Seiten nämlich dazu, immer wieder auf deine Expertise und Meinung zurückzugreifen. Das mag zwar fachlich sinnvoll sein, im Sinne der Team- und Mitarbeiterentwicklung ist dieser Ansatz aber eher hinderlich. Für gute Führungskräfte gilt es nämlich nicht, sich selbst in Szene zu setzen, sondern das Team dahin zu entwickeln, dass sie die fachlichen Experten werden. Als Führungskraft bist du verantwortlich, eine positive Arbeitsatmosphäre zu gestalten, in der dein Team gern arbeiten möchte!

Die entscheidenden Kompetenzen lassen sich drei Säulen zuordnen, die das Herzstück der Führungsarbeit ausmachen: den Basisaufgaben einer Führungskraft, dem Zeit- und Selbstmanagement sowie der Kommunikation. Es sind diese Aspekte, die eine Führungskraft prägen und ihr ermöglichen, erfolgreich zu sein.

Eine gute Führungskraft muss in der Lage sein, den Überblick zu behalten, Prioritäten zu setzen und das Team dabei zu unterstützen, die gesteckten Ziele zu erreichen. Darüber hinaus ist die Fähigkeit zur Kommunikation wichtig, um das Team zu inspirieren, Motivation und Engagement zu fördern und ein Umfeld zu schaffen, in dem sich jeder wertgeschätzt und gehört fühlt.

In den folgenden Kapiteln werden wir uns daher auf diese drei Schlüsselbereiche konzentrieren und darauf, wie du sie in deinen Führungsstil integrieren kannst. Jede Führungskraft ist einzigartig, und es gibt kein universelles Modell für die »ideale« Führungskraft. Aber indem du diese grundlegenden Kompetenzen entwickelst und stärkst, kannst du deinen eigenen authentischen Führungsstil entwickeln.

DIE ERSTE SÄULE: AUFGABEN EINER FÜHRUNGSKRAFT

Was macht also eine erfolgreiche Führungskraft aus? Ist es Intelligenz, Fachwissen, Charisma? Diese Aspekte können von Vorteil sein, doch letztlich hängt der Erfolg einer Führungskraft von ihrer Fähigkeit ab, die wichtigsten Aufgaben einer Führungskraft (erste Säule) umzusetzen. Als Führungskraft spielst du eine entscheidende Rolle bei der Entwicklung des Unternehmens. Du trägst die Verantwortung, eine Vision zu erschaffen und aufrechtzuerhalten, Strategien zu entwerfen und umzusetzen sowie deine Mitarbeiter zu managen und in ihrer Entwicklung zu fördern. Doch was bedeutet all dies konkret? In diesem Kapitel werfen wir einen genauen Blick auf die spezifischen Aufgaben, die eine Führungskraft übernehmen muss. Dabei teile ich diese in verschiedene Bereiche auf: die Gestaltung der Zukunft, aktives Handeln in der Gegenwart, die Bewältigung des alltäglichen Geschäfts und die grundlegende Aufgabe, Unternehmens-, persönliche und Teamwerte in Einklang zu bringen.[1]

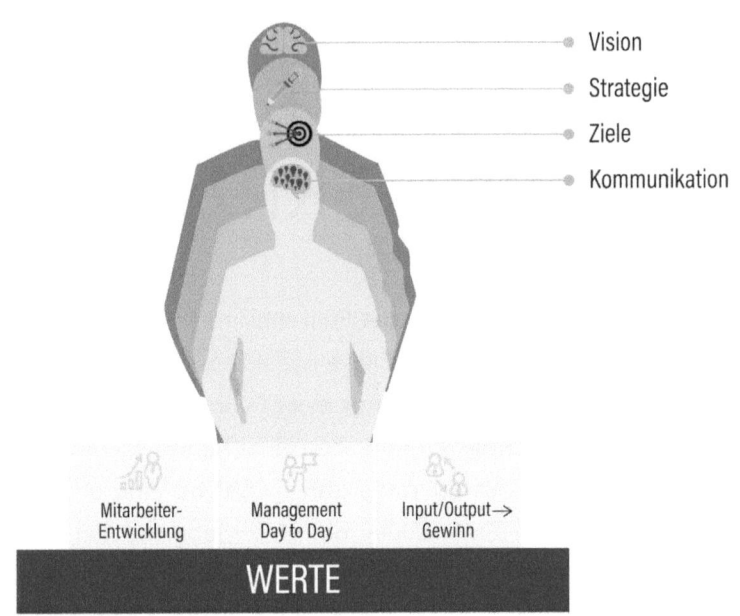

Aufgaben, die die Gestaltung der Zukunft betreffen

Als Führungskraft, insbesondere als Teamleitung, befindest du dich ständig im Spannungsfeld zwischen der Gestaltung der Gegenwart und der Gestaltung der Zukunft. Während du im Hier und Jetzt sicherstellst, dass dein Team gut funktioniert, Aufgaben bewältigt und die aktuellen Ziele erreicht, musst du gleichzeitig als Wegbereiter für die Zukunft agieren. Du bist verantwortlich für die Vision, die deinem Team den Weg weist, für die Strategien, die dieses Ziel erreichbar, und für die konkreten Ziele, die jeden Schritt auf diesem Weg messbar machen. Als Teamleiter bist du ein »Brückenbauer«, der eine Verbindung zwischen der aktuellen

Realität und der angestrebten Zukunft schafft. Du gestaltest den Pfad, auf dem sich dein Team bewegt, und führst es von dem, was ist, zu dem, was sein könnte. In diesem Kapitel erfährst du mehr über diese zukunftsgestaltenden Aufgaben und wie du sie richtig angehen kannst.[2]

Eine Vision entwickeln

Als Teamleiter musst du eine klar definierte Vision für dein Team haben. Eine Vision ist eine feste Vorstellung davon, wie dein Team in der Zukunft aussehen und welche Ziele es erreicht haben soll. Eine gute Vision motiviert dein Team, kann den Teamgeist stärken und gibt allen eine klare Richtung vor.

Stell dir vor, du bist Teamleiter im Kundenservice eines Online-Händlers. Deine Vision könnte sein: »Unser Team soll innerhalb des Unternehmens und bei den Kunden für erstklassigen Kundenservice bekannt sein.« Diese Vision gibt deinem Team eine klare und motivierende Richtung vor und ist der erste Schritt zur Gestaltung der Zukunft.

Geeignete Strategien entwickeln

Nachdem du die Vision definiert hast, musst du Strategien entwickeln, um diese Vision umzusetzen. Diese Strategien legen die Maßnahmen fest, die dein Team ergreifen muss, um die Vision zu erreichen. Sie müssen realistisch und messbar sein, damit du den Fortschritt kontinuierlich überprüfen kannst.[3]

Um bei dem Beispiel von oben zu bleiben, könnte eine geeignete Strategie darin bestehen, Kundenservice-Schulungen für dein Team zu organisieren, um sicherzustellen, dass jeder die Fähigkeiten und Kenntnisse hat, um einen exzellenten Service zu bieten. Eine weitere Strategie könnte darin bestehen, ein Feedback-System einzurichten, das Kunden nach ihren Erfahrungen mit deinem Team befragt.

Konkrete Ziele ableiten

Zuletzt musst du konkrete, sogenannte SMARTe Ziele aus der Vision und den entwickelten Strategien ableiten. Diese Ziele sind **s**pezifisch, **m**essbar, **a**kzeptiert, **r**ealistisch und **t**erminiert. Sie helfen dir und deinem Team, zu erkennen, ob und welche Fortschritte du auf deinem Weg zur Verwirklichung der Vision machst.[4]

Bezogen auf das Kundenservice-Team könntest du z. B. das Ziel setzen, die Kundenzufriedenheitsrate um 10 Prozent in den nächsten sechs Monaten zu steigern. Dieses Ziel ist spezifisch (Steigerung der Kundenzufriedenheitsrate), messbar (um 10 Prozent), akzeptiert und realistisch (durch die verbesserte Schulung und das Feedback-System) und terminiert (in den nächsten sechs Monaten).

Aufgaben im Tagesgeschäft

Das Tagesgeschäft ist das Rückgrat deiner Rolle als Teamleiter. Es geht darum, das Team ergebnisorientiert, aber dennoch einfühlsam zu leiten und sicherzustellen, dass Aufgaben und Verantwortlichkeiten klar zugewiesen sind. Deine täglichen Aufgaben sind wie das Schmieröl, das die Maschine am Laufen hält, und genauso wichtig wie die Vision und Strategie, die du für die Zukunft deines Teams entwickelst. In diesem Kapitel erkläre ich dir die drei Schlüsselbereiche des Tagesgeschäfts, die deine besondere Aufmerksamkeit erfordern.

Einschätzung und Entwicklung von Mitarbeitern

Du stehst am Anfang deiner Führungsrolle und fragst dich vermutlich: »Welcher Führungsstil ist der richtige? Gibt es überhaupt einen *richtigen Stil*?« In der Führung ist selten etwas in Stein gemeißelt und es gibt nur wenige Einheitslösungen. Der Schlüssel zum Erfolg liegt vielmehr in der Flexibilität. In der Praxis bedeutet das, dein Verhalten (Führungsstil) an die individuellen Bedürfnisse deiner Mitarbeiter anzupassen. Hier kommt das Modell der situativen Führung ins Spiel, das von dem Verhaltensforscher Paul Hersey und dem Unternehmer Ken Blanchard entwickelt wurde. Es bietet dir vier verschiedene Führungsstile, die du an die individuellen Bedürfnisse und Fähigkeiten deiner Mitarbeiter anpassen kannst.[5]

Die situative Führung unterscheidet dabei die Entwicklungsgrade von Mitarbeitern, und für jeden dieser Grade gibt es einen passenden Führungsstil:

1. **M1 – keine fachliche Kompetenz, aber lernwillig:** Diese Mitarbeiter sind neu in ihrer Rolle oder Aufgabe und benötigen konkrete Anleitung. Gleichzeitig sind sie motiviert und wissbegierig. Hier empfiehlt sich ein **direktiver Führungsstil,** bei dem du als Führungskraft klare Anweisungen gibst und die Umsetzung eng begleitest. Dein Fokus liegt damit verstärkt auf der Aufgabenebene und weniger auf der Beziehungsebene. Für dich als Führungskraft bedeutet das, dass du dich auf die Anleitung der Aufgabe konzentrieren kannst und den emotional beziehungsorientierten Teil der Führung (der Mitarbeiter ist bereits motiviert) in diesem Führungsstil durchaus vernachlässigen darfst.

2. **M2 – Basiskompetenzen mit viel Unsicherheit:** Diese Mitarbeiter besitzen grundlegende Fähigkeiten, sind sich ihrer Leistung aber unsicher. Sie benötigen Unterstützung und Bestätigung. Ein **beratender Führungsstil**, bei dem du als Führungskraft fachliche Unterstützung und eine hohe Beziehungsorientierung bietest, ist hier angebracht. Dieser Führungsstil ist somit sehr aufwendig, weil du deinen Fokus auf fachliche Erklärungen legen musst und gleichzeitig die zwischenmenschliche Komponente (ist die Person überfordert, verunsichert etc.) nicht aus dem Blick verlieren darfst.

3. **M3 – kompetent, aber noch wenig Selbstvertrauen:** Diese Mitarbeiter verfügen bereits über fortgeschrittene Kompetenzen, ihnen fehlt aber noch das nötige Selbstvertrauen, ihre Aufgaben selbstständig zu erledigen. In dieser Phase ist ein **unterstützender Führungsstil,** der nur noch wenig fachliche Unterstützung, dafür aber ein hohes Maß an Beziehungsorientierung enthält, wichtig.

4. **M4 – sehr kompetent, selbstbewusst und motiviert:** Diese Mitarbeiter verfügen über alle notwendigen Kompetenzen für die entsprechende Aufgabe und die Motivation, ihre Aufgaben selbstständig zu erfüllen. Hier ist ein **delegierender Führungsstil** angebracht, bei dem du als Führungskraft die Verantwortung für Aufgaben und Entscheidungen an den Mitarbeiter überträgst. Aufgabenorientierung und Beziehungsorientierung können in diesem Führungsstil stark reduziert werden. Stattdessen kannst du dich auf die Koordination der Aufgaben fokussieren.

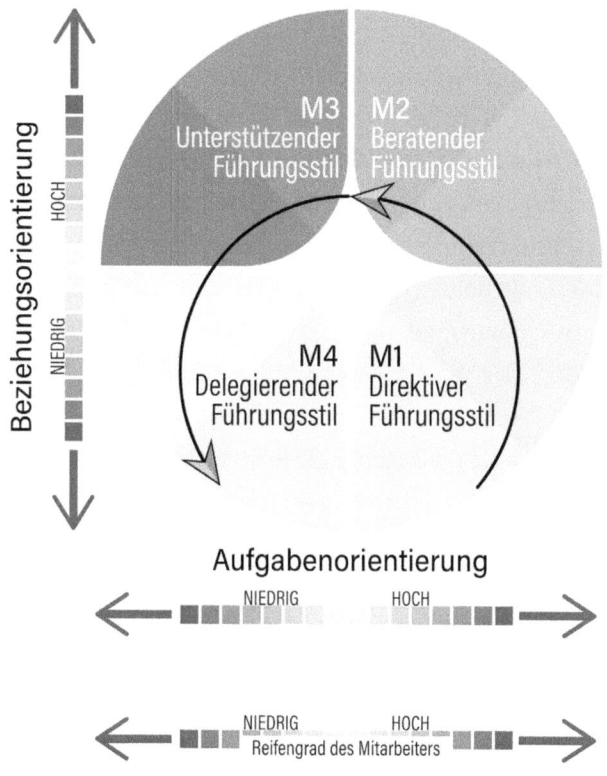

Wie kann das in der Praxis aussehen? Stell dir vor, du bist ein Teamleiter. In deinem Team gibt es einen Mitarbeiter, der zwar technisch versiert ist und gern komplexe Anfragen löst, aber Schwierigkeiten hat, mit verärgerten Kunden umzugehen. Mit dem Modell der situativen Führung könntest du diesem Mitarbeiter komplexe Anfragen (M4) delegieren, ihm aber gleichzeitig klare Anweisungen für den Umgang mit schwierigen Kunden (M1) geben und zusätzliches Training anbieten. So kannst du jeden Mitarbeiter individuell fördern und gleichzeitig das gesamte Team stärken.

Mit diesem grundlegenden Verständnis des Modells der situativen Führung wenden wir uns jetzt der Umsetzung in der Praxis zu. Ein wichtiger Teil dieses Prozesses ist die Kommunikation mit deinen Mitarbeitern. Der Entwicklungsgrad ist ihnen weder auf die Stirn geschrieben, noch kann sich jeder Mitarbeiter selbst realistisch einschätzen. Deshalb sind hier einige Fragen, die du in Gesprächen mit deinen Teammitgliedern verwenden kannst, um ihren Entwicklungsgrad in Bezug auf bestimmte Aufgaben zu erforschen:

1. »Wie wohl fühlst du dich dabei, diese Aufgabe selbstständig zu bewältigen? Wo siehst du eventuell Herausforderungen?«

2. »Wie schätzt du deinen aktuellen Kenntnisstand und deine Fähigkeiten in Bezug auf diese Aufgabe ein?«

3. »Wie motiviert fühlst du dich, diese Aufgabe zu übernehmen? Gibt es Aspekte, die dich besonders antreiben oder die dich vielleicht abhalten?«

4. »Wie würde eine ideale Unterstützung von meiner Seite aussehen, um dich bei dieser Aufgabe bestmöglich zu unterstützen?«

Diese Fragen werden dir helfen, einen offenen Dialog zu fördern und die individuellen Bedürfnisse deiner Mitarbeiter besser zu verstehen. Wichtig ist allerdings auch, dass du deine Einschätzung des Reifegrades und den aus deiner Sicht passenden Führungsstil deinem Mitarbeiter gegenüber konkret benennst und ihm erklärst, wie das in der Praxis aussehen kann. Gehst du mit deiner Einschätzung nicht transparent um, könnte ein Mitarbeiter oder sogar das gesamte Team das Gefühl bekommen, dass du Mitarbeiter unterschiedlich behandelst. Bleiben wir bei dem Beispiel mit dem technisch versierten Mitarbeiter, der Defizite in der Kommunikation und im Umgang mit Konfliktgesprächen hat. Erklärst du ihm nicht transparent und offen, wie du seine Leistung im Bereich Technik und Kommunikation siehst und wie deine Einschätzung dein Führungsverhalten beeinflusst (delegierender Führungsstil bei technischen Themen und ein direktiver Führungsstil bei der Kundenkommunikation), wirst du ihn mit deinem Verhalten irritieren, was sich negativ auf seine Entwicklung und Motivation auswirken kann.

Hier ein verkürztes Beispiel, wie dieser Gesprächsabschnitt aussehen kann:
FK: Hallo X, danke, dass du dir Zeit für dieses Gespräch genommen hast. Ich möchte heute mit dir über meine Wahrnehmung deiner Leistungen sprechen und wie ich dich zukünftig besser unterstützen kann. Passt das für dich?

MA: Ja, klar. Ich bin gespannt.

FK: Gut. Zunächst möchte ich betonen, wie beeindruckt ich von deinem technischen Know-how und deiner Expertise in diesem Bereich bin. Ich habe volles Vertrauen in deine Fähigkeiten und kann dir auch komplexe Aufgaben ohne Bedenken übertragen.

MA: Danke, das bedeutet mir viel.

FK: Gern. Im Bereich der Kommunikation und im Umgang mit Konflikten habe ich noch Raum für Entwicklung bemerkt. Konkret ist mir z. B. bei deinem Telefonat von gestern mit dem Kunden ABC aufgefallen, dass du sehr laut geworden bist und sogar »Dann ist das eben Ihr Problem!« gesagt hast. Auf mich hat das sehr unhöflich und unprofessionell gewirkt. Mir ist bewusst, dass Kunden mitunter nicht einfach sind. Trotzdem ist meine Erwartung, dass auch unfreundliche Kunden mit einer professionellen und stets respektvollen Kommunikation von uns angesprochen werden. Wie siehst du diesen Punkt?

MA: Okay, ich verstehe, was du meinst. Es ist manchmal wirklich eine Herausforderung für mich, mit anspruchsvollen Kunden oder Konflikten umzugehen. Dann werde ich schnell emotional und auch laut.

FK: Ich kann das gut nachvollziehen. Jeder hat Stärken und Bereiche, in denen er sich weiterentwickeln kann. Mein Ziel ist es, dir zu helfen, in allen Aspekten deiner Arbeit zu glänzen. Deshalb schlage ich vor, dass ich dich im Bereich der Kommunikation jetzt etwas enger begleite. Lass uns damit starten, dass ich dir Gesprächsleitfäden an die Hand gebe und ich pro Woche ein- bis zweimal für ca. 30 Minuten bei den Kundengesprächen mithöre und mit dir hinterher konkret analysiere. Außerdem melde ich dich für ein Kommunikations- und ein Konflikttraining an. Mir ist es sehr wichtig, dass du meine enge Führung im Bereich der Kommunikation klar von meiner delegativen Führung bei technischen Aufgaben unterscheiden kannst.

MA: Danke, ich schätze deine Klarheit. Es ist gut zu wissen, wie du mich siehst und wie wir gemeinsam an meinen Schwachstellen arbeiten können. Danke für dein offenes Feedback.

FK: Immer gern. Danke dir für deinen offenen/professionellen und konstruktiven Umgang damit.

Darüber hinaus ist es bei dem situativen Führungsmodell wichtig, dass du deine eigene Rolle als Führungskraft reflektierst und bewertest, wie intensiv du das Modell im Alltag nutzt. Die folgenden Fragen werden dir bei der Selbstreflexion helfen und geben dir Impulse für mögliche Verbesserungen:

1. Wie gut kann ich den Entwicklungsgrad der einzelnen Teammitglieder einschätzen?

2. Wie passe ich meinen Führungsstil an die spezifischen Bedürfnisse und Fähigkeiten meiner Teammitglieder an?

3. Wie habe ich meine Führungsstile angepasst, als sich der Entwicklungsgrad eines Mitarbeiters verändert hat?

4. Wie sicher fühle ich mich dabei, verschiedene Führungsstile anzuwenden?

5. Welchen Herausforderungen begegne ich, wenn ich versuche, meinen Führungsstil anzupassen?

6. Zu welchem Führungsstil tendiere ich intuitiv und wende ihn eventuell sogar unpassend an?

7. Wie gut kann ich meinen Mitarbeitern die einzelnen Führungsstile erklären? Insbesondere dann, wenn ich einen Mitarbeiter mit stark unterschiedlichen Stilen führen muss?

Selbsteinschätzung bevorzugter Führungsstile

Du hast jetzt das Modell der situativen Führung kennengelernt. Aber wie kannst du die einzelnen Führungsstile in der Praxis einsetzen und herausfinden, welcher Stil dir am besten liegt?

Jeder von uns hat Präferenzen, die unsere Entscheidungen und Verhaltensweisen beeinflussen.[6] Vielleicht bist du ein direkter Typ, der gern klare Anweisungen erteilt. Oder gibst du lieber die Kontrolle ab und delegierst Aufgaben schnell? Wie du weißt, gibt es im Modell der situativen Führung vier grundlegende Führungsstile: direktiver Stil, beratender Stil, unterstützender Stil und delegierender Stil. Jeder dieser Stile entfaltet seine Stärken in unterschiedlichen Situationen und bei verschiedenen Mitarbeiterpersönlichkeiten. Die Kunst besteht darin, flexibel zwischen diesen Stilen wechseln zu können, was in der Praxis eine echte Herausforderung sein kann. Es ist deshalb möglich, dass du manchmal einen Stil wählst, der nicht optimal passt, und dadurch Mitarbeiter über- oder unterforderst. Der Schlüssel, solche kleinen Führungsfehler zu vermeiden, liegt darin, herauszufinden, welchen Führungsstil du intuitiv am häufigsten anwendest oder in welche Richtung (z. B. eher direktiv oder eher delegierend) du führst. Mit diesem Wissen kannst du in stressigen Situationen überprüfen, ob du vielleicht zu direktiv geführt hast und eventuell noch eine Korrektur vornehmen kannst.

Um diese Tendenzen herauszufinden, lade ich dich in diesem Kapitel dazu ein, deine persönlichen Präferenzen für die verschiedenen Führungsstile anhand einer Reihe von Reflexionsfragen zu erforschen.[7]

Auf den nächsten Seiten findest du vier Aussagen zu sieben wichtigen Verhaltensbereichen im Umgang mit deinen Teammitgliedern. Bei diesem Test geht es darum, herauszufinden, wie du wirklich tickst, nicht wie du glaubst, dass du sein solltest. Nutze folgende Vorgehensweise:

1. Lies dir jede Aussage durch und überlege, welche am besten zu deinem intuitiven Verhalten passt. Gib dieser Aussage eine 4.

2. Schau dir dann die verbleibenden Aussagen an. Welche beschreibt dein Verhalten am zweitbesten? Diese Aussage bekommt eine 3.

3. Für den drittbesten Treffer vergib eine 2.

4. Die Aussage, die am wenigsten auf dich zutrifft, bekommt eine 1.

Zielsetzung

1. Ich setze sehr anspruchsvolle Ziele und achte auf kurzfristige Termine. Nur wenn der Mitarbeiter stark gefordert wird, entsteht eine sehr gute Leistung.

2. Der Mitarbeiter hat die Möglichkeit, sich Ziele selbst zu setzen, da durch selbstgesteckte Ziele mehr intrinsische Motivation entsteht. Meine Vorgaben sind eher eine grobe Richtung.

3. Es ist wichtig, dass meine Mitarbeiter ihre Aufgaben gemäß ihrer Stellenbeschreibung gewissenhaft erfüllen. Eine Stellenbeschreibung ist wichtiger als jährlich neue Zielvorgaben. Natürlich leite ich die von der Geschäftsleitung vorgegebenen Ziele an mein Team weiter.

4. Ich setze regelmäßige Zielvereinbarungen mit meinen Mitarbeitern um, damit sich die Ziele des Unternehmens mit den individuellen Zielen der Mitarbeiter ergänzen. Es ist mir wichtig, dass die Mitarbeiter die Ziele nicht nur verstehen und akzeptieren, sondern eine intrinsische Motivation entwickeln und gleichzeitig gefordert werden.

Planung

1. Ich plane nur, wenn es nötig ist. Jeder Mitarbeiter sollte seinen eigenen Weg finden, um Herausforderungen zu meistern.

2. Meine Pläne zielen auf langfristiges Wachstum und Entwicklung ab. Sie sind klar strukturiert, gut durchdacht und sollen meine Mitarbeiter motivieren.

3. Ich mache Vorschläge und lasse die Mitarbeiter die Details selbst ausarbeiten. Ich vertraue auf ihre Fähigkeiten und gebe ihnen viele Freiräume und Autonomität.

4. Bei meinen Planungen liegt der Fokus auf der Wirtschaftlichkeit. Ich plane basierend auf meiner Erfahrung und achte darauf, dass die Pläne konsequent umgesetzt werden.

Ideensuche

1. Wenn meine Mitarbeiter ihre Ideen präsentieren, bleibe ich möglichst neutral und vermeide es, Partei zu ergreifen.

2. Ich höre zu und bin offen für neue Vorschläge, andere Meinungen und innovative Gedanken. Auch wenn ich meine eigenen Überzeugungen habe, bin ich bereit, diese zu überdenken, wenn ich überzeugende Argumente höre.

3. Ich bevorzuge es, Ideen von anderen aufzugreifen und voranzutreiben, anstatt meine eigenen zu sehr in den Mittelpunkt zu stellen oder mit viel Aufwand durchzusetzen.

4. Ich verteidige meine Ideen und Überzeugungen, auch wenn nicht alle zustimmen und ich damit manchmal andere enttäuschen oder gar verärgern muss.

Entscheidungen

1. Ich berücksichtige möglichst alle Vorschläge und treffe am liebsten Entscheidungen, die den Mitarbeitern entgegenkommen. Damit vermeide ich unnötige Widerstände und fördere die Motivation.

2. Ich passe mich gern den Entscheidungen anderer an, bringe aber meine Meinung ein, wenn es gefordert wird.

3. Ich treffe die meisten Entscheidungen auf Basis meiner Erfahrung, da ich letztlich auch die Verantwortung tragen muss. Es ist mir wichtig, meine Entscheidungen konsequent umzusetzen, auch gegenüber Widerständen im Team.

4. Entscheidungen sollten möglichst gut überlegt und rational sein. Deshalb setze ich auf die Zusammenarbeit mit meinen Mitarbeitern, bis wir die beste Lösung gefunden haben.

Realisierung

1. Ich fordere mich gern selbst heraus, denn ich glaube, dass Selbstdisziplin und ein hoher Anspruch an sich selbst zu schnellen Erfolgen führen. Bei Problemen oder Widerständen erhöhe ich meinen Einsatz und versuche noch ehrgeiziger, mich durchzusetzen.

2. Ich bin stets da, um meine Mitarbeiter zu motivieren und zu unterstützen. Ich bin fast immer ansprechbar und gewähre den Anliegen meines Teams oberste Priorität. Manchmal übernehme ich Aufgaben selbst, um mein Team zu unterstützen.

3. Bevor ich eine Aufgabe angehe, überlege ich, wie ich mit möglichst geringem Aufwand möglichst effizient und zeitsparend vorankommen kann.

4. Ich halte mich immer über aktuelle Entwicklungen und Fortschritte auf dem Laufenden und setze danach meine Prioritäten. Bei Problemen analysiere ich die Situation, um daraus für zukünftige Planungen zu lernen.

Kontrolle

1. Ich übernehme die Kontrolle über Ergebnisse und Kennzahlen, die der Mitarbeiter selbst nicht überwachen kann. Dabei fokussiere ich mich fast ausschließlich auf die Ergebnisse. Abweichungen nehme ich zum Anlass, um weitere Analysen durchzuführen und Optimierungen am Arbeitsprozess vorzunehmen.

2. Meine stichprobenartigen Kontrollen sind sehr streng, aber fair. Damit überprüfe ich, ob ich eingreifen, korrigieren oder andere Arbeitsanweisungen geben muss.

3. Meine Kontrollen führe ich stets sehr diskret durch. Bei Fehlern betone ich die Möglichkeit, aus Fehlern lernen zu können. Gespräche zur Kritik sind stets konstruktiv und motivierend.

4. Ich bin dafür verantwortlich, ein Kennzahlen- und Kontrollsystem zu etablieren, das weitestgehend selbstständig funktioniert und durch das persönliche Kontrollen größtenteils durch die Möglichkeit ersetzt werden, dass sich mein Team selbst kontrollieren kann.

Konflikte

1. Ich setze alles daran, Konflikte von vornherein zu vermeiden. Sollten sie dennoch auftreten, bemühe ich mich bestmöglich, die Gemüter zu beruhigen und ein positives Arbeitsklima wiederherzustellen.

2. Bei Meinungsverschiedenheiten oder Konflikten halte ich mich möglichst neutral und halte mich so lange wie möglich aus der Diskussion raus. Oft lösen sich die Probleme dann von selbst.

3. Entstehen Konflikte, suche ich nach den Ursachen und bespreche diese mit allen Beteiligten, um eine einvernehmliche Lösung für alle Beteiligten zu finden.

4. Meistens löse ich Konflikte und Meinungsverschiedenheiten, indem ich meine Position zur Konfliktlösung klar vertrete und durchsetze.

Verhaltensbereich	Delegierender Führungsstil		Unterstützender Führungsstil		Direktiver Führungsstil		Beratender Führungsstil	
	Aussage-Nr.	Dein Ranking	Aussage-Nr.	Dein Ranking	Aussage-Nr.	Dein Ranking	Aussage-Nr.	Dein Ranking
Zielsetzung	3	○	2	○	1	○	4	○
Planung	1	○	3	○	4	○	2	○
Ideensuche	1	○	3	○	4	○	2	○
Entscheidung	2	○	1	○	3	○	4	○
Realisierung	3	○	2	○	1	○	4	○
Kontrolle	4	○	3	○	2	○	1	○
Konflikte	2	○	1	○	4	○	3	○
Summe je Führungsstil	○		○		○		○	

Dein persönlicher Test zu den Führungsstilen ist nun abgeschlossen. Bitte beachte, dass es bei diesem Test kein Richtig oder Falsch, kein Gut oder Schlecht gibt. Es geht nicht darum, dich in eine Schublade zu stecken oder dein Führungsverhalten zu bewerten, sondern darum, dir einen Spiegel vorzuhalten und dich dazu anzuregen, über deine Führungspräferenzen nachzudenken.

Das Ergebnis zeigt dir deinen »Go-to«-Stil, also zu welchem Führungsstil du tendenziell am häufigsten greifst, weil er dir am natürlichsten liegt und du ihn im Schlaf beherrschst. **Aber Achtung:** Nur weil du einen Stil besonders gut beherrschst, heißt das nicht, dass du ihn auch immer anwenden solltest. Du weißt, dass du im Modell der situativen Führung alle vier Führungsstile gleich gut beherrschen musst. Wie oft du den jeweiligen Stil nutzt, hängt davon ab, wie entwickelt die Mitarbeiter deines Teams sind. Hast du ein hoch entwickeltes Team mit erfahrenen Spezialisten, wirst du öfter den delegativen Stil nutzen und vermutlich kaum auf den direktiven Stil zurückgreifen müssen.

Gleichzeitig zeigt dir das Ergebnis, welchen Führungsstil du eher vernachlässigst. Vielleicht ist das ein Bereich, den du in Zukunft stärker in deinen Führungsalltag einbinden möchtest? Denk daran: Jeder Führungsstil hat seine Stärken und ist in bestimmten Situationen oder bei bestimmten Mitarbeitern besonders erfolgreich. Lass dich von deinem Ergebnis inspirieren, sieh es als Denkanstoß und Weiterentwicklungsmöglichkeit. Nutze es, um deine Flexibilität im Einsatz der Führungsstile zu verbessern und so noch vielseitiger zu werden. Du hast bereits einen guten Job gemacht und bist mit dieser neuen Erkenntnis auf dem richtigen Weg, noch besser zu werden. Weiter so!

Das Tagesgeschäft mit dem Management-Regelkreis steuern

Eines deiner Standardwerkzeuge im Alltag als Führungskraft ist der Management-Regelkreis. Das ist ein Prozess in fünf Schritten, den du wie eine Art Checkliste nutzen kannst, um dein Team so zu steuern und zu entwickeln, dass ihr gemeinsam eure Ziele erreicht. Lass uns jetzt tiefer in den Managementkreislauf eintauchen, der von der klaren Zielsetzung bis hin zum Feedback reicht und damit zu deinem täglichen Führungswerkzeug wird. Es ist wichtig zu verstehen, dass jeder Schritt dieses Kreislaufs unabhängig vom Reifegrad eines Mitarbeiters notwendig ist. Selbst ein hoch qualifizierter, erfahrener Mitarbeiter benötigt noch Ziele, Unterstützung und Feedback. Der Schlüssel zum Erfolg liegt darin, diese Schritte an den Reifegrad des Mitarbeiters anzupassen.[8]

1. Ziele setzen: Ziele sind nicht nur eine Wegbeschreibung, sondern die Voraussetzung für eine fokussierte Arbeit. Sie helfen dir und deinem Mitarbeiter zu definieren, was erreicht werden soll, und ermöglichen ein gemeinsames Verständnis. Allerdings sind nicht alle Ziele gleich, und hier kommt die SMART-Methode ins Spiel. SMART steht für spezifisch, messbar, akzeptiert, realistisch und terminiert.

Ein Beispiel: Du bist Teamleiter eines Marketingteams und einer deiner Mitarbeiter, Max, ist noch neu (M1). Dein Ziel für ihn könnte lauten: »Max, ich möchte, dass du eine Liste von 50 potenziellen Kunden erstellst, die an unserem Produkt interessiert sein könnten. Wie du weißt, beruht unsere Vertriebsstrategie momentan darauf, verstärkt große Neukunden zu gewinnen, weil kleinere Kunden einen vergleichsweise hohen administrativen Aufwand mit sich bringen. Bitte stell daher sicher, dass die Unternehmen in unserer Zielbranche tätig sind und einen Jahresumsatz von mindestens fünf Millionen Euro haben. Bitte erstelle die Liste bis zum Ende der nächsten Woche.« Dieses Ziel ist spezifisch (eine Liste von 50 potenziellen Kunden erstellen), messbar (50 Unternehmen), akzeptiert (Max stimmt zu, weil er versteht, welchen Beitrag dieses Ziel leistet, um das Ziel des Teams zu erreichen, und auf die Vertriebsstrategie einzahlt), realistisch (Max hat die Fähigkeiten und die Ressourcen) und terminiert (bis zum Ende der nächsten Woche).

Die SMART-Methode kann und sollte auch bei hoch entwickelten Mitarbeitern angewendet werden, auch wenn sie mehr Freiheit und Flexibilität in ihrer Arbeitsweise haben.

Nehmen wir Lisa als Beispiel. Sie ist eine erfahrene und eigenmotivierte Mitarbeiterin (M4). Würdest du ihr Max' Aufgabe geben, könnte das SMART-Ziel so lauten: »Lisa, ich möchte, dass du unsere Kundenbasis im nächsten Quartal um 20 Prozent erweiterst. Du kennst unsere Branche und unsere Kunden am besten, deshalb überlasse ich dir die Wahl der Strategie. Erarbeite mir bis Ende nächster Woche einen Plan, wie du dieses Ziel erreichen willst, und lass uns danach alle zwei bis drei Wochen kurze Check-ins durchführen, um deine Fortschritte zu bewerten und gegebenenfalls Anpassungen vorzunehmen.«

Dieses Ziel ist spezifisch (die Kundenbasis erweitern), messbar (um 20 Prozent), akzeptiert (Lisa ist einverstanden, weil sie versteht, welche Strategie mit diesem Ziel verfolgt wird und motiviert), realistisch (Lisa hat die Erfahrung und Fähigkeiten, um das Ziel zu erreichen), und terminiert (bis zum Ende des nächsten Quartals). Gleichzeitig bietet es Lisa die Selbstständigkeit und Unabhängigkeit, die sie benötigt, um kreativ zu sein und ihr Wissen und ihre Erfahrung optimal zu nutzen.

2. **Delegieren:** Delegation ist ein wesentliches Werkzeug im Repertoire einer Führungskraft. Bei M1-Mitarbeitern wirst du spezifische Aufgaben mit detaillierten Anweisungen delegieren müssen, während du M4-Mitarbeitern mehr Freiraum geben kannst. Du könntest einem M1-Mitarbeiter eine bestimmte Aufgabe zuweisen, z. B. »Kontaktiere diese Liste von Kunden und finde heraus, welche Produkte sie benötigen«, während du einem M4-Mitarbeiter ein Projekt zuweisen und ihm die Freiheit lassen könntest, seine Aufgaben und Verantwortlichkeiten selbst zu definieren.

3. **Unterstützen:** Unterstützung ist kein einmaliges Ereignis, sondern ein kontinuierlicher Prozess. Bei M1-Mitarbeitern kann Unterstützung bedeuten, dass du engmaschig Hilfestellung gibst und vielleicht sogar einige ihrer Aufgaben direkt begleitest. Bei M4-Mitarbeitern geht es eher darum, Ressourcen bereitzustellen, Hindernisse aus dem Weg zu räumen und als Coach und Ratgeber zur Verfügung zu stehen.

4. **Kontrollieren:** Kontrolle hilft dir, den Fortschritt zu überwachen und sicherzustellen, dass die Arbeit auf dem richtigen Weg ist. Bei M1-Mitarbeitern können dies regelmäßige Check-ins und detaillierte Überprüfungen der Arbeit sein. Bei M4-Mitarbeitern können es gelegentliche Statusupdates oder sogar die Freiheit für eine eigenverantwortliche Ergebniskontrolle sein. Stell dir vor, du bist Teamleiter von Projektleitern. Bei einem

M1-Mitarbeiter könntest du tägliche Updates vereinbaren, während du bei einem M4-Mitarbeiter möglicherweise nur wöchentliche oder gar monatliche Updates benötigst. Von allen Punkten im Management-Regelkreis werden in der Praxis bei der Kontrolle die größten Fehler gemacht, die sich teilweise verheerend auf die Motivation deiner Mitarbeiter auswirken können. Hier die aus meiner Erfahrung größten Risiken, und wie du sie vermeiden kannst:

1. Der Überraschungscheck
Das Problem:
Du platzt unangekündigt herein, um zu sehen, wie es läuft. Klingt nach Detektivarbeit und fühlt sich für dein Team wie ein Vertrauensbruch an. Es bleibt die Frage, ob es einen Grund für die plötzliche Kontrolle gab (z. B. ein Fehler) oder ob du als Chef dem Prinzip »Ist die Katze aus dem Haus, tanzen die Mäuse auf dem Tisch« vorbeugen möchtest.

Wie du es besser machen kannst:
Lass dein Team wissen, wann du vorbeischauen wirst und warum. In der Praxis habe ich diese Kontrollpunkte sogar mit den Mitarbeitern abgestimmt. Keine Angst, die Antwort »Komm am besten gar nicht und lass mich machen!« ist extrem selten. Erklärst du, dass du mit der Kontrolle dem Mitarbeiter ein gutes Gefühl geben möchtest, finden die meisten Mitarbeiter von selbst den Zeitpunkt, der für sie die richtige Balance darstellt zwischen »Ich traue mir zu, X Tage allein daran zu arbeiten« und »Aber spätestens nach X+Y Tagen möchte ich mit dir einen Zwischenstand abstimmen und ein kurzes Feedback bekommen!«.

2. Der Überwacher-Modus
Das Problem:
Es ist dir wichtig, dass du einen detaillierten Einblick in sämtliche Arbeitsprozesse deines Teams hast. Du legst viel Wert darauf, auch über kleinste Details und jegliche Art von Problemen informiert zu werden. Beim E-Mail-Verkehr deines Teams möchtest du immer in Kopie sein, damit du weißt, wer gerade was macht und du schnellstmöglich reagieren kannst, wenn etwas anders läuft, als du es erwartest. Dein Mikromanagement lässt deinem Team kaum Zeit zum Arbeiten. Sie müssen mehr willkürliche Fragen, die oft keinen Zusammenhang haben, beantworten, als dass sie arbeiten können. Der Arbeitsalltag wird für dein Team damit zu einem Spießrutenlauf.

Wie du es besser machen kannst:
Tritt einen Schritt zurück. Versuche, die Leistung und die erfolgreichen Entwicklungsschritte zu sehen und Aufgaben und Ziele zu definieren, die dem Reifegrad der Person entsprechen. Frag konkret nach, mit welchem Kontrollrhythmus sie am besten arbeiten können. Hast du mit deinem Mitarbeiter einen Kontrollpunkt bestimmt, sieh die Einhaltung dieser Vereinbarung als genauso wichtig an wie das andere Ende der Vereinbarung: die Leistung zu erbringen. Kontrolle und Leistung sollten sich also die Waage halten.

3. Der »Du machst das schon!«-Style
Das Problem:
Zu locker zu sein und mit lockeren Sprüchen die lästige Kontrolle als überflüssig darzustellen, kann auch nach hinten losgehen. Dein Team fragt sich vielleicht: »Hat er/sie überhaupt eine Ahnung, was hier los ist? Wie stark interessiert sich unsere Führungskraft eigentlich für uns und unsere Ergebnisse?«

Wie du es besser machen kannst:
Auch wenn du deinem Team grundsätzlich vertraust, darfst du auf Kontrolle nicht verzichten. Kontrolle ist nicht nur der »Check« für erbrachte Arbeit. Sie gibt deinen Mitarbeitern auch Sicherheit, weil spätestens bei der Kontrolle Fehler auffallen und korrigiert werden können. Das ist besonders bei neuen Aufgaben (z. B. für sehr reife Mitarbeiter) wichtig. Auch wenn ein Mitarbeiter viel Erfahrung hat, kann es bei einer neuen Aufgabe trotzdem sinnvoll sein, ihm durch regelmäßige, abgestimmte Kontrollpunkte Sicherheit und Unterstützung anzubieten.

4. Der unsichtbare Chef
Das Problem:
Manchmal bist du so »hands-off«, dass sich dein Team fragt, ob du überhaupt noch da bist. Dieses Verhalten ist in der Praxis besonders auffällig, wenn Teams einen hohen Entwicklungsgrad haben und Führungskräfte zu stark in den delegativen Stil verfallen. Übertreibst du als Führungskraft den delegativen Stil und verzichtest auf Kontrollen, kannst du auch den nächsten Schritt des Feedbacks nicht professionell anwenden und lässt dein Team bezüglich seiner Leistung ohne Rückmeldung im luftleeren Raum stehen.

Wie du es besser machen kannst:
Auch die erfahrensten Mitarbeiter brauchen manchmal ein High-Five oder ein kurzes Feedback. Zeig Interesse und sei präsent, auch wenn es nur für ein kurzes »Hey, wie läuft's?« ist.

5. Feedback geben:
Applaus, du hast das Ende des Managementkreislaufs erreicht: Feedback geben. Aber aufgepasst, das ist keine Ziellinie, sondern ein Prozess, der immer wieder von vorn beginnt. Feedback ist wie der Espresso nach einem guten Essen; es rundet alles ab und gibt die nötige Energie, um weiterzumachen.

Ein solider Feedbackprozess besteht aus drei Schritten: Wahrnehmung, Wirkung und Wunsch.[9] Zunächst beschreibst du, was du konkret beobachtet hast (Wahrnehmung). Achte dabei auf eine objektive und möglichst präzise Beschreibung. In der Praxis schleichen sich gerade in diesem Schritt Fehler ein, die das gesamte Feedback negativ beeinflussen. **Ein Praxisbeispiel für ein kritisches Feedback:** Ein Mitarbeiter erscheint fünf Minuten zu spät zu einer Besprechung. Schlechte Formulierungen zum Einstieg sind z. B.: »Du warst ein bisschen zu spät!« (unpräzise) »Du kommst immer zu spät!« (vorwurfsvoll und verallgemeinernd) »Interessiert dich unsere Besprechung nicht, dass du zu spät kommst?« (Unterstellung) Besser ist es, wenn du im ersten Schritt wirklich nur das beschreibst, was wirklich auch passiert ist, ohne Interpretationen oder Verallgemeinerungen. Das kann dann so klingen: »Du bist heute zu unserer Besprechung erst um 09.05 Uhr erschienen.«

Dann erklärst du, wie dieses Verhalten oder Ergebnis auf dich wirkt oder auch andere beeinflusst hat (Wirkung). Im Beispiel von der Verspätung kann das so klingen: »Ich habe auf dich gewartet und mich geärgert, weil mir mein Zeitmanagement sehr wichtig ist!«

Und schließlich formulierst du deinen Wunsch oder deine Erwartung für die Zukunft (Wunsch). Klar, präzise und direkt – das ist die goldene Regel. Um das Beispiel zu beenden, kann das so klingen: »Bitte achte zukünftig darauf, pünktlich zu vereinbarten Terminen zu erscheinen.« Wichtig ist bei deiner Erwartung, dass du eine Besonderheit der Psychologie und Kommunikation beachtest und das Wort »nicht« in deiner Erwartung so gut es geht vermeidest. Würdest du es nutzen, steckt in einer solchen Formulierung immer noch das Verhalten, wovon sich der Mitarbeiter entfernen soll. Hier ein paar Beispiele: »Komm nicht zu spät!«, »Nimm die Vorbereitung nicht auf die leichte Schulter!«, »Bitte nutze gegenüber unseren Kunden nicht so viel Umgangssprache!« Bestimmt merkst du direkt, dass bei deinem Feedbackpartner die Frage aufkommt, wie er sich stattdessen verhalten soll. Besser ist also, immer genau zu überlegen, wie sich dein Mitarbeiter konkret verhalten soll. Damit machst du es deinen Mitarbeitern viel leichter, weil sie direkt hören, wie und was du von ihnen erwartest. Hier die positiven Formulierungen zu den Beispielen von oben: »Bitte achte darauf, pünktlich zu Terminen zu erscheinen«, »Bereite dich auf Kundentermine bitte so intensiv vor, dass du alle Produkteigenschaften mit mindestens einem Praxisbeispiel erklären kannst«, »Bitte achte im Kundengespräch darauf, dass du zur Begrüßung am Telefon immer unsere Standardformulierung (Firma X, guten Morgen, mein Name ist …) nutzt«.

Schauen wir uns **zwei weitere Praxisbeispiele** an: Tom ist ein M1-Mitarbeiter, der neu in deinem Team ist. Er ist motiviert, braucht aber noch Orientierung. Dein Feedback könnte folgendermaßen aussehen: »Tom, ich habe bemerkt, dass du bei der letzten Präsentation Schwierigkeiten hattest, den Nutzen unseres Produktes für den Kunden zu erklären. Du bist ins Stocken geraten und häufig zwischen den Slides hin- und hergesprungen (Wahrnehmung). Dadurch konnte ich dir nicht mehr folgen und hatte das Gefühl, dass das Publikum die Kernbotschaften ebenfalls nicht verstanden hat (Wirkung). Ich wünsche mir, dass du in Zukunft mehr auf die Struktur deiner Präsentation achtest, klarere Highlights setzt, um die Botschaften zu unterstreichen, und den Ablauf vorab auch noch mal mit einem Kollegen einstudierst (Wunsch).«

Nun zum zweiten Beispiel: Lisa, eine M4-Mitarbeiterin, die erfahren und motiviert ist. Dein Feedback könnte so aussehen: »Lisa, ich habe bemerkt, dass du im letzten Monat zwei neue Lösungen für die Kundenprobleme X und Y entwickelt hast (Wahrnehmung). Das wirkt sehr kreativ auf mich und zeigt mir, wie gut du unsere Kunden verstehst und dass du fähig bist, neue Ansätze zu finden (Wirkung). Ich wünsche mir, dass du dieses Engagement beibehältst und weiterhin innovative Ideen einbringst. Vielleicht kannst du sogar ein Brainstorming mit dem Rest des Teams organisieren, um gemeinsam neue Ansätze zu finden (Wunsch).«

Die Menge und Tiefe des Feedbacks wird in der Praxis je nach Reifegrad des Mitarbeiters variieren. Während ein M1-Mitarbeiter mehr Feedback auf fachlicher Ebene benötigt, braucht ein M4-Mitarbeiter weniger fachliches, dafür aber mehr strategisches

Feedback. Trotzdem gilt: Kein Mitarbeiter, egal wie erfahren, darf jemals aus der Feedbackschleife herausfallen. Ohne Feedback fehlt die Chance zur Verbesserung und Weiterentwicklung. Außerdem ist jedes Feedback, auch ein kritisches, eine Anerkennung und Wertschätzung der geleisteten Arbeit. In der Praxis verhindert ein voller Terminkalender bei vielen Führungskräften, dass sie regelmäßige Feedbacks an ihre Mitarbeiter geben. Es muss aber auch nicht immer ein Feedbackgespräch sein. Im Notfall genügen nur wenige Sekunden, um den Mitarbeitern ein »Mikro-Feedback« zukommen zu lassen. Ich habe dafür die drei oben beschriebenen Schritte extrem verkürzt und mich auf eine anerkennende Geste beschränkt. Das kann im Vorbeigehen ein kurzer Blickkontakt zum Mitarbeiter sein, gefolgt von einem »Daumen hoch«.

Wirtschaftlichkeit

Wirtschaftlichkeit ist ein Schlüsselelement deiner Führungsaufgaben. In deiner Rolle als Führungskraft trägst du zur Zukunftsfähigkeit deines Unternehmens bei. Ohne den Fokus auf Wirtschaftlichkeit könnten Gelder und Ressourcen vergeudet werden, was schlimmstenfalls das finanzielle Aus des Unternehmens bedeuten könnte. Doch was bedeutet das konkret für dich? Es geht nicht nur um Gewinnmaximierung und Kostenminimierung. Vielmehr ist es wichtig, die verfügbaren Ressourcen – finanzielle, materielle, immaterielle (z. B. besonderes Fachwissen) oder menschliche – optimal zu nutzen. Gleichzeitig solltest du ein Arbeitsumfeld schaffen, das sowohl die Produktivität als auch die Zufriedenheit deiner Mitarbeiter ermöglicht.[10]

Ein gutes Beispiel ist der Einsatz von Technologien. Nehmen wir an, du leitest ein Kundenservice-Team und überlegst, in eine teure Software zu investieren, die verspricht, bestimmte Aufgaben zu automatisieren und so die Arbeitsbelastung deines Teams zu verringern. Auf den ersten Blick klingt das nach einer sinnvollen Investition. Die entscheidende Frage ist aber: Ist das Geld gut angelegt? Hilft die Software deinem Team wirklich, effizienter zu arbeiten? Verbessert sie die Qualität des Kundenservices? Wenn die Antwort auf eine dieser Fragen »Nein« lautet, könnte es sinnvoller sein, das Geld anderweitig zu investieren, z. B. in Weiterbildungen oder Teambuilding-Aktivitäten.

Wirtschaftlichkeit ist aber nicht nur eine Frage großer Investitionen. Es geht auch um alltägliche Entscheidungen, die du triffst. Ein weiteres Beispiel ist die Verwendung von Zeit. Angenommen, du hast die Aufgabe, eine monatliche Team-Besprechung zu organisieren. Du könntest dich dafür entscheiden, eine lange, ausführliche Sitzung abzuhalten, in der jedes einzelne Projekt ausführlich besprochen wird. Aber wäre das wirklich der beste Einsatz der Zeit deines Teams? Immerhin würden bei einer zweistündigen Veranstaltung mit acht Personen insgesamt 16 Stunden Zeit investiert werden. Das sind zwei komplette Arbeitstage! Alternativ könntest du zwei fokussierte Besprechungen mit jeweils vier Personen für 30 Minuten planen. So würdest du insgesamt nur acht Stunden Arbeitszeit investieren und gleichzeitig die Zufriedenheit deiner Mitarbeiter erhöhen, indem du ihnen mehr Zeit für ihre eigenen Aufgaben gibst.

Leider sind die Fragen zur Wirtschaftlichkeit nicht immer einfach zu beantworten. In dem Beispiel von oben wurde nur der Einsatz der Ressourcen betrachtet, also der Input. Wirtschaftlich zu handeln bedeutet jedoch nicht nur, Kosten und Ressourcen zu sparen, sondern das Verhältnis zum Output so zu gestalten, dass Profit entsteht. Kannst du mit einem Meeting und einem Aufwand von 16 Stunden (acht Personen für zwei Stunden) eine Einsparung von 5.000 € erzielen, klingt das erst mal sehr gut. Ist die Alternative dazu jedoch ein kurzes Meeting mit einem Aufwand von vier Stunden (vier Personen für eine Stunde) und einer Einsparung von 2.000 €, solltest du dich für die Planung des kurzen Meetings entscheiden. Auch wenn dort 3.000 € weniger Einsparungen erzielt werden, ist es wesentlich effizienter, weil du pro Stunde Arbeitseinsatz 500 € (im Vergleich zu 312,50 €) einsparen kannst. Weil sich aber gerade der mögliche Output vorab nur sehr selten genau beziffern lässt, bist du in der Praxis meistens auf Experimentieren, Beurteilen und Anpassungen angewiesen.

Behältst du die Wirtschaftlichkeit im Hinterkopf und bist bereit, deine Methoden und Ansätze zu überdenken, kannst du sicherstellen, dass dein Team nicht nur die gesetzten Ziele erreicht, sondern auch nachhaltig und wertschöpfend arbeitet. Im Grunde geht es darum, das Beste aus den vorhandenen Ressourcen herauszuholen und gleichzeitig ein Umfeld zu schaffen, in dem alle Beteiligten erfolgreich sein können.

Bevor wir zu den Reflexionsfragen kommen, ist es wichtig zu bedenken, dass Wirtschaftlichkeit mehrere Dimensionen hat. Es gilt, die ideale Balance zwischen Effektivität (Was tun wir?), Effizienz (Wie tun wir es?) und der Zufriedenheit der Mitarbeiter zu finden.[11] Die folgenden Reflexionsfragen sollen dich zum Nachdenken anregen und dir helfen, die Herausforderungen und Möglichkeiten der Wirtschaftlichkeit in deinem Team besser zu verstehen:

1. Welche Ressourcen stehen meinem Team zur Verfügung und wie können diese am effektivsten eingesetzt werden? WAS wollen/müssen wir tun?

2. Wie beurteile ich die Effizienz meiner aktuellen Arbeitsprozesse und wie kann ich diese verbessern? WIE können wir das WAS besser, schneller, kostengünstiger machen?

3. Gibt es in meinem Team Bereiche oder Aufgaben, die übermäßig viel Zeit oder Ressourcen in Anspruch nehmen? Wie könnte ich diese effizienter gestalten?

4. Wie messe ich die Produktivität und den Erfolg meines Teams? Nutze ich dabei ausschließlich quantifizierbare Methoden oder berücksichtige ich auch qualitative Aspekte wie Mitarbeiterzufriedenheit und -bindung?

5. Welche Investitionen (z. B. in Technologie, Weiterbildung oder Teambuilding) haben das Potenzial, die Produktivität und Zufriedenheit meines Teams langfristig zu steigern?

6. Wie schaffe ich ein Gleichgewicht zwischen Wirtschaftlichkeit und einem angenehmen Arbeitsumfeld, das die Motivation und die Zufriedenheit meiner Mitarbeiter fördert?

Nimm dir die Zeit, diese Fragen ehrlich und offen zu beantworten. Dabei geht es nicht darum, sofort die perfekten Lösungen zu finden, sondern vielmehr darum, einen besseren Überblick über die aktuellen wirtschaftlichen Chancen und Risiken zu bekommen. Denke daran, dass der beste Weg das Ergebnis von fortlaufendem Experimentieren, Lernen und Anpassen ist.

Grundlegende Aufgabe: Die Werte in Einklang bringen

Eine wesentliche Aufgabe als Führungskraft besteht darin, verschiedene Wertesysteme miteinander zu verknüpfen – die des Unternehmens, deine eigenen und die der Teammitglieder. Dieser komplexe Prozess gehört zu den grundlegenden Herausforderungen, die du als Führungskraft meistern musst.[12]

Eine bewährte Methode ist die Entwicklung gemeinsamer Teamregeln. Diese Regeln sollten in einem Prozess erstellt werden, in dem alle Teammitglieder ihre Ideen und Anregungen einfließen lassen können. So entsteht ein Regelwerk, das die Werte aller Beteiligten repräsentiert und berücksichtigt.

Nehmen wir ein konkretes Beispiel: Dein Unternehmen legt großen Wert auf Kundenzufriedenheit und in deinem persönlichen Wertesystem nimmt Respekt eine zentrale Position ein. Dein Kundenservice-Team schätzt Teamgeist und offene Kommunikation sehr. Nun gilt es, diese unterschiedlichen Werte zu harmonisieren und in konkrete Teamregeln zu übersetzen. Eine solche Regel könnte lauten: »Wir behandeln unsere Kunden und einander immer mit Respekt und arbeiten eng zusammen, um eine hervorragende Kundenzufriedenheit zu gewährleisten.«

Als Führungskraft liegt es an dir, die Einhaltung des Regelwerkes zu gewährleisten. Es geht dabei nicht nur darum, die Regeln zu befolgen. Wichtiger ist, die dahinterstehenden Werte zu verinnerlichen und sie im täglichen Handeln umzusetzen und auf deine Vorbildfunktion zu achten. Dies braucht Fingerspitzengefühl, Einfühlungsvermögen und Selbstdisziplin. Zudem ist es ein kontinuierlicher Lernprozess, der Geduld und Hartnäckigkeit verlangt. Der Einsatz lohnt sich aber. Wenn Teammitglieder ihre Werte in der Arbeit wiederfinden, steigert das ihre Zufriedenheit und Motivation. Das wirkt sich positiv auf die Leistungsfähigkeit des gesamten Teams aus.

Um deine Selbsteinschätzung und deine Kompetenz in diesem Bereich zu reflektieren und weiterzuentwickeln, werden dir folgende Fragen behilflich sein:

1. Welche Werte sind für mich als Führungskraft am wichtigsten und wie bringe ich diese in meine Arbeit ein?

2. Wie gut kenne ich die individuellen Werte meiner Teammitglieder und wie berücksichtige ich diese in meiner Führungsarbeit?

3. Wie gut verstehe ich die Werte meines Unternehmens und wie übersetze ich diese in praktische, alltägliche Anleitungen für mein Team?

4. Welche Methoden nutze ich, um gemeinsame Regeln im Team zu etablieren und sicherzustellen, dass diese eingehalten werden?

5. Wie gehe ich mit Situationen um, in denen die Werte eines Teammitglieds, die Werte des Unternehmens und/oder meine eigenen Werte in Konflikt geraten?

Nimm dir die Zeit, diese Fragen ehrlich und gründlich zu beantworten. Sie werden dir wertvolle Erkenntnisse darüber liefern, wo du stehst und welche Bereiche du weiterentwickeln kannst. Vergiss nicht, dass das Arbeiten mit Werten ein fortlaufender Prozess ist, der Empathie, Offenheit und die Bereitschaft zum Zuhören und Lernen erfordert. Es ist eine Reise, die das Potenzial hat, deine Arbeit als Führungskraft zu bereichern und deine Teamkultur nachhaltig zu stärken.

Fazit für die Aufgaben einer Führungskraft

Führungspositionen können sehr unterschiedlich sein und sich durch zahlreiche Variablen unterscheiden, z. B. die Branche, die Unternehmensgröße oder die Struktur des Teams. Ein Teamleiter im Kundenservice beispielsweise hat andere fachliche Anforderungen als ein Teamleiter im Controlling. Der Kundenservice-Leiter muss wissen, wie man erfolgreich mit Kunden interagiert und deren Bedürfnisse erfüllt, während der Teamleiter im Controlling mit Zahlen, Daten und Finanzberichten jongliert.

Allerdings gibt es grundlegende »Fachaufgaben« für die Führungskraft, die in beiden Positionen identisch sind. Die Zukunft zu gestalten bedeutet, eine Vision zu entwickeln und daraus Ziele für die Gegenwart abzuleiten. Im Hier und Jetzt zählt, wie du das Tagesgeschäft steuerst und deine Mitarbeiter förderst. Es geht darum, Werte in Einklang zu bringen, also eine Atmosphäre zu schaffen, in der sich die Werte des Unternehmens, deine eigenen und die deiner Teammitglieder ergänzen.

Du kannst dir diese Führungsaufgaben wie das Rezept eines Kochs vorstellen. Ein Koch in einem Fast-Food-Restaurant und ein Koch in einem Gourmet-Restaurant haben zwar unterschiedliche fachliche Abläufe und Zutaten, doch einige Grundprinzipien bleiben gleich: Beide müssen eine Speisekarte erstellen, Zutaten einkaufen, das Personal einteilen und die Küche organisieren. Die grundsätzlichen Aufgaben als Führungskraft können also, unabhängig von der spezifischen Rolle, als Checkliste betrachtet werden.

Hier ist eine einfache Checkliste, die dir helfen kann, die grundlegenden Führungsaufgaben für dich zu überprüfen:

Vision:
- Wie gut formuliert und inspirierend ist die Vision, die du für dein Team entwickelt hast?

- Wie gut lässt sich diese Vision in die Gesamtvision des Unternehmens integrieren?

Strategie:
- Wie deutlich und nachvollziehbar sind die Strategien, die du zur Erreichung der Vision festgelegt hast?

- Wie gut sind diese Strategien an die Stärken und Schwächen deines Teams angepasst?

Ziele:
- Wie gut sind die Ziele für dein Team definiert, messbar und erreichbar?

- Wie gut werden diese Ziele von allen Teammitgliedern verstanden und akzeptiert?

Kommunikation zum/vom Team:
- Wie offen und regelmäßig teilst du die Vision, Strategien und Ziele mit deinem Team?

- Wie gut förderst du einen offenen Dialog, in dem sich jedes Teammitglied sicher fühlt, Fragen zu stellen oder Bedenken zu äußern?

Mitarbeiterentwicklung:
- Wie gut kennst du die Fähigkeiten und Entwicklungspotenziale jedes einzelnen Teammitglieds?

- Wie erfolgreich unterstützt du die individuelle Entwicklung deines Teams durch konstruktives Feedback?

Management-Regelkreis:
- Wie erfolgreich und flexibel setzt du den Management-Regelkreis ein und passt ihn an veränderte Situationen an?

- Wie gut unterstützt du dein Team dabei, auf Veränderungen oder unerwartete Herausforderungen zu reagieren?

Wirtschaftlichkeit:
- Wie effizient nutzt du die zur Verfügung stehenden Ressourcen, um ein positives Verhältnis von Input zu Output zu erzielen?

- Wie transparent und nachvollziehbar sind deine Entscheidungen in Bezug auf die Wirtschaftlichkeit für dein Team und das gesamte Unternehmen?

Werte:
- Wie gut passen die Unternehmenswerte, deine eigenen Werte und die Werte deines Teams zusammen?

- Wie stark sind diese Werte in der täglichen Arbeit deines Teams verankert und werden sie von allen Teammitgliedern respektiert und gelebt?

Zusammenfassend lässt sich sagen: Ob du als Führungskraft in einem Start-up, einem globalen Konzern, in der IT-Branche oder im Sozialwesen arbeitest, deine primäre Aufgabe bleibt die gleiche: Führung. Du musst wissen, was als Führungskraft zu tun ist. Das ist nicht nur irgendeine Voraussetzung, sondern eine der drei Grundvoraussetzungen für gute Führung.

Klarheit über deine Aufgaben zu haben, ist wie das Fundament eines Hauses. Es gibt dir den sicheren Stand, um deine Führungsaufgaben mit Zuversicht und Verantwortung auszuüben. Ob es darum geht, die Zukunft zu gestalten, das Tagesgeschäft zu managen oder eine werteorientierte Atmosphäre zu schaffen – diese Aspekte der Führung bleiben konstant, unabhängig von deinem spezifischen Rollenprofil.

Diese Checkliste ist dein Werkzeug, um dir über diese Aufgaben klarzuwerden. Nutze sie regelmäßig, um deinen Führungskurs zu überprüfen und an den Punkten zu arbeiten, die dir als Schwachstelle auffallen.

Falls du bereits in der Führungsposition angekommen bist und glaubst, alle Punkte gut abzudecken, wage doch mal den »TeamCheck«. Der ist nämlich nicht nur ein Werkzeug für deine Selbstreflexion, sondern auch eine hervorragende Vorlage für eine Umfrage in deinem Team.

Nutze die Liste und erstelle daraus eine kleine Umfrage unter deinen Teammitgliedern. Frage sie, wie sie die Qualität deiner Vision, Strategie, Kommunikation und so weiter einschätzen. Es ist ein großartiger Weg, um wertvolles Feedback zu erhalten und zu verstehen, wie deine Führung aus der Perspektive deines Teams aussieht. Es wird dir dabei helfen, Bereiche zu identifizieren, in denen du dich zielgerichtet verbessern kannst. Außerdem zeigst du mit der Umfrage echtes Interesse an der Meinung und Wahrnehmung deiner Mitarbeiter. In der Praxis wird das als deutliches Zeichen der Wertschätzung aufgenommen. Wichtig ist aber auch, dass du die Rückmeldungen nicht auf die leichte Schulter nimmst oder gar ignorierst. Damit verspielst du sofort das Vertrauen deines Teams, Zeit für ehrliche Antworten zu investieren. Enthält der Input jedoch auch die eine oder andere unrealistische Forderung, solltest du wertschätzend, aber sachlich darauf eingehen und erklären, warum du diesen Wunsch nicht umsetzen kannst.

Ein Praxisbeispiel: Mitarbeiter Thomas wünscht sich, auch kurzfristig und ohne Urlaubsantrag bis zu zwei Tage spontan freinehmen zu können. Eine wertschätzende Reaktion darauf könnte sein: »Thomas, vielen Dank für deinen Wunsch bezüglich mehr

Flexibilität und Spontaneität bei der Urlaubsplanung. Unsere momentane Vorgehensweise mag zwar etwas langsam und nicht so spontan sein, hat aber den Vorteil, dass wir die Woche besser planen können. Dadurch verhindern wir, dass das Team oder einzelne Personen überlastet werden, weil sie die Aufgaben eines Kollegen im spontanen Urlaub übernehmen müssen. Bitte hab deshalb Verständnis dafür, dass ich diese Vorgehensweise so nicht unterstützen möchte. Sollten aber private Notfälle auftreten, sprich mich bitte immer offen an. Notfälle sind eine Ausnahme und dafür finden wir im Einzelfall dann bestimmt eine Lösung!«

Letztlich geht es darum, eine Brücke zwischen deinem Verständnis von Führung und dem Erleben deines Teams zu bauen. Nur so kannst du wirklich erfolgreich führen. Denk immer daran: Gute Führung beginnt mit einem klaren Verständnis dafür, was zu tun ist, und wird durch das kontinuierliche Feedback und die Perspektive deines Teams bereichert.

DIE ZWEITE SÄULE: ZEIT- UND SELBST-MANAGEMENT FÜR FÜHRUNGSKRÄFTE

Als Führungskraft musst du neben deinen Leitungsaufgaben oft auch fachliche Aufgaben übernehmen. Glaub mir, ohne ein gutes Zeit- und Selbstmanagement läufst du als Führungskraft ganz schnell ins Leere. Es ist deine geheime Superkraft, um das ganze Durcheinander an Leitungs- und Fachaufgaben zu bewältigen! Daher sehe ich das Zeit- und Selbstmanagement auch als zweite Säule der erfolgreichen Führung. Gute Zeit- und Selbstmanagementfähigkeiten helfen, Prioritäten zu setzen, die Arbeitslast zu bewältigen und dabei ein Gleichgewicht zwischen den beruflichen Anforderungen und den persönlichen Bedürfnissen zu finden.[13]

Die Elemente des Zeit- und Selbstmanagements

Erfolgreiches Zeitmanagement ist nicht nur eine Frage der Organisation, sondern auch der Strategie und des Fokus. Es geht darum, die richtigen Aufgaben zur richtigen Zeit auf dem effizientesten Weg zu erledigen. Dabei spielen drei Aspekte eine wichtige Rolle: die Effektivität (Was ist zu tun?), die Effizienz (Wie tue ich es?) und das Timing (Wann muss etwas erledigt sein?).[14]

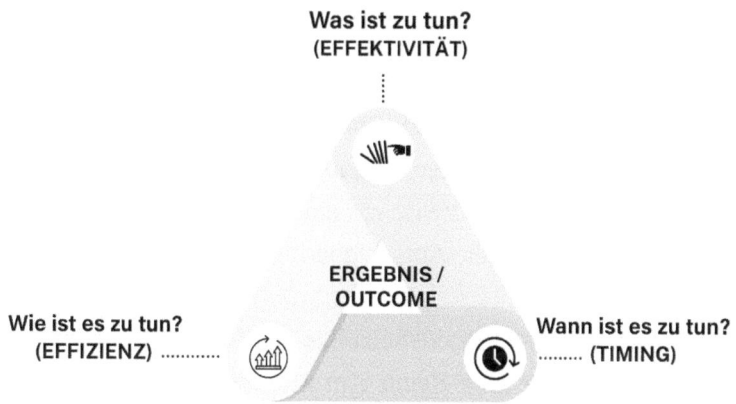

Effektivität bezieht sich auf die Fähigkeit, die wirklich wichtigen Aufgaben zu identifizieren und sich darauf zu konzentrieren. Dafür ist es notwendig, alle anstehenden Aufgaben zu erfassen und zwischen Routineaufgaben und außergewöhnlichen Aufgaben zu unterscheiden. Routineaufgaben sind Aufgaben, die regelmäßig anfallen und deren Erledigung im Voraus geplant werden kann, während außergewöhnliche Aufgaben unvorhergesehene oder seltene Aufgaben sind, die besondere Aufmerksamkeit erfordern.

In diesem Schritt ist es deshalb wichtig, den »Wert« der Aufgaben zu erfassen.

Effizienz bezieht sich darauf, die Aufgaben in der bestmöglichen Art und Weise auszuführen. Dies bedeutet nicht nur, dass sie in der kürzest möglichen Zeit erledigt werden, sondern auch, dass die Qualität der Arbeit hoch ist. Um das zu erreichen, ist es wichtig, geeignete Strategien zu finden, die es dir ermöglichen, beispielsweise Fokuszeiten zu setzen, in denen du ungestört arbeiten kannst.[15]

Timing bezieht sich auf die Fähigkeit, Aufgaben zum bestmöglichen Zeitpunkt zu erledigen. Dabei spielen Deadlines und der Grad der Dringlichkeit einer Aufgabe eine zentrale Rolle. In der Praxis ist es die Balance zwischen einem unüberlegten »Ich mache alles sofort« und der »Aufschieberitis«.[16]

Schauen wir uns **zwei Praxisbeispiele** an: Im ersten Beispiel hat eine Führungskraft eine Reihe von Routineaufgaben, wie beispielsweise Berichte zu überprüfen, und einige außergewöhnliche Aufgaben, wie eine Präsentation für ein wichtiges Meeting vorzubereiten. Sie könnte ihre Effektivität steigern, indem sie sich auf die Vorbereitung der Präsentation konzentriert, da dies eine Aufgabe von hoher Wichtigkeit ist. Ihre Effizienz könnte sie verbessern, indem sie Tools zur automatisierten Überprüfung von Berichten nutzt und spezielle Zeiten für die Arbeit an der Präsentation festlegt. Schließlich könnte sie ihr Timing verbessern, indem sie die Deadlines für beide Aufgaben im Blick behält, Pufferzeiten einbaut und sicherstellt, dass genug Zeit für die Vorbereitung der Präsentation bleibt. Um das Timing zu verbessern, ist es außerdem hilfreich, sich Zeit für die Planung der Aufgaben zu nehmen. Wie bei einem Projekt könnte die Führungskraft z. B. größere Präsentationen in Kapitel unterteilen und eine Anzahl von Slides pro Kapitel definieren. Ausgehend von ihren bisherigen Erfahrungen (wie lange brauche ich für eine PPT-Folie?) kann sie dann in einer Art »Rückwärtskalkulation« die Schritte zur Bearbeitung der Präsentation aufteilen und als feste Aufgabenblöcke im Kalender eintragen. So kann sie auch über einen längeren Zeitraum gewährleisten, dass sie einen kontinuierlichen Fortschritt macht und am Ende noch Zeit für Korrekturen oder eine Überarbeitung hat. In der Praxis haben sich Pufferzeiten mit einem Aufschlag von 25 bis 50 Prozent pro Aufgabenblock bewährt.

Im zweiten Beispiel hat ein Teamleiter mehrere Aufgaben mit unterschiedlichen Deadlines und Dringlichkeiten. Um effektiv zu sein, könnte er die Aufgaben nach ihrer Wichtigkeit und Dringlichkeit priorisieren. Um effizient zu sein, könnte er Aufgaben, die weniger Aufmerksamkeit erfordern, delegieren und sich auf die wichtigsten Aufgaben konzentrieren. Für das richtige Timing könnte er einen Zeitplan erstellen, in dem er genau festlegt, wann welche Aufgabe erledigt werden muss.

Mit der richtigen Kombination aus Effektivität, Effizienz und Timing kannst du sicherstellen, dass du das Beste aus deiner Zeit machst und die wichtigen Aufgaben effektiv und erfolgreich erledigst.

Zeit- und Selbstmanagement für dich und dein Team

Wenn es darum geht, ein Team gut zu führen, spielt nicht nur dein eigenes Zeit- und Selbstmanagement eine wichtige Rolle, sondern auch das deiner Teammitglieder. Für Führungskräfte ist es wichtig sicherzustellen, dass alle auf derselben Seite stehen, wenn es um Arbeitsmethoden und Zeiteinteilung geht. Es bringt nichts, wenn du z. B. Fokuszeiten für ungestörte Arbeit etablierst, dein Team in dieser Zeit aber nicht weiß, wohin es sich mit seinen Anliegen wenden soll oder wann der richtige Zeitpunkt ist, dich anzusprechen. Transparenz und Kommunikation gegenüber dem Team sind daher extrem wichtig.

Ein Praxisbeispiel verdeutlicht diese Wichtigkeit: Mila ist Teamleiterin und hat Fokuszeiten eingeführt, um konzentriert an strategischen Aufgaben arbeiten zu können. Sie hat jedoch bemerkt, dass ihr Team in diesen Zeiten häufig unsicher ist, wie und wann sie am besten mit ihr in Kontakt treten sollen. Mila entscheidet sich, dieses Problem in einem Teammeeting anzusprechen. Gemeinsam erarbeiten sie eine Lösung: Sie legt bestimmte »Offene Büro«-Zeiten fest, zu denen sie für Anfragen und Besprechungen zur Verfügung steht. Außerdem erstellt sie eine Notfall-Kontakt-Regel für dringende Anliegen, die nicht bis zu den »Offenen Büro«-Zeiten warten können.

Ein weiterer wichtiger Aspekt ist, dass das, was für dich als Führungskraft funktioniert, auch für dein Team hilfreich sein kann. Bewährte Zeit- und Selbstmanagement-Strategien sind keine exklusive Domäne von Führungskräften – sie können und sollten auf allen Ebenen des Teams angewendet werden.

In meinem zweiten Beispiel hat Michael, ein junger Abteilungsleiter, festgestellt, dass die Effizienz seines Teams durch häufige Unterbrechungen und Ad-hoc-Anfragen beeinträchtigt wird. Er hat sich daher überlegt, die Methode des »Timeboxing« in seine Arbeit zu integrieren.[17] Beim Timeboxing nutzt du feste Zeiträume (Boxen), die du für bestimmte Aufgaben festlegst, um Fokus und Effizienz zu steigern. Er teilt diese Methode mit seinem Team und ermutigt es, sie auch zu nutzen. Gemeinsam erstellen sie einen Team-Zeitplan, der die Timeboxing-Methode nutzt und für alle zugänglich ist. Sie vereinbaren, sich während dieser festgelegten Zeitspannen (Timeboxes) nicht gegenseitig zu unterbrechen, es sei denn, es handelt sich um eine dringende und wichtige Angelegenheit.

Beide Beispiele zeigen, dass die Integration von Zeit- und Selbstmanagementmethoden in die Teamdynamik sowohl die Produktivität als auch die Zufriedenheit der Teammitglieder verbessern kann. Dafür ist es wichtig, ein Umfeld der Offenheit und Zusammenarbeit zu schaffen, in dem jeder seine eigenen Erfahrungen und Ideen einbringen kann. Mit einer gemeinsamen Strategie für das Zeit- und Selbstmanagement könnt ihr als Team effektiver und effizienter zusammenarbeiten.

Damit du diesen Weg zusammen mit deinem Team beschreiten kannst, zeige ich dir in den nächsten Kapiteln die Grundlagen des Zeit- und Selbstmanagements.

Effektivität – was ich tue

Effektivität ist ein grundlegender Faktor des Zeitmanagements, der die Frage beantwortet: »Was ist zu tun?« In der Rolle einer Führungskraft bedeutet das, sich auf die Tätigkeiten zu konzentrieren, die den größten Einfluss auf das Erreichen der Team- und Unternehmensziele haben.

Nehmen wir z. B. Thomas, einen neuen Teamleiter in einer Marketingagentur. Er erstellt eine Liste aller seiner Aufgaben und kategorisiert sie nach ihrer Wichtigkeit und ihrem Einfluss auf das Teamergebnis. Dadurch erkennt er, dass die strategische Planung und das Überwachen der Projektfortschritte seine wichtigsten Aufgaben sind, und priorisiert sie.

Oder Lisa, eine junge Abteilungsleiterin in einem Softwareunternehmen. Sie hat festgestellt, dass sie einen Großteil ihrer Zeit mit administrativen Aufgaben (E-Mails und bereichsübergreifenden Meetings) verbringt. Lisa erkennt, dass ihre Priorität stattdessen darin liegen müsste, das Team zu führen und die Produktentwicklung zu steuern, weil diese Aufgaben einen größeren Einfluss auf den Erfolg der Abteilung haben. Sie beginnt damit, administrative Aufgaben zu delegieren und mehr Zeit für die Führung ihres Teams und strategische Entscheidungen einzuplanen.

Effektivität im Zeitmanagement bedeutet also, die Aufgaben zu identifizieren, die den größten Nutzen bringen, und diese dann in den Vordergrund zu stellen. Wie das einfach und schnell geht, erkläre ich dir anhand der ABC-Analyse.[18]

Wichtigkeiten und Werte bestimmen

Für junge Führungskräfte kann der Alltag oft so aussehen, als ob alle Aufgaben gleich wichtig wären. Man fühlt sich von der Menge an Verantwortlichkeiten und der Unmöglichkeit, alles auf einmal zu erledigen, überwältigt. Hier kommt die ABC-Analyse ins Spiel – ein einfaches und doch nützliches Werkzeug, um Klarheit über die Prioritäten deiner Aufgaben zu gewinnen.

Die ABC-Analyse basiert auf dem Prinzip, dass nicht alle Aufgaben gleich sind. Einige sind wertvoller und wichtiger als andere. Die Herausforderung besteht darin, die »Werte« der Aufgaben abzuschätzen und nach Wertigkeit zu sortieren. In der Praxis kannst du dafür folgende vier Schritte nutzen.

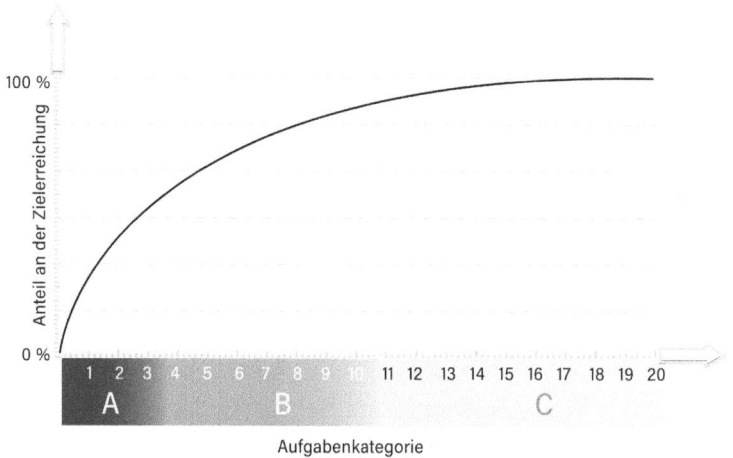

Schritt 1: Liste aller Aufgaben erstellen
Zuerst musst du dir einen Überblick über deine Aufgaben verschaffen. Erstelle dafür eine Liste von allem, was du in einem

normalen Arbeitsalltag erledigst. Diese Liste sollte sowohl routinemäßige als auch außergewöhnliche Aufgaben umfassen.

Nehmen wir Lisa als Beispiel. Sie ist frischgebackene Führungskraft in der IT-Abteilung. Auf ihrer Aufgabenliste könnte stehen: Anfragen des Teams bearbeiten, IT-Projekte koordinieren, wöchentliche Teammeetings abhalten, Berichte erstellen und Korrespondenz mit anderen Abteilungen.

Schritt 2: Aufgaben bündeln und kategorisieren
Sollte deine Liste mehr als 20 Aufgaben enthalten, empfiehlt es sich, ähnliche Aufgaben zu bündeln und sie unter einer gemeinsamen Kategorie zusammenzufassen.

Z. B. könnte Lisa die Aufgaben »Anfragen des Teams bearbeiten« und »Korrespondenz mit anderen Abteilungen« zusammenfassen und unter »Externe Kommunikation« kategorisieren. Dies hilft, die Liste übersichtlicher zu gestalten und die Art der Aufgaben besser zu verstehen.

Schritt 3: Die Liste nach Wertigkeit sortieren
Nachdem du die Aufgaben kategorisiert hast, ist der nächste Schritt, sie nach ihrer Wertigkeit für deine Rolle als Führungskraft zu sortieren. Die wertvollste Aufgabe sollte an erster Stelle stehen. Bei diesem Schritt ist es wichtig, sich nicht von der Dauer oder dem Aufwand einer Aufgabe ablenken zu lassen. Es ist möglich, dass die wertvollste Aufgabe für deine Führungsrolle darin besteht, regelmäßige kurze Gespräche mit den Teammitgliedern zu führen. Dieser Schritt ist in der Praxis anspruchsvoll, weil er

von der Situation deines Teams und deinen Zielen abhängt. **Ein Praxisbeispiel:** Übernimmst du ein bestehendes Team, das du nicht kennst, sind in den ersten Wochen das Kennenlernen des Teams und der Aufbau eines Grundverständnisses (z. B. durch Hospitationen im Team) deine wertvollsten Aufgaben. Nach zwei bis drei Monaten gilt es dann aber, eine neue Sortierung vorzunehmen, denn jetzt wird dein Ziel »Die Abteilung durch IT-Automatisierungen effizienter zu gestalten« in den Fokus rücken. In der Liste steigen dann Teamworkshops und das Einleiten eines Change-Prozesses nach oben auf, die bis dahin weiter unten waren, weil du natürlich in den ersten Wochen nicht mit der Tür ins Haus fällst, ohne dein Team zu kennen.

Schritt 4: Die Aufgaben in A-, B- und C-Aufgaben einteilen
Der letzte Schritt besteht darin, die Aufgaben in drei Kategorien einzuteilen: A-Aufgaben (die ersten drei), B-Aufgaben (vier bis neun) und C-Aufgaben (zehn bis zwanzig). A-Aufgaben sind die wichtigsten und haben die höchste Priorität. B-Aufgaben sind weniger wichtig, müssen aber dennoch erledigt werden, und C-Aufgaben haben die geringste Wertigkeit und stehen damit auf der Liste der Prioritäten ganz hinten.

Z. B. könnte Lisa feststellen, dass »IT-Projekte koordinieren« und »Wöchentliche Teammeetings abhalten« ihre A-Aufgaben sind, weil sie den größten Einfluss auf die Leistung ihres Teams haben. »Berichte erstellen« könnte in die B-Kategorie fallen und »Externe Kommunikation« könnte eine C-Aufgabe sein, da sie zwar wichtig ist, aber weniger direkt zur Leistung des Teams beiträgt.

Indem du diese Analyse durchführst, erhältst du einen klaren Überblick darüber, wo du deine Zeit und Energie investieren solltest.

Effizienz – wie ich Dinge tue

Nachdem wir definiert haben, was wir tun müssen (Effektivität), ist der nächste Schritt zu überlegen, wie wir diese Aufgaben erledigen können. Hierbei geht es um die Effizienz, also die Optimierung unserer Arbeitsmethoden und Prozesse, um das Beste aus unserer Zeit und Energie herauszuholen.

Der Schlüssel zur Verbesserung der Effizienz liegt in der Anpassung und Optimierung deiner Arbeitsmethoden. Ein erster Schritt für die Steigerung der Effizienz liegt allerdings wieder in einer Dokumentationsaufgabe. Es ist wichtig, die Zeiten zu erfassen, die du für die Bewältigung von bestimmten Aufgaben benötigst. Du kannst dafür die ABC-Analyse aus dem vorherigen Kapitel nutzen und dir notieren, wie viel Zeit du pro Tag/Woche für die einzelnen Aufgaben benötigst. Dieser erste Schritt ermöglicht dir, sogenannte »Zeitfresser« zu identifizieren.[19] Das sind Aufgaben oder Aktivitäten, die viel Zeit in Anspruch nehmen, aber wenig Wert liefern. Wenn du diese Zeitfresser eliminierst oder minimierst, kannst du deine Produktivität erheblich steigern. Lassen sich die Aufgaben nicht eliminieren oder delegieren, kannst du überlegen, wie du deine Arbeitsabläufe bei der Aufgabe optimieren kannst.

Prio	Ranking	Aufgabe / Kategorie	Zeitaufwand
A	1		
A	2		
A	3		
B	4		
B	5		
B	6		
B	7		
B	8		
B	9		
C	10		
C	11		
C	12		
C	13		
C	14		
C	15		
C	16		
C	17		
C	18		
C	19		
C	20		

Zeitfresser E-Mails optimieren

Die Bearbeitung von E-Mails ist ein häufig identifizierter Zeitfresser, der aber nicht aus dem Alltag einer Führungskraft wegzudenken ist.

Daher hier ein praktischeres Beispiel:

Du leitest ein Vertriebsteam und stellst fest, dass du viel Zeit verbringst, E-Mails zu bearbeiten. Um diese Zeit zu minimieren, kannst du folgende Schritte nutzen:

Schritt 1: E-Mails sortieren
Du sortierst deine E-Mails nach Priorität. Dein E-Mail-Programm bietet dir die Möglichkeit, E-Mails mit verschiedenen Farben zu kennzeichnen. Rote Markierungen stehen für dringende E-Mails, grüne für weniger dringende und gelbe für solche, die du später bearbeiten kannst.

Schritt 2: Ordnerstrukturen erstellen
Außerdem erstellst du verschiedene Ordner in deinem E-Mail-Posteingang. Du hast Ordner für verschiedene Projekte, für einzelne Teammitglieder und für andere Themen, die in deinem Arbeitsalltag relevant sind. So kannst du jede E-Mail einem entsprechenden Kontext zuordnen und findest sie schnell wieder.

Schritt 3: Regeln einrichten
Um deine E-Mails noch effizienter zu verwalten, richtest du Regeln ein. So können beispielsweise alle E-Mails von bestimmten Ab-

sendern automatisch in den entsprechenden Ordner verschoben werden. Außerdem kannst du bestimmte E-Mails, die keinen direkten Handlungsbedarf erfordern (z. B. Newsletter oder Berichte), direkt in einen »Später lesen«-Ordner verschieben lassen.

Schritt 4: Feste Zeiten für E-Mail-Bearbeitung
Damit du deine Arbeitszeit effizient nutzt und nicht ständig durch eingehende E-Mails unterbrochen wirst, legst du feste Zeiten für die E-Mail-Bearbeitung fest. Du planst vier Zeiten pro Tag ein, einmal am Morgen, vor der Mittagspause, nach der Mittagspause und kurz vor deinem Feierabend. In diesen Zeiten bearbeitest du alle anstehenden E-Mails und stellst sicher, dass dein Posteingang aufgeräumt ist.

Mit diesen Schritten kannst du deinen E-Mail-Arbeitsablauf erheblich optimieren und Zeit für wichtige Aufgaben freisetzen.

Deine Energie besser nutzen

Ebenso wichtig ist es, deine Energie optimal zu nutzen. Jeder von uns hat bestimmte Zeiten am Tag, zu denen wir unterschiedliche Energie besitzen. Indem wir lernen, diese Zeiten zu erkennen und unsere wichtigsten Aufgaben dann zu erledigen, können wir unsere Leistung erheblich verbessern. In der Praxis haben sich drei Kategorien bei dem Energiefokus gezeigt:

1. Fokus auf konzentriertes Arbeiten,
2. Fokus auf kommunikatives Arbeiten,
3. Fokus auf kreatives Arbeiten.

Um den Energiefokus zu verdeutlichen, hier das **Praxisbeispiel** von Kaja, Projektleiterin in einem Softwareunternehmen:

Sie hat festgestellt, dass ihre Meetings oft länger dauern als geplant und wenig produktiv sind. Um dieses Problem zu beheben, entscheidet sie sich, klare Agendapunkte für ihre Meetings festzulegen und die Meetings stärker zu moderieren, damit sich die Teilnehmer auf den entsprechenden Agendapunkt konzentrieren. Dies hilft, die Länge der Meetings zu reduzieren und ihre Produktivität zu steigern.

Darüber hinaus hat Kaja bemerkt, dass sie nach der Mittagspause am kommunikativsten ist und es ihr am Nachmittag viel leichter fällt, Besprechungen zu moderieren, als am Vormittag. Vormittags konzentriert sie sich stattdessen lieber auf wichtige Planungen und Kalkulationen, für die sie viel Ruhe braucht. Zukünftig gestaltet Kaja daher ihre Wochenplanung so, dass sie den Vormittag für den Konzentrationsfokus und entsprechende Aufgaben reserviert. Den Nachmittag nutzt sie für Meetings oder den kreativen Austausch mit dem Projektteam.

Dieses Beispiel zeigt, dass wir effizienter arbeiten und bessere Ergebnisse erzielen, wenn wir uns über unseren Umgang mit Zeit und Energien bewusst sind und unsere Arbeitsmethoden entsprechend anpassen.

Multitasking – der Mythos von effizienter Arbeit

Es ist ein weit verbreiteter Mythos, dass Multitasking – also die gleichzeitige Erledigung mehrerer Aufgaben – die Produktivität steigert.[20] Wir leben in einer Welt, die uns ständig dazu verführt, mehr zu tun und ständig erreichbar zu sein. Doch kaum jemand gibt gern zu, dass er sich dabei oft verzettelt und Energie verschwendet. Die Wahrheit ist, dass das menschliche Gehirn nicht darauf ausgelegt ist, mehrere Aufgaben gleichzeitig zu erledigen. Versuchen wir es dennoch, sinkt die Qualität unserer Arbeit und wir verschwenden Zeit durch den ständigen Kontextwechsel.

Zwei Praxisbeispiele verdeutlichen das Risiko des Multitasking:

Max und die ständigen Unterbrechungen
Max ist Projektleiter in einem Softwareunternehmen. Er versucht, an einem komplexen Projektplan zu arbeiten, wird aber ständig von E-Mails, Anrufen und Kollegen, die an seiner Tür klopfen, unterbrochen. Jedes Mal, wenn er unterbrochen wird, braucht er einige Minuten, um wieder in seine vorherige Aufgabe einzutauchen. Am Ende des Tages hat er das Gefühl, kaum etwas geschafft zu haben.

Antje und das Jonglieren mit Aufgaben
Antje ist Marketingmanagerin und jongliert ständig zwischen mehreren Aufgaben: Sie schreibt einen Bericht, plant eine Konferenz und erstellt eine Präsentation. Sie versucht, all diese Aufgaben gleichzeitig zu erledigen und springt ständig zwischen ihnen hin und her. Am Ende des Tages fühlt sie sich erschöpft und frustriert, weil sie keine der Aufgaben abgeschlossen hat.

Wenn du dich in Max oder Antje wiedererkennst, bist du nicht allein. Viele von uns tappen in die Multitasking-Falle. Doch es gibt einen besseren Weg. Konzentriere dich stattdessen auf eine Aufgabe und darauf, sie zu beenden, bevor du zur nächsten übergehst. Plane für jede Aufgabe eine bestimmte Zeit ein und schalte währenddessen alle Ablenkungen (E-Mail-Programme, Smartphone etc.) aus. Du wirst erstaunt sein, wie viel du in kurzer Zeit erledigen kannst, wenn du dich voll und ganz auf eine Aufgabe konzentrierst.

Möchtest du herausfinden, wie sehr Multitasking deine Arbeit beeinträchtigt? Dann mach den Multitasking-Test und finde heraus, wie viel Zeit du wirklich durch Multitasking verlierst.[21] Der Test ist ganz einfach: Nimm dir zwei Blätter, einen Stift und eine Stoppuhr.

Beide Blätter unterteilst du jetzt in je drei Spalten und zwölf Zeilen.
Nach dieser Vorbereitung kann der Test beginnen. Mit dem Start misst du die exakte Dauer und führst auf dem ersten Blatt folgende Aufgabe aus:

Du schreibst von links nach rechts, also Zeile für Zeile in die erste Spalte den Buchstaben »A«, dann rechts daneben in die zweite Spalte die Zahl »1« und danach in die Spalte ganz rechts das Wort »eins«. Dieses Schema (von links nach rechts, Zeile für Zeile) setzt du fort, bis du die Zeile »L | 12 | zwölf« abgeschlossen hast. Danach schaust du, wie lange du für diese etwas umständliche Arbeit benötigt hast und notierst die Zeit auf dem Blatt.

Nach einer kurzen Erholungspause wiederholst du das Verfahren auf dem zweiten Blatt. Allerdings darfst du hier den Weg wählen, der dir vermutlich schon beim ersten Durchgang eingefallen ist: Du darfst jetzt in jeder Spalte von oben nach unten schreiben. Also bei der Buchstabenspalte von A bis L, danach die Zahlenspalte von 1 bis 12 und danach die Wort-Spalte von »eins bis zwölf«. Achte allerdings darauf, dass du auch hier wieder die Zeit misst!

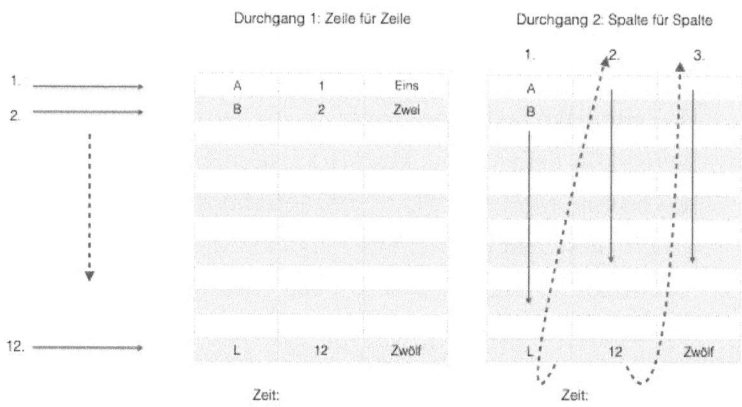

In meinen Seminaren führt der Test regelmäßig zu der peinlichen Einsicht, dass jeder im ersten Durchgang zwischen 20 Prozent und 50 Prozent langsamer ist als im zweiten. Die Erkenntnis liegt klar auf der Hand: Wenn du bei einer so einfachen Aufgabe mit dem Alphabet, Zahlen und Wörtern bereits so viel Zeit verlierst und unter Umständen sogar Fehler gemacht hast, kannst du dir vorstellen, wie groß deine persönlichen Zeitverluste durch das Multitasking in deinem Alltag als Führungskraft sind.

Ablenkungen vermeiden – Strategien für konzentriertes Arbeiten

Es ist eine alltägliche Erfahrung: Du bist gerade dabei, dich in eine wichtige Aufgabe zu vertiefen, als dein Telefon klingelt, eine neue E-Mail eintrifft oder ein Kollege vorbeikommt, um »nur eine kurze Frage« zu stellen. Solche Ablenkungen können deinen Arbeitsfluss empfindlich stören und wertvolle Zeit kosten. Doch es gibt einige erprobte Methoden, mit denen du Ablenkungen minimieren und deinen Fokus halten kannst.[22]

1. Zeitblöcke festlegen: Definiere spezielle Zeiten im Tagesverlauf, in denen du ungestört arbeiten kannst. Sagen wir, du bist am Morgen voll im Konzentrationsfokus. Dann blockiere diese Zeit für wichtige Aufgaben, die deine volle Konzentration erfordern, und lass alle wissen, dass du in dieser Zeit nicht gestört werden möchtest. Antje aus unserem vorherigen Beispiel könnte beispielsweise den Vormittag für die intensive Arbeit an der Präsentation und dem Bericht reservieren und den Nachmittag für Meetings und Kommunikation rund um die Planung der Konferenz.

2. Technologische Ablenkungen minimieren: Schalte alle Benachrichtigungen auf deinem Computer und Smartphone aus. Du musst nicht auf jede E-Mail oder jeden Anruf sofort reagieren. Max könnte beispielsweise seine E-Mails nur zu festgelegten Zeiten abrufen und das E-Mail-Programm für den Rest des Tages schließen. Anrufe werden von der Mailbox angenommen, auf der eine Ansage verspricht, dass er innerhalb von spätestens vier Stunden zurückrufen wird.

3. **Ordnung schaffen:** Ich weiß, es klingt spießig, aber ein aufgeräumter Arbeitsplatz kann dir helfen, dich besser auf deine Arbeit zu konzentrieren. Verbanne alles von deinem Schreibtisch, was nicht unmittelbar mit deiner aktuellen Aufgabe zu tun hat.

Setze diese Schritte um, um Ablenkungen zu verringern und effizienter zu arbeiten. Experimentiere mit verschiedenen Methoden und finde heraus, welcher Weg für dich am besten funktioniert. Es mag eine Weile dauern, deine ideale Arbeitsroutine zu entwickeln, der Aufwand lohnt sich aber durch gesteigerte Effizienz.

Pomodoro-Technik – Produktivitäts-Booster mit Tomaten-Timer

Die Pomodoro-Technik ist eine Methode des Zeitmanagements, die in den 1980er-Jahren von dem italienischen Unternehmensberater Francesco Cirillo entwickelt wurde.[23] Der Name »Pomodoro« ist das italienische Wort für Tomate und geht auf die tomatenförmige Küchenuhr zurück, die Cirillo für seine Methode benutzt hat.

Die Methode ist einfach, aber sehr wirkungsvoll: Du teilst deine Arbeit in 25-Minuten-Blöcke ein, die durch fünfminütige Pausen unterbrochen werden. Jeder dieser 25-Minuten-Blöcke wird als »Pomodoro« bezeichnet. Nach vier »Pomodoros« machst du eine längere Pause von 15 bis 30 Minuten.

Hier ein praktisches Beispiel, wie du die Pomodoro-Technik anwenden kannst: Nehmen wir an, du arbeitest an einem großen

Projekt, das viele verschiedene Aufgaben beinhaltet. Du könntest zunächst eine Liste aller Aufgaben erstellen und dann schätzen, wie viele »Pomodoros« du für jede Aufgabe benötigst.

Danach setzt du einen Timer auf 25 Minuten und beginnst mit der ersten Aufgabe. Wenn der Timer klingelt, machst du eine Fünf-Minuten-Pause und beginnst dann mit dem nächsten »Pomodoro-Sprint«. Nach vier »Pomodoros« gönnst du dir eine längere Pause.

Die Pomodoro-Technik ist so erfolgreich, weil sie Ablenkungen minimiert, die Arbeitsbelastung strukturiert und dich regelrecht zwingt, Pausen einzulegen. Außerdem trägt sie dazu bei, den geistigen Fokus zu bewahren und die Produktivität zu erhöhen. Ein weiterer Vorteil dieser Technik ist, dass sie das Gefühl von Überwältigung reduzieren kann, das mit großen Projekten aufkommen kann. Indem du deine Arbeit in kleine, handhabbare »Pomodoros« aufteilst, kannst du ein Gefühl der Kontrolle und des Fortschritts erzeugen. Die in der IT sehr beliebte Managementmethode des agilen Managements nutzt mit ihren »Sprints« ein ähnliches Prinzip.

Timing – die Frage, wann ich etwas tue

Zu einem erfolgreichen Zeitmanagement gehört nicht nur die richtige Priorisierung und Abarbeitung von Aufgaben, sondern auch das richtige Timing – die Entscheidung, wann eine Aufgabe erledigt werden soll. Timing spielt eine zentrale Rolle, wenn es darum geht, Deadlines einzuhalten und deinen Arbeitsfluss zu optimieren. In diesem Kapitel werden wir uns auf die Bedeutung des Timings konzentrieren und darauf, wie eine sorgfältige Planung dazu beitragen kann, deine Produktivität zu steigern.

Ein guter Ansatz ist, deine Woche im Voraus zu planen, bevor sie beginnt. Damit gewinnst du Klarheit über die bevorstehenden Aufgaben und Deadlines und kannst diese sinnvoll in deinen Kalender einplanen. Dabei ist es sinnvoll, Aufgaben mit ähnlichen Anforderungen zusammenzufassen und dafür dann die entsprechende Zeit zu blocken. Z. B. könntest du Montagvormittag für strategische Planung reservieren, den Nachmittag für Besprechungen nutzen und den Dienstag für konzentriertes Arbeiten an einem Projekt.

Indem du deine Woche aktiv planst, Wochenplanung und Deadlines einhältst, schaffst du Struktur in deinem Arbeitsalltag und sorgst dafür, dass du deine Aufgaben optimal erledigen kannst. Du behältst den Überblick, kannst deine Arbeitswoche aktiv gestalten und stressige Last-Minute-Arbeiten vermeiden. Wie das genau geht, erkläre ich dir in den nächsten Kapiteln.

Die »Einhorn-Planung«

Die »Einhorn-Planung« ist ein innovativer Ansatz zum Zeitmanagement, der dich ermutigt, über deine ideale Arbeitswoche nachzudenken – so wie sie in einem perfekten »Einhornland« aussehen würde, wo du die volle Kontrolle über deinen Zeitplan hast. Die Einhorn-Planung gibt dir die Freiheit, deinen Kalender selbst zu gestalten, und ist darauf ausgerichtet, deinen Arbeitsfluss zu optimieren, indem du dir Fokuszeiten für deine wichtigsten Aufgaben reservierst.

Die Einhorn-Planung sieht als grobe Orientierung vor, dass du nur 50 Prozent deiner Arbeitszeit im Voraus planst. Dieser Ansatz berücksichtigt die Realität, dass ein Großteil deiner Zeit durch unerwartete Ereignisse wie Ad-hoc-Besprechungen oder Taskforce-Anfragen in Anspruch genommen wird. Die restlichen 50 Prozent deiner Zeit sind dein Einhornland – deine idealen Zeiten, in denen du dich auf deine Aufgaben konzentrieren kannst. Diese 50 Prozent setzen sich in der Praxis aus 25 Prozent für A-Aufgaben, 15 Prozent für B-Aufgaben und 10 Prozent für C-Aufgaben zusammen.

Nehmen wir als Beispiel Sandra, eine junge Führungskraft mit einer 40-Stunden-Woche in einem mittelständischen Unternehmen. Sie hat sich entschieden, die Einhorn-Planung auszuprobieren, um einen besseren Überblick über ihre Arbeit zu bekommen.

Von den 20 Stunden, die sie jede Woche zur Verfügung hat, plant Sandra fünf Stunden (25 Prozent von 20 Stunden) für ihre A-Aufgaben ein. Dazu gehören strategische Planung, Entscheidungsfindung, Mitarbeitergespräche und andere hochwertige Aufgaben, die ihren größten Beitrag zum Erfolg des Teams und des Unternehmens darstellen. Sie reserviert drei Stunden (15 Prozent von 20 Stunden) für ihre B-Aufgaben wie das Beantworten von E-Mails, Projektmanagement und Aufgaben, die wichtig, aber weniger dringlich sind. Die restlichen zwei Stunden (10 Prozent von 20 Stunden) sind für ihre C-Aufgaben bestimmt, wie das Lesen von Marktanalysen, Social-Media-Posts für das Unternehmen erstellen und andere Routineaufgaben.

Mit ihrer Einhorn-Planung hat Sandra jetzt einen klaren Überblick über ihre Arbeitswoche. Sie weiß, wann sie sich auf welche Aufgaben konzentrieren muss, und kann ihre Zeit dementsprechend einteilen. So kann sie nicht nur ihre Produktivität steigern, sondern auch Stress reduzieren und ihre Arbeitszufriedenheit erhöhen.

Bei der Einhorn-Planung gilt es zu berücksichtigen, dass die 50 Prozent und auch die Aufteilung auf die ABC-Aufgaben eine Orientierung für den Einstieg sind. Die Methode lebt davon, dass du am Ende jeder Arbeitswoche eine intensive Selbstreflexion vornimmst und bewertest, wie gut die Planung mit den aktuellen Annahmen funktioniert hat. Stellst du beispielsweise fest, dass durch ein Change-Projekt im Unternehmen gerade noch mehr Kalenderzeit von außen angefragt wird, kannst du dies bei der Planung der nächsten Wochen entsprechend berücksichtigen. Das Bild der Planung in einer »Zauberwelt« darf keinesfalls dazu führen, dass du dich mit deinem Kalender von der Realität entkoppelst. Die Methode soll dir aber das Selbstbewusstsein geben, dass DU in weiten Teilen selbst entscheiden kannst, was in deinen Kalender kommt und was nicht.

Dauer schätzen und Puffer einplanen

Die Dauer von Aufgaben einzuschätzen ist ein entscheidender Aspekt beim erfolgreichen Zeitmanagement. Z. B. plant Sandra, die junge Führungskraft aus unserem vorherigen Beispiel, einen Workshop zur Entwicklung einer neuen Marketingstrategie. Aufgrund ihrer bisherigen Workshoperfahrung rechnet sie mit einer reinen Arbeitszeit von drei Stunden. Doch wie kann sie sicherstellen, dass sie genügend Zeit eingeplant hat?

Ein bewährter Ansatz ist die Verwendung eines Puffers.[24] Auf Basis ihrer Erfahrungen und Kenntnisse der Aufgabenstellung schätzt Sandra, dass sie 25 Prozent zusätzliche Zeit – also 45 Minuten – als Puffer einplanen sollte. Dieser Puffer gibt ihr den nötigen Spielraum, falls die Diskussionen länger dauern, technische Probleme auftreten oder andere unvorhergesehene Ereignisse eintreten.

Warum ist dieser Puffer so wichtig? Im Arbeitsalltag sind wir oft mit Unwägbarkeiten konfrontiert, die von persönlichen Unpässlichkeiten bis hin zu technischen Ausfällen reichen können. Ein Zeitmanagement-Profi berücksichtigt solche Verzögerungen bereits bei der Planung.

Der Zeitpuffer ist damit eine bewährte Risikomanagementstrategie. Er hilft, Stress zu reduzieren, terminkritische Aufgaben pünktlich bewältigen zu können und verleiht Sicherheit im Umgang mit unerwarteten Situationen.

Du kannst den Puffer auch bei der Planung des Tagesgeschäftes sinnvoll nutzen und in der Regel 25 Prozent bis 50 Prozent Puffer aufschlagen. So bleibt auch bei kleineren Aufgaben genügend Raum für Unvorhergesehenes und du kannst trotzdem deinen Arbeitsalltag erfolgreich gestalten und Deadlines einhalten. Wichtig ist, dass du es mit dem Puffer nicht übertreibst. Schlägst du deinem Chef beispielsweise für die einfache Analyse eines Berichtes sicherheitshalber die doppelte Arbeitszeit vor, kommen Zweifel an deinen Schätzungen und damit auch an deiner Professionalität auf.

Zeit- und Selbstmanagement im Alltag

Nachdem wir nun die Planung für unsere ideale Woche abgeschlossen und gelernt haben, wie wichtig es ist, Pufferzeiten einzuplanen, stehen wir vor der Herausforderung, diese Planung in den Alltag zu integrieren. Der Alltag ist oft sehr sprunghaft und unvorhersehbar, spontane Aufgaben tauchen auf und können unsere sorgfältige Planung durcheinanderbringen. In diesem Kapitel gehen wir darauf ein, wie man sich durch den Dschungel der täglichen To-dos navigiert, ohne den Überblick zu verlieren oder in Stress zu geraten.

Den Tag / die Woche planen

Ein neuer Tag beginnt und mit ihm kommen oft zahlreiche zusätzliche Aufgaben auf dich zu. Deine To-do-Liste füllt sich mit mehr Punkten, als du an einem Tag abarbeiten kannst. Wie gehst du vor? Die Lösung ist eine Tages- und Wochenplanung, mit der du Prioritäten setzt und deine Aufgaben verteilst.

Nehmen wir das Beispiel von Sandra. An einem typischen Morgen hat Sandra 20 zusätzliche Aufgaben auf ihrer Liste. Als Erstes verschafft sie sich einen Überblick, welche Aufgaben wirklich erledigt werden müssen.

Um diese Entscheidung zu treffen, nutzt Sandra das Eisenhower-Modell.[25] Das Modell wurde von dem US-General Dwight D. Eisenhower im Zweiten Weltkrieg entwickelt und auch später in seiner Amtszeit als US-Präsident genutzt, um sein Zeitmanagement zu optimieren. Was dort half, ist für Sandra auch sehr nützlich. Das Modell hilft ihr nämlich, zwischen wichtigen (die Wichtigkeit der Aufgaben kannst du prima der ABC-Liste entnehmen) und dringenden Aufgaben zu unterscheiden und sie entsprechend einzuordnen. Um das Modell richtig zu nutzen, weiß Sandra, dass sie ihre Liste mehrmals durchgehen muss und dabei immer einen anderen Fokus hat.

	Dringend	Weniger dringend
Wichtig	Sofort selbst erledigen	An Termin selbst erledigen
Weniger wichtig	Delegieren	Ignorieren / Löschen

Im ersten Durchgang sucht Sandra nach Aufgaben, die weder wichtig noch dringend sind. Diese Aufgaben werden sofort gestrichen, weil sie keinen Mehrwert für Sandras Arbeit oder das Unternehmen bieten. In unserem Beispiel streicht Sandra drei von diesen 20 Aufgaben. Typische »Streichkandidaten« sind beispielsweise Einladungen zu Netzwerkveranstaltungen, die zwar interessant sind, aber keinen direkten Nutzen liefern und auch nicht dringend sind, die Teilnahme an allgemeinen Projektmeetings, das Lesen von Fachbeiträgen oder sehr detaillierte Kontrollen und Korrekturen an Arbeitsergebnissen. Das hat im ersten Schritt auch schon eine motivierende Wirkung, denn die Liste wird kürzer!

Im nächsten Schritt konzentriert sich Sandra auf die Aufgaben, die dringend, aber nicht wichtig sind. Diese Aufgaben kann sie delegieren. Sandra findet fünf solcher Aufgaben und notiert sich, an wen sie diese delegieren wird. Ihre Liste ist nun auf zwölf Aufgaben geschrumpft. Aufgaben, die sich problemlos delegieren lassen, sind beispielsweise die Bearbeitung von allgemeinen E-Mail-Anfragen, die Aktualisierung von Daten in Berichten oder Präsentationen, Bestellungen von Verbrauchsmaterialien, die Planung und Durchführung kleinerer Kundenevents oder die Bearbeitung von Kundenanliegen (Bestellungen, Reklamationen etc.).

Im nächsten Durchgang sucht Sandra nach Aufgaben, die eine Herausforderung für ihre Mitarbeiter darstellen könnten, nicht dringend sind und bei der Bearbeitung damit Spielraum für Fehler haben. Diese Aufgaben können für ihre Mitarbeiter die Chance sein, neue Kompetenzen zu erwerben. Sie findet drei weitere Aufgaben (z. B. die Vorbereitung einer Standard-Präsentation für Kunden-Pitches, das Erstellen von zusätzlichen Analysen, Kennzahlen oder Scorecards und von Entwürfen für Social-Media-Posts, das Entwickeln von Verbesserungsvorschlägen etc.), die sie an ihre Teammitglieder delegieren kann, und reduziert ihre Liste damit auf neun Aufgaben.

Als Nächstes kümmert sich Sandra um die Aufgaben, die wichtig, aber nicht dringend sind. Für diese Aufgaben plant sie Zeitfenster in ihrem zu 50 Prozent freien Kalender ein. In diesem Beispiel sind es vier Aufgaben, die sie auf diese Weise plant. In der Praxis könnten das beispielsweise Budgetplanungen, das Erstellen von Stellenausschreibungen, Vorbereitungen für Mitarbeitergespräche, Vorauswahl bei Bewerbungen, Vorbereitung von Workshops (z. B. Teamstrategie, Optimierung von Arbeitsabläufen etc.) mit dem Team sein. Es bleiben also noch fünf Aufgaben für den heutigen Tag.

Schließlich prüft Sandra die verbleibenden fünf Aufgaben, die alle wichtig und dringend zu sein scheinen. Auf den ersten Blick dringend und wichtig sind in der Praxis beispielsweise Sonderprojekte oder Ad-hoc-Aufgaben des Chefs, Rückfragen von anderen Abteilungen, spontane Anfragen von Top-Kunden. Dafür nimmt sie Kontakt mit den Personen auf, die die Aufgaben bei ihr platziert haben, um herauszufinden, warum sie so dringend sind. Oft stellt sich heraus, dass die Dringlichkeit nur relativ ist und die Aufgaben auch später erledigt werden können. In diesem Beispiel schafft Sandra es, zwei weitere Aufgaben zu verschieben.

Von ihrer ursprünglichen Liste mit 20 Punkten bleiben für den aktuellen Arbeitstag also nur noch drei Aufgaben. Mit dieser Methode gelingt es Sandra, ihre To-do-Liste zu reduzieren und ihren Tag produktiv und stressfrei zu gestalten. Dieses Beispiel zeigt, wie wichtig es ist, den Tag oder die Woche sorgfältig zu planen und bewusst zu entscheiden, welche Aufgaben man selbst übernimmt, welche delegiert werden und welche gestrichen werden können.

Was tun, wenn neue Aufgaben hinzukommen?

Als Führungskraft bist du das Bindeglied zwischen der Geschäftsführung / deinem Chef und deinem Team. Du bist dafür verantwortlich, dass die Arbeit erledigt wird, aber gleichzeitig musst du auch das Wohlergehen deines Teams im Auge behalten. Wenn z. B. dein Chef mit einer neuen Aufgabe auf dich zukommt, kann es eine Herausforderung sein, diese in deinen bereits vollen Kalender zu integrieren. In diesem Kapitel zeige ich dir eine Vorgehensweise, die dir helfen wird, mit solchen Situationen umzugehen.

1. Niemals jeden Auftrag ungeprüft annehmen
Es ist wichtig, dass du nicht sofort zusagst, wenn eine neue Aufgabe an dich herangetragen wird. Eine sofortige Zusage wirkt zwar engagiert, du riskierst aber, dich selbst und dein Team irgendwann zu überfordern und zu demotivieren. Stattdessen solltest du nachfragen und mehr Informationen einholen. Hier sind einige praxistaugliche Fragen, die du stellen kannst, um mehr Klarheit in die Anfrage zu bringen:

- Was ist das genaue Ziel dieser Aufgabe?

- Wofür wird die Arbeit benötigt (z. B. eine Präsentation) und wann ist der Termin?

- Welchen Umfang hat die Aufgabe und welche Ressourcen werden benötigt?

- Wie wichtig sind die einzelnen Bestandteile genau (welcher Teil ist absolut notwendig und welcher Teil eventuell nur interessant, aber nicht notwendig)?

- Gibt es bereits Vorarbeiten oder ähnliche Projekte, auf die zurückgegriffen werden kann?

Beispiel: Sandra, die junge Führungskraft, wird von ihrem Chef gebeten, eine Präsentation für eine anstehende Konferenz zu erstellen. Statt sofort zuzusagen, fragt sie nach dem Ziel der Präsentation, dem benötigten Umfang und den verfügbaren Ressourcen. Dabei findet sie heraus, dass es nicht notwendig ist, eine völlig neue Präsentation zu erstellen, sondern dass es ausreicht, aktuelle Zahlen in eine bereits existierende Präsentation einzufügen.

2. Anliegen intern kurz prüfen
Nachdem du alle notwendigen Informationen gesammelt hast, ist es Zeit, intern zu prüfen, wie und wann die Aufgabe in deinen Kalender integriert werden kann. Du solltest dabei deine aktuellen Aufgaben und Deadlines berücksichtigen und anhand der ABC-Analyse eine Priorisierung vornehmen. Außerdem ist es wichtig, entsprechende Pufferzeiten in deiner Kalkulation zu berücksichtigen.

Beispiel: Sandra überprüft ihren Kalender und ihre Aufgabenliste. Sie erkennt, dass sie die Aktualisierung der Präsentation in ihre Arbeitswoche integrieren kann, wenn sie eine andere, weniger dringende Aufgabe verschiebt.

Dieser Prüfschritt hat außerdem eine »taktische« Wirkung auf die Person, die die Aufgabe an dich herangetragen hat: Die Antwort, die du im nächsten Schritt gibst, wird automatisch aufgewertet. Es entsteht der Eindruck, dass du intensiv deine Ressourcen und die deines Teams analysiert hast. Dadurch fällt es deutlich schwerer, deine Antwort mit einer lapidaren Reaktion wie »Ach, das schaffst du doch irgendwie!« abzutun.

3. Eine verbindliche Antwort geben
Nachdem du eine Einschätzung vorgenommen hast, gilt es, selbstbewusst und verbindlich zu antworten. Dabei ist es wichtig, die Konsequenzen der neuen Aufgabe transparent zu machen. Hier sind einige Antwortoptionen:

1. »Ich kann den wichtigsten Teil der Aufgabe heute bis 16.00 Uhr erledigen, aber für die vollständige Bearbeitung benötige ich bis morgen 12.00 Uhr Zeit.«

2. »Ich kann die Aufgabe übernehmen, allerdings nur, wenn ich dafür die Aufgabe XY, die für diese Woche Freitag geplant war, auf nächsten Montag, 12.00 Uhr verschiebe. Ist das in Ordnung für Sie?«

3. »Ich kann die Aufgabe erledigen, aber ich benötige zusätzliche Unterstützung von XY. Könnten Sie bitte deren Hilfe anfordern?«

Beispiel: Sandra erklärt ihrem Chef, dass sie die Präsentation aktualisieren kann, aber dafür eine andere Aufgabe, die für diese

Woche geplant war, verschieben muss. Sie ist transparent und erklärt, dass sie ansonsten ihre Zeit über Gebühr strapazieren würde, was sich negativ auf die Qualität ihrer Arbeit auswirken könnte.

Bei deiner Antwort ist wichtig, dass du selbstbewusst und bestimmt auftrittst. Verzichte auf unbestimmte und schwammige Formulierungen wie: »Also, ich könnte es eventuell bis heute 16.00 Uhr schaffen.« Sag stattdessen: »Diese Woche ist vollgepackt. Ich habe trotzdem eine Lösung gefunden. Ich kann Ihnen die Umsatzzahlen bis heute 16.00 Uhr schicken und die Folien in der Präsentation dazu bis morgen 12.00 Uhr!« Durch präzise Aussagen (genaue Uhrzeiten) und wenig Konjunktiv (könnte) wirkt deine Aussage bestimmt und verlässlich. Jetzt musst du deine Aussagen natürlich auch auf den Punkt einhalten. Mein Praxistipp dazu ist, dass du das Ergebnis noch einmal prüfst und fünf Minuten vor der zugesagten Zeit ablieferst, selbst wenn du schon vorher fertig sein solltest. Dein Eifer und eine frühere Lieferung könnten sich sonst sogar negativ auf die Verlässlichkeit deiner Planung auswirken.

Indem du diese Schritte befolgst, kannst du realistische Zusagen machen und deine Arbeitsbelastung besser steuern. Außerdem zeigst du deinem Chef, dass du verantwortungsvoll und transparent mit deiner Zeit und deinen Ressourcen umgehst. Da Zeit- und Selbstmanagement keine einmalige Aufgabe ist, habe ich dir hier Fragen zusammengestellt, mit denen du in regelmäßigen Abständen (ich empfehle dir drei bis sechs Monate) dein Zeitmanagement überprüfen und anpassen kannst.

Überblick und eigene Einschätzung zum allgemeinen Zeitmanagement
- Welche Aspekte deines aktuellen Zeit- und Selbstmanagements könntest du verbessern?

- Welche Zeitmanagement-Tools oder -Techniken könntest du einsetzen, um deine Arbeitsorganisation zu optimieren?

- Wie reflektierst du am Ende eines Arbeitstages oder einer Arbeitswoche dein Zeitmanagement?

- Wie gehst du mit dem Druck um, mehrere Aufgaben gleichzeitig zu jonglieren, und welche Auswirkungen hat dies auf deine Arbeitsqualität?

- Wie könntest du deine Energie im Tagesverlauf besser nutzen, um deine Produktivität zu steigern?

Effektivität: Einschätzung der Wichtigkeit von Aufgaben
- Wie gut kannst du die Wichtigkeit deiner Aufgaben einschätzen?

- Wie transparent ist deine Einschätzung der Aufgabenwichtigkeit gegenüber deinem Team und deiner Führungskraft?

- Was kannst du tun, um die Akzeptanz deiner ABC-Analyse im Team und bei deiner Führungskraft zu erhöhen?

- Welche Methoden könntest du anwenden, um die Priorisierung von Aufgaben kontinuierlich zu verbessern?

- Wie misst du den Erfolg deiner Priorisierung und wie stellst du sicher, dass diese zu den gewünschten Ergebnissen führt?

Effizienz: Fokus und Arbeitsabläufe optimieren
- Welche Routinetätigkeiten in deinem Berufsalltag könntest du effizienter gestalten?

- Wie oft wirst du während der Arbeit abgelenkt und wie kannst du dies reduzieren?

- Welche Strategien nutzt du derzeit, um deine Effizienz bei der Arbeit zu steigern, und gibt es alternative Methoden, die du ausprobieren solltest?

- Wie könntest du den Arbeitsfluss in deinem Team verbessern, um gemeinsam effizienter zu sein?

- Was kannst du tun, um deine Arbeitsabläufe und die deines Teams weiter zu optimieren?

Timing & Planung: Wochen- und Tagesstruktur
- Wie gut ist deine Woche im Voraus geplant und welche Methoden nutzt du dafür?

- Welche Planungsmethode nutzt du und wie effektiv ist diese im Hinblick auf unvorhersehbare Ereignisse?

- Wie planst du Pufferzeiten ein und wie oft musst du diese nutzen?

- Wie setzt du Prioritäten für deine täglichen und wöchentlichen Aufgaben?

- Wie kannst du deine Planungsmethoden verbessern, um deine Effektivität und Effizienz zu steigern?

Zeitmanagement im Alltag: Anwendung von Methoden und Delegation

- Wie erfolgreich nutzt du die Eisenhower-Methode zur Priorisierung deiner Aufgaben?

- Wie gehst du mit spontanen Anfragen und zusätzlichen Aufgaben um, die deinen Zeitplan beeinflussen könnten?

- Wie erfolgreich delegierst du Aufgaben, und welche Kriterien verwendest du dafür?

- Wie kannst du sicherstellen, dass delegierte Aufgaben effektiv und rechtzeitig erledigt werden?

- Wie kannst du dein Team besser in die Zeitmanagementprozesse integrieren, um die Gesamteffizienz zu steigern?

In diesem Kapitel hast du verschiedene Methoden des Zeit- und Selbstmanagements kennengelernt. Es reicht allerdings nicht aus, diese Methoden nur zu kennen und anzuwenden. Genauso wichtig ist es, sie offen und verständlich gegenüber deinem Team und deiner Führungskraft zu kommunizieren. Eine verständliche, präzise Kommunikation ist der Schlüssel. Sie ermöglicht es dir, deine Methoden, Planungen und Priorisierung transparent zu machen und Missverständnisse zu vermeiden. Im nächsten Hauptkapitel stelle ich dir dafür die dritte Säule der erfolgreichen Führung vor und zeige dir, wie du verständlich und zielführend kommunizieren kannst.

DIE DRITTE SÄULE: ERFOLGREICHE KOMMUNIKATION

Als dritte Säule erfolgreicher Führung ist die Kommunikation ein weiterer elementarer Bestandteil jeder Führungsposition. Sie ist das verbindende Element, das Klarheit, Verständnis und Zusammenarbeit schafft. In deiner Rolle als Führungskraft umfasst die Kommunikation eine Vielzahl von Aufgaben: Du gibst Anweisungen, teilst Informationen, lieferst Feedback, moderierst Diskussionen, stellst Fragen, um Hintergründe zu erforschen, und bist für die gesamte Kommunikation innerhalb deines Teams verantwortlich.[26]

Angenommen, du bist Leiter eines Finanzteams in einem großen Unternehmen und stehst vor der Aufgabe, ein neues, komplexes Finanzmodell mit deinem Team zu teilen. Dies erfordert eine klare und verständliche Darstellung komplexer finanzieller Konzepte. Deine Fähigkeit, diese Informationen so zu kommunizieren, dass jedes Mitglied deines Teams sie versteht und entsprechend handeln kann, kann über Erfolg oder Misserfolg deines Teams entscheiden.

Betrachten wir ein praktisches Beispiel: Simon, Leiter eines IT-Teams in einem Technologieunternehmen, stand vor der Herausforderung, seinem Team eine neue Softwareentwicklungsmethodik zu erklären. Anstatt nur die technischen Aspekte dieser Methodik zu betonen, verstand Simon die Wichtigkeit einer klaren und verständlichen Kommunikation. Er bereitete eine Präsentation vor, in der er die Methodik auf einfache und zugängliche Weise erklärte und ihre Anwendung anhand von Praxisbeispielen veranschaulichte. Nach der Präsentation nahm er sich Zeit, Fragen zu beantworten und sicherzustellen, dass jedes Teammitglied den neuen Ansatz verstanden hatte. Durch seine präzise Kommunikation konnte er die Akzeptanz und erfolgreiche Implementierung der neuen Methodik im Team sicherstellen.

Ein weiteres Beispiel stammt von Claudia, der Leiterin eines Marketingteams in einem internationalen Unternehmen. Als sie die Leitung des Teams übernahm, bemerkte sie, dass es interne Missverständnisse und Informationslücken gab, die die Zusammenarbeit und die Teamleistung beeinträchtigten. Claudia erkannte die Notwendigkeit einer besseren Kommunikationsstruktur und implementierte regelmäßige Teammeetings, in denen alle Teammitglieder auf den neuesten Stand gebracht und offene Fragen geklärt werden konnten. Darüber hinaus führte sie Einzelgespräche mit jedem Teammitglied, um konkretes Feedback zu geben und zu erhalten. Ihre klare und offene Kommunikation verbesserte die Zusammenarbeit im Team und trug dazu bei, Missverständnisse zu beseitigen und das Vertrauen im Team zu stärken.

Die Beispiele von Simon und Claudia verdeutlichen, wie gute Kommunikation zum Erfolg eines Teams beitragen kann. Sie zeigen, dass erfolgreiche Kommunikation viel mehr ist, als lediglich Informationen von dir zu einer anderen Person zu übertragen. Gute Kommunikation ist die Basis für eine vertrauensvolle und angstfreie Arbeitsatmosphäre, in der auch emotionale Situationen, Fehler oder gar Missverständnisse offen und auf Augenhöhe besprochen werden können. Dabei kommt es nicht nur darauf an, was wir sagen, sondern auch, wie wir es sagen. Eine klare, offene und empathische Kommunikation kann Berge versetzen und ist daher eine Schlüsselkompetenz für jede Führungskraft.

Grundlagen der 1:1-Kommunikation

Wir alle kommunizieren jeden Tag auf unterschiedliche Weise – durch gesprochene Worte, Texte, Gesten und manchmal sogar durch simples Schweigen.[27] Kommunikation wirkt einfach, weil wir sie jeden Tag vielfach nutzen. Trotzdem ist sie ein sehr komplexer Prozess, durch den wir Informationen, Emotionen und Ideen austauschen. Sie ist sozusagen der Kitt, der unsere Beziehungen, unsere Teams und unsere Gesellschaft zusammenhält. Dabei ist die 1:1-Kommunikation eine der wichtigsten und zugleich herausforderndsten Formen der Kommunikation.

Deshalb ist es wichtig, die Grundprinzipien der Kommunikation zu verstehen, um sie richtig anwenden zu können. Nur so können wir sicherstellen, dass unsere Botschaften klar und verständlich ankommen, Missverständnisse vermieden und Konflikte konstruktiv gelöst werden.

Dieses Kapitel bietet dir die Möglichkeit, dich auf die grundlegenden Prinzipien der 1:1-Kommunikation zu konzentrieren. Du erfährst, wie du deine Botschaften klar formulierst, wie du aktiv zuhören kannst und richtig Feedback gibst. Eine erfolgreiche 1:1-Kommunikation wird damit zum Schlüssel für deinen Erfolg als Führungskraft.

Das Sender-Empfänger-Modell

Das Sender-Empfänger-Modell ist ein grundlegendes Konzept in der Kommunikationstheorie und stammt ursprünglich aus der technischen Kommunikation. Es wurde erstmals 1949 von den Wissenschaftlern Claude Shannon und Warren Weaver in ihrer Arbeit »The Mathematical Theory of Communication« vorgestellt.[28] Das Modell geht davon aus, dass Kommunikation als ein Prozess verstanden werden kann, bei dem eine Nachricht (Information) von einem Sender (Sprecher) zu einem Empfänger (Hörer) übertragen wird. Was sperrig und theoretisch klingt, wird von uns täglich genutzt, sobald wir mit einer anderen Person sprechen. Und da du als Führungskraft viel sprechen wirst, lohnt es sich, die Schritte des Modells im Detail zu betrachten. Im erweiterten Modell gibt es insgesamt fünf Schritte:

1. **Denken:** In diesem ersten Schritt formulierst du als Sender deine Gedanken in eine klare Botschaft. Das Risiko besteht darin, dass deine Gedanken nicht präzise in Worte übersetzt werden können oder die Botschaft zu komplex ist, um richtig vermittelt zu werden. Das passiert besonders dann, wenn du in einem Fachgebiet viel Erfahrung hast und aus deiner Expertensicht denkst. Für dich sind die Gedanken gewohnt und einfach. Für deinen Gesprächspartner sind aber bereits deine Gedanken viel zu komplex.
Risiko-Vermeidungsstrategie: Stell sicher, dass die Gedanken gut strukturiert und in verständlicher Sprache formuliert werden können. Versuche außerdem, deine »gedankliche Flughöhe« dem Niveau deines Gesprächspartners anzupassen. Achte allerdings gleichzeitig darauf, diesen Schritt nicht zu übertreiben und deinen Gesprächspartner wie einen Depp zu behandeln.

❓ **Reflexionsfrage:** Ist meine Botschaft klar und einfach genug formuliert, um von anderen verstanden zu werden?

2. Sagen: Hier sprichst du als Sender deine Gedanken laut aus. Das Risiko besteht darin, dass die Botschaft aufgrund mehrdeutiger/falscher Begriffe, schlechter Betonung oder zu schneller Sprechgeschwindigkeit verloren geht.

Risiko-Vermeidungsstrategie: Verwende möglichst den gleichen Wortschatz wie dein Gesprächspartner. Versuche, deine Sätze möglichst kurz zu halten und unter zehn Wörtern zu bleiben. Sprich mit einer klaren, ruhigen Stimme und achte auf Pausen zwischen deinen Aussagen. Unterstreiche deine Aussagen zusätzlich mit deiner Körpersprache.

Reflexionsfrage: Sind meine Ausdrucksweise und mein Sprechtempo angemessen und hilfreich, um meine Botschaft zu vermitteln?

3. Hören: Dieser Schritt beinhaltet, dass dein Empfänger dir als Sender zuhört. Das Risiko besteht darin, dass der Empfänger abgelenkt ist oder die Botschaft nicht vollständig hört. Ein weiteres Risiko kann sein, dass du den Empfänger im »falschen Moment« angesprochen hast und er gerade sehr emotional ist.

Risiko-Vermeidungsstrategie: Stell sicher, dass du als Sender die volle Aufmerksamkeit des Empfängers hast, bevor du die Nachricht übermittelst. Achte außerdem darauf, dass das Timing für das Gespräch passend ist.

❓ **Reflexionsfragen**: Ist gerade der passende Moment für dieses Gespräch? Hat der Empfänger meine Botschaft ohne Ablenkung gehört?

4. Verstehen/Interpretieren: Hier interpretiert der Empfänger deine Nachricht auf der Basis seines eigenen Hintergrunds und seiner Erfahrungen. Das Risiko besteht darin, dass die Interpretation der Botschaft vom beabsichtigten Sinn abweichen kann. An dieser Stelle entstehen häufig Missverständnisse, die sich später mit der Erklärung »Ach, das habe ich ganz anders aufgefasst!« wieder auflösen.

Risiko-Vermeidungsstrategie: Das Risiko einer Fehlinterpretation zu vermeiden ist sehr komplex und manchmal sogar unmöglich, weil wir schlichtweg nicht in den Kopf unseres Gegenübers schauen können. Hier ein paar häufige Faktoren, die zu einer Fehlinterpretation führen können[29]:

A. Unklarheit oder Mehrdeutigkeit der Aussage: Wenn die Worte oder Sätze, die wir verwenden, mehrere Bedeutungen haben oder schwammig sind, kann das zu Missverständnissen führen. Der Satz »Ich werde das überprüfen!« kann bedeuten, dass man die Aufgabe sofort erledigen wird oder dass man es zu einem späteren Zeitpunkt tun wird. Diese Unklarheit kannst du jedoch schon im ersten oder zweiten Schritt des Modells vermeiden, indem du dich fragst, wie präzise und klar deine Aussage ist!

B. Fehlende oder falsche Kontextinformationen: Der Kontext, in dem du eine Aussage triffst, entscheidet über das Verständnis. Wenn der Empfänger den Kontext nicht kennt oder falsch interpretiert, kann er die Aussage falsch verstehen. Auch dieses Risiko kannst du bereits im ersten Schritt vermeiden, indem du vom »worst case« ausgehst und sicherheitshalber den Kontext erklärst.

C. Persönliche Vorurteile oder Annahmen: Unsere persönlichen Glaubenssätze, Erfahrungen, Vorurteile und Annahmen können beeinflussen, wie wir Botschaften auffassen. Wenn beispielsweise jemand davon ausgeht, dass eine Führungskraft immer autoritär ist (weil er oder sie bisher nur autoritäre Führungskräfte hatte), könnte er eine freundliche Geste als manipulativ oder unehrlich interpretieren.

D. Emotionen und Gefühle: Emotionen können die Interpretation einer Botschaft stark beeinflussen. Wenn jemand beispielsweise gestresst, wütend oder traurig ist, kann er in neutralen oder sogar positiven Botschaften tendenziell negative Absichten sehen. Umgekehrt werden möglicherweise negative Botschaften bei positiven Emotionen ernst genommen.

E. Kulturelle Unterschiede: Unterschiedliche Kulturen haben unterschiedliche Kommunikationsstile und -normen. Was in der einen Kultur als respektvoll und angemessen gilt, kann in einer anderen als unhöflich oder gar aggressiv aufgefasst werden. Diese Unterschiede können zu Missverständnissen und Fehlinterpretationen führen. Erschwerend kommt hinzu, wenn du im internationalen Umfeld sogar außerhalb deiner Muttersprache unterwegs bist.

Nachzufragen, wie der Empfänger deine Botschaft verstanden hat, ist der beste und einfachste Weg, diese Risiken bestmöglich zu vermeiden!

Hier ein paar Fragen, die sich in der Praxis bewährt haben:

- »Wie würdest du das, was ich gerade gesagt habe, in deinen eigenen Worten zusammenfassen?«
- »Was sind deiner Meinung nach die wichtigsten Punkte, die wir gerade besprochen haben?«
- »Welche Aspekte oder Punkte hast du noch nicht verstanden oder möchtest du noch einmal klären?«

❓ Reflexionsfrage: Hat der Empfänger meine Botschaft so verstanden und interpretiert, wie ich es wollte?

5. Handeln: Der letzte Schritt beinhaltet die Aktion oder Reaktion des Empfängers auf die empfangene Botschaft. Hier besteht das Risiko, dass der Empfänger nicht so handelt, wie es der Sender beabsichtigt hat. **Ein Praxisbeispiel:** Eine junge Teamleiterin (Senderin) gibt ihren Teammitgliedern (Empfängern) Anweisungen, um einen neuen Prozessablauf einzuführen. Sie erwartet, dass alle den neuen Prozess sofort anwenden. Doch einige Mitglieder sind unsicher, ob der neue Prozess wirklich effizienter ist. Basierend auf ihren Erfahrungen entscheiden sie sich, zunächst bei ihrem altbewährten Ablauf zu bleiben. Dies entspricht nicht der erwarteten Reaktion der Teamleiterin, obwohl die Botschaft korrekt übermittelt und auch verstanden wurde.

Vermeidungsstrategie: Mach die gewünschte Aktion oder Reaktion so klar wie möglich, um Missverständnisse zu vermeiden. Nutze offene Fragen, um zu prüfen, was dein Gesprächspartner nach dem Gespräch verändern wird. Hier zwei Vorschläge für solche Fragen:

- »Kannst du mir kurz erklären, wie du die besprochenen Aufgaben angehen willst?«

- »Welche Auswirkungen siehst du aufgrund unserer Diskussion auf deinen Arbeitsbereich oder dein Projekt?«

❓ Reflexionsfrage: Hat der Empfänger auf meine Botschaft in der erwarteten Weise reagiert oder wird er erwartungsgemäß reagieren?

Dieses erweiterte Modell betont, dass Kommunikation ein Prozess ist, der die aktive Teilnahme und Aufmerksamkeit von Sender und Empfänger erfordert. Es zeigt auch, dass es bei jedem Schritt zu Fehlern und Missverständnissen kommen kann. Indem wir bewusst auf jeden Schritt achten und die damit verbundenen Risiken minimieren, können wir die Wirksamkeit unserer Kommunikation verbessern.

Unterschiedliche Kommunikationstypen

Das 4MAT-System, in den 1970er-Jahren von der Pädagogin Dr. Bernice McCarthy entwickelt, ist ein sehr wirksames Framework, um deine Kommunikation zu verbessern.[30] Es teilt Menschen in vier verschiedene Typen ein, basierend darauf, wie sie Informationen aufnehmen und verarbeiten: »Warum«, »Was«, »Wie« und »Was-wenn«. Jeder dieser Typen hat besondere Bedürfnisse und Vorlieben, wenn es um Kommunikation geht. Erkennst du die unterschiedlichen Typen, kannst du deine Kommunikation besser auf ihre Bedürfnisse anpassen und damit deine Wirksamkeit deutlich erhöhen.

1. **»Warum«-Typen:** Menschen dieses Typs suchen nach dem Sinn und Zweck. Sie möchten verstehen, warum eine bestimmte Aufgabe oder Information für sie relevant oder wichtig ist. Sie sind durch ihr persönliches Interesse und ihre Neugier motiviert. Als Führungskraft begegnest du vielleicht Teammitgliedern, die nicht einfach nur Aufgaben ausführen wollen, sondern den tieferen Sinn und Zweck hinter ihrer Arbeit verstehen möchten. Sie werden dir oft die Frage »Warum ...« oder »Weshalb ...« stellen. Diese Frage ist kein Zeichen von Widerstand oder Konflikt, sondern ein ehrlicher Wunsch, den Kontext und die Bedeutung ihrer Arbeit zu verstehen.

❓ Reflexionsfragen, um deine Kommunikation zum »Warum«-Typen zu verbessern:

- »Inwiefern habe ich den Zweck und das Ziel von Aufgaben/Aussagen deutlich gemacht?«

- »Wie oft frage ich nach den Beweggründen und der Motivation meiner Teammitglieder?«

- »Welche Strategien könnte ich entwickeln, um den ‚Warum'-Typen besser zu erreichen?«

2. »Was«-Typen: Diese Menschen sind stark auf Details und Fakten fokussiert. Sie benötigen klare, konkrete Informationen und präzise Anweisungen. Ihre Fragen drehen sich oft um spezifische Details, Zahlen, Daten und Fakten. Als junge Führungskraft wirst du auf Menschen treffen, die genau wissen wollen, was von ihnen erwartet wird. Sie benötigen exakte Informationen, um ihre Arbeit erledigen zu können. Sie schätzen Klarheit und Genauigkeit und können bei unklaren oder vagen Anweisungen schnell frustriert sein.

❓ Reflexionsfragen, um deine Kommunikation zu den »Was«-Typen zu verbessern:

- »Wie präzise waren meine Anweisungen und Informationen?«

- »Wie kann ich sicherstellen, dass ich alle notwendigen Informationen bereitstelle?«

- »Wie könnte ich meine Kommunikation verbessern, um den ‚Was'-Typen besser gerecht zu werden?«

3. »Wie«-Typen: Diese Personen sind sehr praxisorientiert und ziehen es vor, Informationen durch praktische Anwendung und Erfahrung zu erfassen. Sie benötigen klare Anweisungen, geordnete Prozesse und Visualisierungen, um zu verstehen, wie sie eine Aufgabe angehen sollen. Sie legen Wert auf Effizienz und Effektivität und bevorzugen bewährte Methoden. In deinem Team erkennst du diese Personen daran, dass sie eine »hands on«-Mentalität haben. Bei Veränderungen oder neuen Informationen fragen sie sogar direkt »Wie soll das gehen?« oder »Wie kann ich mir das vorstellen?« Außerdem führt ihre pragmatische Art dazu, dass sie sofort mit etwas arbeiten wollen, um es besser zu verstehen.

❓ Reflexionsfragen, um deine Kommunikation zu den »Wie«-Typen zu verbessern:
- »Wie klar habe ich den Arbeitsablauf oder den Prozess dargestellt und visualisiert?«

- »Wie oft biete ich praktische Beispiele oder Demonstrationen an?«

- »Welche Veränderungen könnte ich vornehmen, um die ‚Wie'-Typen besser zu bedienen?«

4. »Was-wenn«-Typen: Diese Personen sind von Natur aus innovativ und kreativ. Sie suchen ständig nach neuen Lösungen und Wegen. Sie sind nicht an strikte Regeln und Prozesse gebunden, sondern experimentieren gern mit neuen Ansätzen und Ideen. Als Führungskraft wirst du Menschen begegnen, die gern »out of the box« denken und bereit sind, Risiken einzugehen, um ihre Ziele zu erreichen. Außerdem lässt sich dieser Typ von einem zukünftigen Mehrwert begeistern.

❓ Reflexionsfragen:
- »Wie gut habe ich die Auswirkungen auf die Zukunft erklärt?«

- »Wie gut habe ich den innovativen Charakter hervorgehoben?«

- Wie schaffe ich Raum für Kreativität und Innovation in meinem Team?«

- »Wie könnte ich meine Argumentation verändern, um die ‚Was-wenn'-Typen besser anzusprechen?«

Wenn du diese vier Typen berücksichtigst, kannst du deine Kommunikationsfähigkeiten deutlich verbessern. Außerdem hilft es dir, die unterschiedlichen Bedürfnisse deines Teams besser zu verstehen. Es ist daher weit mehr als ein reines Kommunikationsmodell. Es ist ein sehr guter Ansatzpunkt für Empathie gegenüber deinen Teammitgliedern.

Techniken für eine präzise und überzeugende Kommunikation

Präzision und Überzeugungskraft sind zwei wichtige Bestandteile der Kommunikation, die für junge Führungskräfte den Unterschied zwischen erfolgreichem Führen und Scheitern bedeuten können. Sie sind die Brücke zwischen dir und deinem Team, zwischen deinen Ideen und ihrer Umsetzung.

Ich zeige dir in diesem Kapitel Techniken und Methoden, mit denen du klar und eindeutig kommunizieren kannst. Gleichzeitig lernst du, wie du deine Aussagen mit Überzeugung präsentierst, um anderen deinen Standpunkt zu vermitteln und sie für deine Ziele zu gewinnen.

Struktur und Klarheit

In einer erfolgreichen Kommunikation kommt es vor allem auf Präzision und eine logische Anordnung der Gedanken an. Als junge Führungskraft ist es wichtig, die eigenen Ideen und Erwartungen so zu formulieren, dass sie vom gesamten Team leicht verstanden und umgesetzt werden können.

Stell dir folgende Situation vor: Du sitzt in einem Meeting und hörst deinem Chef zu. Er sagt: »Wir müssen die Zahlen verbessern, wir haben viele Aufgaben, von denen einige neu sind, andere sind alt, manche sind wichtig, andere weniger. Du musst sicherstellen, dass alles richtig gemacht wird, und wir müssen es schnell machen. Du musst mehr tun und die Dinge besser machen.«

Wie fühlst du dich nach dieser Ansprache? Verwirrt, unsicher, was genau von dir erwartet wird? Diese Ansprache ist ein typisches Beispiel für mangelnde Struktur und Klarheit. Aber wie erreichst du diese Klarheit und Struktur in deiner Kommunikation? Hier sind ein paar praxisbewährte Techniken[31]:

1. **Verwende eine klare und einfache Sprache:** Vermeide Fachjargon, wo immer es geht, und ersetze komplizierte Wörter durch einfachere. »Es ist imperativ, dass wir unsere monetäre Performance verbessern« kannst du einfacher mit »Wir müssen unsere Verkaufszahlen verbessern« sagen.

2. **Folge der KISS-Methode (Keep it Short and Simple):** Versuche deine Nachrichten so kurz und einfach wie möglich zu halten. Vermeide überflüssige Informationen und konzentriere dich

auf das Wesentliche. Statt zu sagen: »Hallo zusammen, wie ihr wisst, arbeiten wir an vielen verschiedenen Projekten und es gibt einige Updates, die wir besprechen sollten. Ich dachte, wir könnten uns vielleicht irgendwann diese Woche treffen, vielleicht morgen, um über das neue Projekt zu sprechen, das wir gestartet haben, und um zu sehen, wie jeder dazu beitragen kann. Wie wäre es mit morgen Vormittag im Konferenzraum, sagen wir um 10.00 Uhr?«, kannst du es mit der KISS-Methode kompakter ausdrücken: »Hallo liebes Projektteam, bitte kommt morgen um 10.00 Uhr in den Konferenzraum. Ich stelle euch dann das neue Projekt-X vor.«

3. **Nutze Strukturhilfen:** Hilfsmittel wie Aufzählungen, Unterteilungen oder Visualisierungen unterstreichen die Struktur deiner Botschaft und erleichtern das Verständnis.
Ein **Praxisbeispiel** könnte so aussehen: Anstatt zu sagen »Ich brauche einen Bericht über den aktuellen Stand unserer Projekte, und vergiss nicht, die Daten vom letzten Monat, die Verkaufszahlen und die Prognose für das nächste Quartal einzufügen«, könntest du sagen: »Ich brauche einen Bericht mit drei Punkten: 1. Aktueller Stand unserer Projekte, 2. Verkaufszahlen vom letzten Monat und 3. Prognose für das nächste Quartal. Bitte bereite ihn bis zum Ende der Woche vor.«

4. **Wiederhole die wichtigsten Punkte:** Durch Wiederholung der Kernbotschaften erhöhst du die Chance, dass diese auch beim Empfänger ankommen und in Erinnerung bleiben.

Wenn du diese Techniken anwendest, wird es dir gelingen, deine Botschaft klar und strukturiert zu vermitteln. Du kannst diese Techniken auch sehr gut in der Kommunikation per E-Mail nutzen.

Dialogplanung

Eine sorgfältige Vorbereitung ist nicht nur bei Präsentationen oder Verhandlungen wichtig, sondern auch in alltäglichen Führungssituationen. Mit einer durchdachten Dialogplanung schaffst du eine solide Grundlage, die dir hilft, den roten Faden zu deinem Gesprächsziel im Blick zu behalten.[32]

Stell dir vor, du hast ein wichtiges Gespräch mit einem Teammitglied, das in letzter Zeit mehrere Deadlines verpasst hat. Du bist unsicher, wie du das Gespräch führen sollst, und möchtest unangenehme Überraschungen vermeiden. Deshalb nutzt du die Dialogplanung.

Um den Dialog zu planen, beginne mit dem Ziel des Gesprächs. Im genannten Beispiel könnte das Ziel sein, dass das Teammitglied die Bedeutung der Deadlines versteht und Maßnahmen ergreift, um sie in Zukunft besser einzuhalten. Notiere dir dieses Ziel und behalte es während der gesamten Dialogplanung im Blick.

Überlege dir dann, wie du das Gespräch beginnen möchtest. Ein guter Gesprächseinstieg ist beispielsweise eine offene Frage. In diesem Fall könntest du fragen: »Mir ist aufgefallen, dass du in der letzten Woche die Deadlines X und Y verpasst hast. Kannst du mir sagen, woran das liegt?«

Stell dir im nächsten Schritt vor, wie dein Gegenüber reagieren könnte. Das hilft dir, mögliche Antworten vorzubereiten und sicherzustellen, dass das Gespräch auf Kurs bleibt. Notiere dir mögliche Reaktionen und ebenfalls deine Antworten darauf.

Führe diese Planung so lange fort, bis du – zumindest auf dem Papier – zu einer einvernehmlichen Lösung gekommen bist. Gefällt dir der Ablauf noch nicht, kannst du ihn abändern, zusätzliche Fragen oder sogar eine Unterbrechung nutzen: »Denk doch bitte bis morgen mal über den Punkt X nach und lass uns das Gespräch morgen fortsetzen!«

Die geplante Struktur ist jedoch nur ein Leitfaden. Es ist wichtig, während des Gesprächs flexibel zu bleiben und auf unvorhergesehene Antworten oder Reaktionen deines Gesprächspartners eingehen zu können. Denk daran: Ein Dialog ist kein Monolog. Lass deinem Gegenüber genügend Raum, seine Gedanken und Gefühle zu äußern, und höre aktiv zu. Plane dafür beispielsweise explizit ein, dass du deinen Gesprächspartner aufforderst, sein Verständnis zu beschreiben. Umgekehrt kannst auch du dein Verständnis kurz zusammenfassen.

Die Dialogplanung ist eine gute Methode, mit der du als Führungskraft deine Kommunikation deutlich verbessern kannst. Ich habe beispielsweise als junge Führungskraft lange einen viel zu großen Redeanteil in meinen Mitarbeitergesprächen gehabt. Das waren eher Monologe als Dialoge. Die Wirkung war entsprechend negativ, was dazu geführt hat, dass ich noch mehr gesprochen habe. Mithilfe der Dialogplanung habe ich es geschafft, meinen

Redeanteil zu reduzieren und deutlich mehr Fragen einzubauen, um dem Grundsatz des »Wer fragt, führt!« gerecht zu werden.

Präzise Formulierungen

Wenn du als junge Führungskraft die ersten Schritte gehst, bist du selbstverständlich nicht überall sattelfest unterwegs. In der Praxis zeigt sich diese latente Unsicherheit häufig in schwammigen Formulierungen. Der Grund ist einfach: Schwammige Aussagen klingen etwas »freundlicher« und lassen bewusst Spielraum. Allerdings führen sie auch zu Missverständnissen, die dich in der Wahrnehmung deines Teams unsicher erscheinen lassen. Präzise Aussagen sind wesentlich »härter« und bestimmter. Nachfolgend zeige ich dir einige Beispiele, die dir helfen, schwammige Aussagen durch präzise, selbstbewusste Anweisungen zu ersetzen.[33]

Unpräzise: »Versuch mal, das bis morgen zu erledigen.«
Präzise: »Bitte schließe Aufgabe X bis morgen um 10.00 Uhr ab.«

Unpräzise: »Ich brauche das irgendwann nächste Woche.«
Präzise: »Ich benötige den Bericht bis Mittwoch, 16.00 Uhr.«

Unpräzise: »Wir sollten an unserer Kommunikation arbeiten.«
Präzise: »Wir treffen uns ab jetzt jeden Montagmorgen um 09.30 Uhr zu einem wöchentlichen Update-Meeting.«

Unpräzise: »Ich bin nicht ganz zufrieden mit deiner Arbeit.«
Präzise: »In deinen letzten drei Angeboten waren Rechenfehler. Bitte prüfe deine Angebote so sorgfältig, dass du alle Fehler selbst entdeckst und korrigierst.«

Unpräzise: »Bei den Verkaufszahlen muss mal was passieren.«

Präzise: »Unser Ziel für das nächste Quartal ist eine Steigerung der Verkaufszahlen um 15 Prozent.«

Unpräzise: »Das sollte noch mal überarbeitet werden.«

Präzise: »Bitte überarbeite die Abschnitte B und D deines Berichts und korrigiere die Fehler X und Y.«

Unpräzise: »Ich will, dass du mehr Initiative zeigst.«

Präzise: »Ich wünsche mir, dass du in unseren Meetings aktiv Vorschläge zur Verbesserung einbringst.«

Unpräzise: »Ich hätte gern mehr Engagement von dir.«

Präzise: »Ich erwarte von dir, dass du deine Projekte proaktiv vorantreibst und bei aufkommenden Problemen aktiv auf mich zukommst.«

Unpräzise: »Ich brauche das so schnell wie möglich.«

Präzise: »Bitte erledige das bis spätestens morgen um 14.00 Uhr.«

Unpräzise: »Unser Projekt läuft nicht gut.«

Präzise: »Unser Projekt liegt 20 Prozent hinter dem geplanten Zeitplan. Wir müssen Maßnahmen besprechen, um den Rückstand aufzuholen.«

Unpräzise: »Könnte man das Design noch mal überdenken?«

Präzise: »Bitte erstelle einen neuen Designvorschlag bis Ende dieser Woche.«

Unpräzise: »Man müsste mal die Datenbank aktualisieren.«
Präzise: »Bitte aktualisiere die Datenbank bis Freitagmittag.«
Unpräzise: »Vielleicht könntest du einen neuen Ansatz probieren?«
Präzise: »Bitte entwickle bis zum nächsten Meeting einen neuen Ansatz.«

Unpräzise: »Es wäre gut, wenn du an deiner Präsentationstechnik arbeiten könntest.«
Präzise: »Bitte nimm bis zum Monatsende an einem Präsentationstraining teil.«

Unpräzise: »Es wäre hilfreich, wenn du den Umgang mit dem neuen Tool lernen würdest.«
Präzise: »Bitte absolvier das Training für das neue Tool am kommenden Dienstag.«

Aus eigener Erfahrung weiß ich, dass diese Präzision den Gesprächspartner hart treffen kann. Manchmal sogar etwas zu hart, was zur Folge hat, dass die Stimmung zwischen euch merklich abkühlt. Versuche deshalb die Balance zwischen einer »Robocop-Präzision«- und einer »Ich sag's mal durch die Blume«-Kommunikation zu finden. Die Kommunikation einer guten Führungskraft muss ankommen. Sie muss im wahrsten Sinne des Wortes »bewegend« sein. Allerdings immer auf der notwendigen Augenhöhe, mit Wertschätzung und Respekt. In der Praxis hat sich für mich die Körpersprache, inklusive Gestik und Mimik als gutes Korrektiv erwiesen. Habe ich bemerkt, dass mein Gesprächspartner durch eine zu harte Aussage leicht verstört geschaut hat, habe ich mit einem bewusst freundlichen Lächeln und einem positiven Nicken versucht, das

Gesprächsklima wieder etwas zu lockern. Wozu du die Körpersprache noch nutzen kannst, erkläre ich dir im nächsten Kapitel.

Körpersprache

In der Rolle einer jungen Führungskraft wirst du schnell feststellen, dass es nicht nur auf das gesprochene Wort ankommt. Deine nonverbale Kommunikation – Körpersprache, Gestik, Mimik und Augenkontakt – spielt eine ebenso wichtige Rolle und ist wie ein Gewürz für ein richtig gutes Essen.[34]

Beginnen wir mit der **Körpersprache,** einschließlich der Kunst des Schweigens. Mit deiner Haltung und deinen Bewegungen sendest du Signale an deine Gesprächspartner. Eine offene, gerade Haltung suggeriert Selbstsicherheit und Offenheit für das Gespräch. Eine geschlossene oder abgewandte Haltung kann schnell als Desinteresse oder Ablehnung interpretiert werden.

Eine Besonderheit stellt das Schweigen dar. Es schafft Raum für andere, ihre Meinung zu äußern, und kann dir helfen, mehr über ihre Perspektiven zu erfahren. Schweigen ermöglicht es, Balance zwischen Präsenz und Zurückhaltung zu schaffen. Gleichzeitig ist das Schweigen ein mächtiges Stilmittel, mit dem du einen regelrechten Sog erzeugen kannst. Probier es ruhig mal aus, dass du in einem Gespräch nach einer Erläuterung deines Gesprächspartners einfach mal vier bis fünf Sekunden schweigst. Zähle dafür innerlich bis fünf! Meistens fährt dein Gesprächspartner fast automatisch fort und ergänzt seine bisherigen Aussagen. Diese Technik ist besonders interessant, wenn du das Gefühl hast, dass dir jemand noch nicht alles erzählt hat.

Die **Gestik** ist das nächste Instrument in deinem Kommunikationsarsenal. Mit den Händen kannst du deine Aussagen ganz einfach verdeutlichen und wirkungsvoller gestalten. **Hier ein paar Praxisbeispiele:**

Eine wichtige Aussage unterstreichen: Du stellst deinem Team gerade einen neuen Strategieplan vor und kommst zu einem wesentlichen Punkt. Du hebst einen Finger, als ob du auf etwas in der Luft zeigst, während du sagst: »Hier liegt der Schlüssel zu unserem Erfolg.« Diese Geste zieht die Aufmerksamkeit auf deine Worte und unterstreicht ihre Bedeutung.

Zusammenarbeit hervorheben: Du ermutigst dein Team zu mehr Zusammenarbeit und Teamgeist. Während du dies tust, verwebst du deine Finger vor deiner Brust, um Einheit und Zusammenarbeit zu symbolisieren. Du sagst: »Nur wenn wir alle zusammenarbeiten und unsere Stärken kombinieren, können wir unsere Ziele erreichen.«

Fortschritt oder Wachstum zeigen: Du erklärst deinem Team, dass das Unternehmen im letzten Quartal gewachsen ist. Du zeigst dies, indem du deine Finger langsam nach oben bewegst, als würden sie eine Treppe hinaufsteigen. Du sagst: »Unsere Anstrengungen zahlen sich aus, wir sind stetig gewachsen.«

Erklärung von Hierarchien: Du erklärst das Konzept der Unternehmenshierarchie und stellst verschiedene Ebenen dar, indem du deine Hände auf unterschiedlichen Höhen hältst. Du sagst: »Auf dieser Ebene haben wir die Teamleiter, darüber die Abteilungsleiter, und ganz oben die Geschäftsführung.«

Auch wenn es so wirkt, als wäre die Aussage an sich schon präzise und klar, macht der Einsatz der Gestik einen zusätzlichen Unterschied. Denn neben dem auditiven Kanal (deiner Aussage) aktivierst du mit der Gestik auch den visuellen Kanal. Je mehr Sinne und Kanäle in der Kommunikation genutzt werden, desto größer ist die Chance, dass sich deine Gesprächspartner daran erinnern. Bestimmt erinnerst du dich deshalb noch an deinen letzten Besuch beim Italiener und daran, wie intensiv dir das Gericht der Woche präsentiert wurde. Trotzdem ist bei der Gestik genau deshalb auch Vorsicht geboten. Zu viel wirkt schnell unnatürlich oder gar lächerlich.

Die **Mimik** ist das Fenster zu deinen Emotionen. Ein aufrichtiges Lächeln kann eine angespannte Situation entschärfen, während ein Stirnrunzeln Besorgnis oder Unzufriedenheit signalisieren kann. Menschen können sehr gut zwischen aufrichtigen und vorgetäuschten Emotionen unterscheiden. Stell daher sicher, dass deine Mimik authentisch ist und deinen Worten entspricht.

Zuletzt der **Augenkontakt.** Er ist wichtig, um eine intensive Verbindung aufzubauen und Interesse und Aufmerksamkeit zu signalisieren. Gleichzeitig kann sowohl zu intensiver als auch zu wenig Augenkontakt unangenehm wirken. Versuche also, einen gesunden Mittelweg zu finden.

In der Praxis liegt die Herausforderung darin, diese Elemente in Einklang zu bringen, um wirklich wirkungsvoll zu kommunizieren. Wenn du z. B. merkst, dass eine präzise Aussage deinen Gesprächspartner etwas überrumpelt hat, kannst du mit einem freundlichen Lächeln und einem bestätigenden Nicken das Gesprächsklima wieder etwas auflockern.

Die Kombination dieser nonverbalen Kommunikationstechniken wird dir helfen, dich als souveräne und empathische Führungskraft zu etablieren. Die Präzision deiner Worte mag das Rückgrat deiner Kommunikation bilden, aber es ist deine nonverbale Kommunikation, die ihr Leben einhaucht.

Aktives Zuhören

Als Führungskraft hast du sicherlich bemerkt, dass Zuhören genauso wichtig ist wie Sprechen, wenn nicht sogar wichtiger. Zuhören ist nicht nur eine Frage der Höflichkeit, sondern eine wesentliche Fähigkeit, um deine Mitarbeiter zu verstehen. Es geht nicht nur darum, die Worte zu hören, sondern den gesamten Sachverhalt zu erfassen. Die Stimmung, die Emotionen, das Unausgesprochene. In diesem Zusammenhang hast du bestimmt schon einmal von dem aktiven Zuhören gehört. Doch was bedeutet das eigentlich und wie kann man aktiv zuhören?[35]

Technik 1: Paraphrasieren
Du hast eine Aussage deines Gesprächspartners gehört und gibst sie in deinen eigenen Worten wieder. Dadurch zeigst du, dass du zugehört und die Information verstanden hast. Es ist auch eine gute Möglichkeit, Missverständnisse zu vermeiden. Du könntest sagen: »Wenn ich dich richtig verstehe, fühlst du dich durch die vielen Aufgaben überfordert, ist das richtig?«

Technik 2: Nachfragen

Stell offene Fragen, um mehr über die Gedanken und Gefühle deines Gegenübers zu erfahren. Dadurch zeigst du Interesse. »Wie fühlst du dich bei dieser Aufgabe?« oder »Was schlägst du als Lösung vor?« sind gute Beispiele dafür.

Technik 3: Nonverbale Signale

Verwende nonverbale Signale, um zu zeigen, dass du zuhörst. Nicken, Augenkontakt und aufmerksame Körperhaltung sind unverzichtbar. Sie zeigen deinem Gegenüber, dass du voll und ganz bei ihm bist. Ein gutes Beispiel sind hochgezogene Augenbrauen bei einer wichtigen oder überraschenden Aussage deines Gesprächspartners.

Technik 4: Verbale Zustimmungssignale

Während dein Gesprächspartner spricht, kannst du mit sogenannten »Grunzlauten« wie »Aha«, »Hm«, »Ohhh« signalisieren, dass du seinen Ausführungen gespannt folgst. Sie lassen sich sehr gut mit den nonverbalen Signalen kombinieren.

Technik 5: Emotionales Feedback

Zeige Verständnis und Empathie für die Gefühle und Ansichten deines Gegenübers. Du könntest sagen: »Ich kann verstehen, dass du das so siehst« oder »Das klingt wirklich herausfordernd«.

Technik 6: Zusammenfassen

Eine sehr gute Technik, um Klarheit und Struktur in lange oder komplexe Gesprächsabschnitte oder Darstellungen zu bringen. Indem du die wichtigsten Punkte des Gesagten zusammenfasst und ggfs. auch strukturierst, stellst du sicher, dass du alles richtig verstanden hast und kein Punkt unter den Tisch fällt. Ein Beispiel könnte sein: »Also, wenn ich das richtig zusammenfasse, möchtest du mehr Unterstützung bei Projekt X im Bereich Qualitätssicherung und Budgetcontrolling. Außerdem fühlst du dich mit der allgemeinen Arbeitslast überfordert und leidest ganz besonders unter den wöchentlichen Dienstreisen. Ist das korrekt?«

Technik 7: Verifizieren
Wenn dein Gesprächspartner etwas erklärt, das du nicht sofort verstehst, frag explizit nach. So stellst du sicher, dass du die Begriffe und Konzepte verstanden hast, die dein Gesprächspartner verwendet. Du könntest fragen: »Du hast gesagt, dass du dich überfordert fühlst. Erklär mir doch bitte etwas genauer, wie es dazu gekommen ist.«

Technik 8: Geduld
Lass deinem Gesprächspartner Zeit, sich gedanklich zu sortieren. Es kann verlockend sein, zu unterbrechen und Lösungen zu präsentieren. In vielen Fällen ist es aber besser, weiter zuzuhören und zu verstehen. Selbst wenn die Lösung schnell zu erkennen ist, ist es wichtig, deinem Gesprächspartner genügend Raum und Zeit zu geben, um seine Gedanken und Gefühle auszudrücken. In deiner Rolle als junge Führungskraft mag es dir schwerfallen, dein Wissen und deine Erfahrungen nicht sofort einzubringen. Mitarbeiter wollen allerdings oft mehr als eine schnelle Lösung. Sie wollen von dir als Führungskraft ernst genommen, verstanden und aufgefangen werden. Die Sichtweise und Gefühle deiner Mitarbeiter zu verstehen, ist die empathische Seite der Kommunikation, die

wie eine zweite Seite der Medaille die Ergänzung zur reinen Lösungsorientierung darstellt.

Aktives Zuhören ist also weit mehr als nur eine Technik. Es ist eine Haltung. Es geht darum, ehrliches und aufrichtiges Interesse zu zeigen. Es geht darum, sich in die Lage des anderen zu versetzen und zu versuchen, die Welt durch seine Augen zu sehen. Das ist nicht immer leicht und kostet Zeit. Du wirst sehen: Es lohnt sich. Denn erst wenn du wirklich zuhörst, wirst du die Sorgen, Bedürfnisse und Motive deiner Teammitglieder verstehen.

Fragetechniken

Als junge Führungskraft wirst du merken, dass es in deiner Kommunikation nicht nur darum geht, Aufgaben zu verteilen und Erwartungen zu setzen. Viel häufiger wirst du Gespräche führen, die Perspektiven erforschen, Zusammenarbeit fördern und eine Atmosphäre des Vertrauens schaffen. Fragen sind hierbei deine mächtigsten Werkzeuge. Folge deshalb dem Grundsatz: »Wer fragt, führt!« Die Kunst, die richtigen Fragen zur richtigen Zeit zu stellen, kann einen großen Unterschied im Gesprächsverlauf machen. Deshalb tauchen wir hier tief in die Welt der Fragetechniken ein und schauen uns fünf Arten von Fragen an: offene Fragen, Sondierungsfragen, Reflexionsfragen, Alternativfragen und geschlossene Fragen.[36]

Offene Fragen: Offene Fragen geben viel Spielraum für detaillierte Antworten. Sie ermöglichen es dir, mehr über die Gedanken, Gefühle, Ideen und Meinungen deines Gesprächspartners zu erfahren. Besonders zum Anfang eines Gespräches sind sie deshalb sehr hilfreich, um in ein Gesprächsthema einzusteigen. Hier sind einige Beispiele:

1. »Wie siehst du die Herausforderungen, die vor uns liegen?«
2. »Was denkst du, wie wir das Problem angehen sollten?«
3. »Wo siehst du die größten Chancen in dieser Situation?«
4. »Welche Ressourcen brauchen wir, um dieses Ziel zu erreichen?«

Ich nenne offene Fragen gern »Jokerfragen«, weil du sie zu fast jedem Zeitpunkt im Gespräch gut stellen kannst. Außerdem verlagern sich der Fokus und die Aktivität zu deinem Gesprächspartner, der auf eine offene Frage in der Regel ausführlich antworten wird. Das wiederum gibt dir die Gelegenheit, zuzuhören und gleichzeitig den weiteren Gesprächsverlauf zu planen. Wenn du also in einem Gespräch einmal nicht weiterkommst, versuche, mit einer »Jokerfrage« zusätzliche Informationen und Zeit zu gewinnen.

Sondierungsfragen: Sondierungsfragen erlauben es dir, tiefer in spezifische Themen einzutauchen. Sie helfen dir, verborgene Annahmen, Gedanken und Gefühle aufzudecken. Du kannst sie gut im Anschluss an eine offene Frage nutzen:

1. »Kannst du mir bitte mehr darüber erzählen, wie du zu dieser Schlussfolgerung gekommen bist?«

2. »Was führte dazu, dass du diese spezifische Strategie vorschlägst?«

3. »Wie würdest du dich fühlen, wenn wir diese Herausforderung auf eine andere Art angehen würden?«

4. »Was sind die Auswirkungen dieser Situation auf dein tägliches Arbeitsleben?«

Reflexionsfragen: Reflexionsfragen ermöglichen eine tiefe Selbsterkenntnis und fördern das Lernen. Sie regen den Gesprächspartner an, sein Verhalten oder seine Denkweise aus einem anderen Blickwinkel zu betrachten. Du kannst diese Fragen sehr gut einsetzen, wenn dein Gesprächspartner beispielsweise eine eingefahrene negative Sichtweise vertritt:

1. »Was hast du aus dieser Erfahrung gelernt?«

2. »Was könnten wir das nächste Mal besser machen?«

3. »Wie hat diese Erfahrung deine Sicht auf die Dinge verändert?«

4. »Welche Aktionen würdest du in Zukunft vermeiden?«

Alternativfragen: Alternativfragen helfen, Entscheidungen zu treffen oder Vorlieben zu erkennen. Du kannst sie aber auch am Ende eines Gespräches nutzen, um eine lange Diskussion zum Ende zu bringen. So könntest du z. B. in einer Diskussion über mehrere Lösungswege das Gespräch auf zwei Optionen lenken, indem du fragst: »Möchtest du jetzt Option A oder Option C einsetzen?«

1. »Würdest du lieber an Projekt A oder Projekt B arbeiten?«

2. »Was hältst du für sinnvoller, sollen wir uns auf Qualität oder Geschwindigkeit konzentrieren?«

3. »Bevorzugen wir eine kurzfristige Lösung oder suchen wir eine nachhaltige Strategie?«

4. »Ist es dir wichtiger, die Deadline einzuhalten oder sicherzustellen, dass jeder Aspekt perfekt ist?«

Geschlossene Fragen: Geschlossene Fragen sind spezifisch und erfordern in der Regel ein »Ja« oder »Nein«. Sie sind sinnvoll, wenn du eine schnelle Bestätigung oder Ablehnung benötigst:

1. »Bist du fertig mit der Aufgabe?«

2. »Kannst du morgen an dem Meeting teilnehmen?«

3. »Bist du einverstanden mit dem Plan?«

4. »Hast du das Dokument überprüft?«

Gleichzeitig sind sie auch sehr riskant, wenn du sie zu früh oder im falschen Kontext stellst. Schauen wir uns dazu ein Beispiel an:

Variante 1 – falsch
Du betrittst das Büro deines Mitarbeiters und fragst: »Hast du den Bericht erstellt?«

Der Mitarbeiter reagiert defensiv und antwortet: »Nein, noch nicht.«

Du gehst weiter auf Konfrontationskurs: »Warum nicht? Das war eine dringende Aufgabe.«

Der Mitarbeiter fühlt sich in die Ecke gedrängt und erwidert: »Ich hatte noch andere Aufgaben zu erledigen.«

In dieser Variante erzeugst du schnell eine angespannte und defensive Atmosphäre. Deine direkte, geschlossene Frage setzt den Mitarbeiter unter Druck und lässt wenig Raum für Erklärungen.

Variante 2 – richtig
Nun versuchst du es mit einem anderen Ansatz. Du betrittst das Büro deines Mitarbeiters und beginnst das Gespräch mit einer offenen Frage: »Kannst du mir einen Überblick über den aktuellen Stand deiner Projekte geben?«

Der Mitarbeiter fühlt sich eingeladen, seine Sichtweise zu teilen und antwortet: »Ja, ich arbeite gerade an ein paar verschiedenen Aufgaben. Ich habe diesen Bericht noch nicht fertig, da ich mich auf ein anderes dringendes Projekt konzentrieren musste.«

Anstatt ihn zu kritisieren, zeigst du Verständnis und versuchst, eine Lösung zu finden: »Ich verstehe, Priorisierung ist immer eine Herausforderung. Welche Möglichkeit siehst du, dass du den Bericht diese Woche noch fertigstellen kannst? Und welche Unterstützung brauchst du dafür?«

Mit diesem Ansatz schaffst du eine kooperative und positive Gesprächsatmosphäre. Du gibst deinem Mitarbeiter Raum, seine Situation zu erklären, und zeigst deine Bereitschaft, ihn zu unterstützen. So wird aus einer potenziellen Konfrontation ein konstruktives Gespräch.

Lass uns diese Fragetechniken in der Praxis an einem Beispielgespräch zwischen einer Teamleiterin und einem Mitarbeiter anschauen:

Teamleiterin: »Wie siehst du die Herausforderungen, die vor uns liegen, Tom?« (Offene Frage)

Tom: »Ich denke, das größte Problem ist die Frist. Es bleibt nicht genug Zeit, um die Qualität zu liefern, die wir wollen.«

Teamleiterin: »Kannst du mir mehr darüber erzählen, wie du zu dieser Schlussfolgerung gekommen bist?« (Sondierungsfrage)

Tom: »Nun, ich habe geschaut, was wir noch tun müssen und wie viele Tage wir noch haben. Es scheint mir einfach zu knapp.«

Teamleiterin: »Was können wir das nächste Mal besser machen?« (Reflexionsfrage)

Tom: »Vielleicht könnten wir früher anfangen oder die Anforderungen klarer definieren.«

Teamleiterin: »Bevorzugst du, dass wir die Frist verlängern oder dass wir einige Funktionen herausnehmen?« (Alternativfrage)

Tom: »Ich glaube, eine Verlängerung der Frist würde uns am meisten helfen, ohne die Qualität unserer Arbeit zu beeinträchtigen.«

Teamleiterin: »Okay, das verstehe ich. Ich kann versuchen, das zu tun. Denkst du, es ist realistisch, mit einer Woche extra die Aufgabe erfolgreich zu beenden?« (Geschlossene Frage)

Tom: »Ja, das sollte ausreichen. Mit einer zusätzlichen Woche hätten wir genug Zeit, um alles abzuschließen und sicherzustellen, dass wir ein gutes Ergebnis liefern.«

Teamleiterin: »Perfekt, Tom. Ich werde unser Vorhaben dem Management vorstellen!«

Dieser Dialog verdeutlicht, wie du als Führungskraft verschiedene Fragetechniken einsetzen kannst, um ein konstruktives und offenes Gespräch zu führen. Mit den richtigen Fragen kannst du mehr über die Herausforderungen und Sichtweisen deiner Mitarbeiter erfahren.

Sprachstil und Geschwindigkeit

In den vielen Jahren meiner Führungspraxis habe ich etwas sehr Wertvolles gelernt: Du kannst noch so präzise und klar kommunizieren, wenn du nicht auf den Sprachstil und die Sprechgeschwindigkeit des Gesprächspartners achtest, geht der Inhalt unter. Du kannst dir das wie bei einem Radiosender vorstellen: Du musst auf der gleichen Frequenz senden, damit deine Botschaft empfangen wird.[37]

Ein Beispiel: Du bist von Natur aus ein schneller Sprecher, redest gern und viel. Das ist super, denn du hast eine Menge zu erzählen und bist voller Ideen. Jetzt stell dir aber vor, du hast einen Mitarbeiter, der eher ruhig ist, bedächtig spricht und sich Zeit nimmt, seine Gedanken zu formulieren. Was passiert, wenn du mit ihm in deiner gewohnten Geschwindigkeit und in deinem üblichen Stil sprichst? Richtig, du überrollst ihn förmlich. Er hat kaum Zeit, deine Worte zu verarbeiten, geschweige denn, sich aktiv an dem Gespräch zu beteiligen.

Besser ist es, wenn du deinen Sprechstil und deine Geschwindigkeit anpasst. Sprich etwas langsamer, mach Pausen und gib ihm Raum, um zu antworten. Du wirst sehen, wie sich die Kommunikation verbessert und wie viel tiefer und produktiver das Gespräch sein kann. Du wirst nicht nur mehr über deine Mitarbeiter erfahren, sondern auch selbst besser verstanden werden.

Ein weiteres Element ist die Wortwahl. Wir neigen dazu, Wörter und Formulierungen zu verwenden, die uns vertraut sind. Wenn du beispielsweise gern Fachjargon oder Fremdwörter verwendest, kann das für andere verwirrend sein. Versuche also, deine Sprache so einfach und klar wie möglich zu halten. Vermeide Fachbegriffe, wenn sie nicht notwendig sind, und erkläre spezielle Begriffe, wenn du sie verwenden musst. Das macht es deinen Gesprächspartnern einfacher, dir zu folgen.

Es geht nicht darum, dich zu verstellen oder jemand anderes zu sein. Du sollst dich auch nicht anbiedern, um bei anderen Zielgruppen, z. B. der Generation Z, besser anzukommen. Vielmehr geht es darum, deinem Gesprächspartner Respekt entgegenzubringen und ihm das Gefühl zu geben, dass er gehört und verstanden wird. Das schafft Vertrauen und stärkt die Beziehung, was wiederum zu besserer Zusammenarbeit und stärkerem Engagement führt. Denk immer daran: Gute Führungskräfte sind diejenigen, die ihre Botschaften auf die richtige Art und Weise kommunizieren können.

Grundlagen der Teamkommunikation

Als junge Führungskraft wirst du schnell merken, dass die Fähigkeit, ein Team zu führen, eine Kunst ist, die du im Laufe der Jahre perfektionieren wirst. Anfangs mag diese Aufgabe einschüchternd wirken, doch der Schlüssel zu vielen Aspekten einer erfolgreichen Führung liegt in der Teamkommunikation. In diesem Abschnitt zeige ich dir, wie du die bisher erlernten Kommunikationsfähigkeiten in der Praxis anwendest, um dein Team erfolgreich zu leiten.[38]

So viel wie nötig, so wenig wie möglich
Ein Grundsatz, der mir in meiner Anfangszeit als Führungskraft sehr geholfen hat, ist das Motto: »So viel wie nötig, so wenig wie möglich.« Dieser Ansatz ist für die Teamkommunikation besonders wertvoll.[39] Es geht nicht darum, ständig zu kommunizieren, sondern gezielt und verständlich. Lass uns das an zwei Beispielen verdeutlichen.

Negative Version: Überkommunikation
Stell dir vor, du bist gerade zur Teamleiterin in einem Start-up befördert worden. Du bist begeistert von der Geschwindigkeit, mit der das Unternehmen innovative Ideen und Arbeitsweisen etabliert. Jeden Tag sendest du eine Flut von E-Mails, in denen du dein Team über jeden kleinen Schritt und jede neue Idee informierst. Du bist selbst viel in Meetings und teilst deine Ideen in wöchentlichen »Innovations-Updates« mit deinem Team. Die Folge? Dein Team ist erschöpft, überfordert und die Produktivität sinkt. Es entsteht eine Atmosphäre der ständigen Unterbrechung und die eigentliche Arbeit kommt zu kurz. Außerdem sinkt die Motivation, die Mails noch intensiv zu lesen, was dazu führen kann, dass wirklich wichtige Mails übersehen werden.

Positive Version: Zielgerichtete Kommunikation
Nun stell dir eine andere Situation vor. Du bist Teamleiterin in einem ähnlichen Start-up. Anstatt ständig Updates zu verschicken, kommunizierst du knapp und zielgerichtet. Du gibst klare Anweisungen und teilst nur relevante Informationen. Du schätzt die Arbeitszeit deines Teams und veranstaltest Meetings nur, wenn sie notwendig sind. Du hörst zu, wenn dein Team spricht, und

ermutigst es, Ideen und Bedenken offen zu teilen. Die Folge? Dein Team ist produktiv, fühlt sich wertgeschätzt und ist motiviert. Es entsteht eine Atmosphäre des Vertrauens und der Effizienz.

Für Führungskräfte liegt die Kunst darin, das richtige Maß zu finden. Informiere dein Team klar und präzise über das, was es wissen muss, aber vermeide unnötige Informationen. Halte Meetings so kurz und knapp wie möglich und erstelle eine Agenda zur Orientierung. Höre aktiv zu und beteilige dein Team an der Kommunikation.

Ein weiterer Aspekt, der deine Teamkommunikation bereichern kann, ist die Meta-Kommunikation, also das Gespräch ÜBER die Art und Weise, wie ihr miteinander kommuniziert. In der Praxis wird die Meta-Kommunikation leider selten genutzt, weil wir es nicht gewohnt sind, auf einer höheren Ebene über Kommunikation zu sprechen. Es ist aber eine wichtige Methode, um zu verstehen, was dein Team braucht und was es eventuell stört.

In der Praxis kannst du beispielsweise ein Meeting pro Quartal nur für diesen Zweck einplanen: Sprich mit deinem Team darüber, wie die Kommunikation funktioniert. Wie zufrieden ist dein Team mit deiner Kommunikation? Gibt es Aspekte, die du verbessern kannst? Welche Informationen sind wichtig und welche könnten wegfallen? Braucht das Team mehr oder weniger Meetings? Welche Kommunikationswege bevorzugt das Team? E-Mails, Messenger, persönliche Gespräche? Wie gut kommuniziert das Team untereinander?

Nutze offene Fragen, um dein Team zur aktiven Teilnahme zu ermutigen und herauszufinden, was es braucht, z. B.: »Wie fühlt ihr euch mit der aktuellen Menge und Art der Kommunikation?« oder: »Welche Informationen wollt ihr mehr oder weniger erhalten?«

Deinem Team zuzuhören und dessen Feedback umzusetzen, spielt eine entscheidende Rolle, das Gleichgewicht zwischen »so viel wie nötig, so wenig wie möglich« zu finden. Es zeigt deinem Team, dass du seinen Input schätzt und bereit bist, diesen zu berücksichtigen. Das wiederum stärkt das Vertrauen und verbessert eure Zusammenarbeit. Kommunikation ist immer ein Prozess, kein einmaliges Event. Als junge Führungskraft hast du die Chance, diesen Prozess aktiv zu gestalten und zu verbessern. Nutze diese Chance.

Allgemeine Kommunikationsregeln

In meiner Zeit als junger Projektleiter habe ich eine Erfahrung gemacht, von der ich später als Führungskraft profitieren konnte. Ich habe erkannt, wie wichtig es ist, sich im Team über allgemeine Kommunikationsregeln auszutauschen und zu verständigen. Besonders zu Beginn eines Projekts kann eine sorgfältig durchdachte Kommunikationsstrategie das Team vor unnötigen Störungen und Missverständnissen bewahren und letztlich zum Erfolg des Projekts beitragen.

Um dieses Ziel zu erreichen, bin ich als Projektleiter immer einem einfachen dreistufigen Prozess gefolgt:

1. Was hat uns bisher in Projekten gestört?
Es ist wichtig, die Vergangenheit zu reflektieren und herauszufinden, was in früheren Projekten Probleme verursacht hat. Ob es nun um unklare Anweisungen, übermäßige oder unzureichende Kommunikation ging, es ist entscheidend, die Herausforderungen, die das Team bereits erlebt hat, zu erforschen und zu sammeln.

2. Was erwarten wir von einer guten Kommunikation im Team?
Im nächsten Schritt geht es mir darum, gemeinsam mit dem Team eine Vision der idealen Teamkommunikation zu entwickeln. Was sind die Erwartungen jedes Einzelnen und was sind die Bedürfnisse, die eine gute Kommunikation ausmachen? Diese Vision wird zur Leitlinie für den gesamten Kommunikationsprozess.

3. Welche konkreten Vereinbarungen müssen wir dafür treffen?
Schließlich geht es darum, klare und praktische Vereinbarungen zu treffen, die sicherstellen, dass die Vision der guten Kommunikation umgesetzt wird. Dabei kann es sich um Verhaltensregeln, Verantwortlichkeiten oder den Einsatz bestimmter Kommunikationsmittel handeln.

Nehmen wir ein konkretes Beispiel aus meiner Praxis: Eine Herausforderung in unserem Team bestand darin, dass Teammitglieder oft mehrfach von derselben Person angerufen wurden oder nach dem Senden einer E-Mail innerhalb von Minuten einen Anruf erhielten mit der Frage: »Hast du meine E-Mail gesehen?«

Um dieses Problem zu lösen, haben wir als Team eine Vereinbarung getroffen: Wenn man jemanden telefonisch nicht erreicht, ruft man nicht noch einmal an. Stattdessen hinterlässt man eine Nachricht auf der (bei jedem) eingerichteten Mailbox und vertraut darauf, dass die angerufene Person den verpassten Anruf sieht, die Mailbox abhört und bei der nächsten Gelegenheit zurückruft.

Diese klaren und konkreten Vereinbarungen haben die Arbeitsbelastung deutlich reduziert und das Vertrauen in unsere Kommunikation gestärkt. So konnten wir Missverständnisse reduzieren und den Fokus auf unsere Hauptaufgabe legen: die Projektarbeit.

Die Investition in Kommunikationsregeln hat sich für mich immer ausgezahlt. Ich kann dir nur empfehlen, dass auch du als junge Führungskraft diesen Ansatz nutzt, um ein Team erfolgreich zu leiten. Schauen wir uns im nächsten Schritt an, welche unterschiedlichen Bausteine zur erfolgreichen Teamkommunikation gehören.

Regelmäßige Teammeetings

Regelmäßige Teammeetings sind eine Säule der erfolgreichen Teamkommunikation. Sie geben den Rahmen, um aktuelle Themen zu besprechen, Fortschritte zu prüfen, Wissen auszutauschen und das Team zu motivieren. Doch nicht jedes Meeting ist gleich und als junge Führungskraft wirst du schnell merken, dass unterschiedliche Meetingformate und deren konsequente Moderation der Schlüssel zu einer guten Teamkommunikation sind.

Ein **allgemeines wöchentliches Teammeeting** könnte z. B. genutzt werden, um den Fortschritt im Team zu prüfen, wichtige Updates zu teilen und Fachfragen zu besprechen. Hier geht es um Klarheit und Transparenz. Jeder im Team sollte wissen, wo wir stehen und was als Nächstes passiert.

Nehmen wir z. B. Laura, eine junge Teamleiterin in einem Softwareunternehmen. Sie hält wöchentliche Teammeetings ab, in denen jedes Teammitglied einen kurzen Statusbericht gibt und anstehende Aufgaben und Herausforderungen gemeinsam besprochen werden. Diese Treffen bieten eine gute Gelegenheit für das gesamte Team, einen Überblick zu bekommen, potenzielle Probleme frühzeitig zu erkennen und Lösungsvorschläge auszutauschen. Der Fokus dieser Meetings ist eindeutig operativ ausgelegt.

Dann gibt es noch monatliche **strategische Meetings**. In diesen geht es mehr um die mittel- bis langfristige Planung und die strategische Ausrichtung im Team. Es könnten größere Themen auf der Agenda stehen, die das gesamte Team betreffen und bei denen es um grundlegende Entscheidungen geht.

Laura nutzt diese Meetings, um die strategischen Ziele des Unternehmens zu kommunizieren und Feedback und Ideen aus ihrem Team zu sammeln. Sie setzt dabei auch Breakout-Sessions ein, in denen kleinere Gruppen in bestimmte Themen eintauchen und Lösungen oder Pläne erarbeiten, die sie dann dem gesamten Team präsentieren.

Und schließlich gibt es die **Einzelgespräche**, in denen du als Führungskraft die Möglichkeit hast, individuell auf die Bedürfnisse und Fragen deiner Mitarbeiter einzugehen. Laura plant z. B. monatliche Einzelgespräche mit jedem Teammitglied, um individuelles Feedback zu geben, Karriereziele zu besprechen und spezifische Wünsche oder Probleme anzusprechen.

Wie du siehst, gibt es verschiedene Formate und es geht darum, das richtige Format für den richtigen Zweck zu wählen. Entscheidend ist: Kommuniziere klar, was das Ziel jedes Meetings ist, und halte dich daran! Nichts ist frustrierender als ein Meeting, das als strategische Besprechung angekündigt wurde, dann aber in der Detaildiskussion um operative Themen versinkt. Schaffe klare Strukturen mit einer Agenda für jedes Meeting und nutze die Zeit deines Teams sinnvoll. Achte gleichzeitig darauf, immer genug Raum für Fragen und Diskussionen zu lassen.

Digitale Kommunikationswege und Plattformen

In der heutigen vernetzten Welt spielen digitale Kommunikationskanäle und Plattformen eine zentrale Rolle in der Teamführung und -kommunikation.

Als junge Führungskraft wirst du lernen, dass diese Tools, wenn sie richtig genutzt werden, den Informationsfluss verbessern, die Zusammenarbeit erleichtern und die Bindung im Team verstärken können.

Beginnen wir mit E-Mail und Instant Messaging. Tools wie Outlook, Gmail, Slack oder Microsoft Teams sind in den meisten Organisationen zum Standard geworden. Sie sind schnell, einfach und ermöglichen sowohl Einzel- als auch Gruppenkommunikation. Achte jedoch darauf, dass klare Richtlinien für die Nutzung dieser Tools existieren. So kannst du beispielsweise eine »Mailflut« verhindern und die ständige Erwartung der sofortigen Erreichbarkeit vermeiden. Es gilt der Grundsatz »Design follows function!«[40], womit gemeint ist, dass du im Team zuerst die Informationswege und Regeln etablierst und erst danach nach geeigneten Tools zur Umsetzung suchst.

Nehmen wir als Beispiel Lisa, eine junge Teamleiterin in einem Start-up. Sie hat klare Regeln aufgestellt, wie und wann Instant Messaging genutzt werden sollte, und dafür gesorgt, dass es klare »Offline-Zeiten« gibt, in denen keine sofortigen Antworten erwartet werden. Die »Offline-Zeiten« sind für alle Teammitglieder beispielsweise jeweils von 09.00 Uhr bis 10.30 Uhr, damit dort konzentriert gearbeitet werden kann, wie auch in einem Zeitfenster von 15.00 Uhr bis 16.00 Uhr, damit dort kurz vor dem Feierabend noch mal eine Phase des konzentrierten Arbeitens möglich ist.

Ein weiteres wichtiges Tool sind Video-Konferenz-Plattformen wie Zoom, Microsoft Teams oder Google Meet. Sie ermöglichen Meetings, ohne dass alle Beteiligten am selben Ort sein müssen. Sie bieten auch Funktionen wie die Bildschirmfreigabe, die die Zusammenarbeit und Präsentation von Arbeitsergebnissen erleichtern. Lisa nutzt diese Tools für ihre wöchentlichen Teammeetings und monatlichen strategischen Meetings, aber auch für die individuellen Einzelgespräche, da ihre Teammitglieder teilweise auch für Projekteinsätze außer Haus sind.

Schließlich gibt es Tools für das Projektmanagement und die Organisation der Teamarbeit wie Asana, Trello oder Jira. Diese helfen, Aufgaben zu organisieren, den Fortschritt zu verfolgen und zu gewährleisten, dass jeder im Team weiß, was seine Aufgaben sind und was als Nächstes ansteht. Lisa nutzt diese Tools, damit alle im Team auf dem Laufenden sind und die Prioritäten der Aufgaben klar sind.

Ein letzter wichtiger Punkt: Trotz all dieser digitalen Kommunikationswege solltest du nie die Bedeutung von Face-to-Face-Kommunikation (auch wenn sie digital ist) unterschätzen. Nutze beispielsweise Videoanrufe nicht nur für offizielle Meetings, sondern auch für »Kaffeepausen« oder »virtuelle Happy Hours«. Damit verstärkst du die Bindung zum Team und gibst Raum für informelle Gespräche und den Austausch von Gedanken und Ideen. Lisa organisiert beispielsweise wöchentliche »virtuelle Kaffeepausen«, in denen das Team zusammenkommt, um über alles zu sprechen, was nichts mit der Arbeit zu tun hat.

Nutze digitale Kommunikationswege gezielt, um die Kommunikation im Team zu verbessern. Achte dabei aber gleichzeitig auf ein Gleichgewicht, mit dem du vermeidest, dass es zu viel (oder wenig) Kommunikation oder zu viele (oder wenige) Informationen gibt. Als junge Führungskraft wirst du hier ein wenig experimentieren müssen, um herauszufinden, was für dich und dein Team am besten funktioniert.

Jetzt bist du am Ende des Kapitels zur erfolgreichen Teamkommunikation angelangt. Du hast eine Menge gelernt. Von persönlichen Gesprächstechniken bis hin zur Gestaltung der gesamten Teamkommunikation. Nun ist es wichtig, dass du niemals aufhörst zu lernen und deine Fähigkeiten stetig weiterentwickelst. Damit du dies tun kannst, habe ich hier wieder Reflexionsfragen für dich zusammengestellt. Diese Fragen helfen dir, deinen Fortschritt zu beurteilen und zukünftige Entwicklungsmöglichkeiten zu erkennen:

1. Wie gut passt dein aktueller Kommunikationsstil zu deinem Team und was könntest du verbessern?

2. Wie erfolgreich nutzt du momentan Fragetechniken und wie könntest du diese noch gezielter einsetzen?

3. Wie gut verstehst du die nonverbale Kommunikation deiner Teammitglieder und wie könntest du deine eigenen Fähigkeiten in diesem Bereich ausbauen?

4. Wie sinnvoll sind eure Teammeetings und wie könntest du sie noch produktiver gestalten?

5. Welche digitalen Kommunikationsplattformen könntet ihr als Team noch nutzen, um eure Zusammenarbeit zu verbessern?

6. Wie gut habt ihr eure allgemeinen Kommunikationsregeln definiert und eingehalten und wo gibt es Verbesserungspotenzial?

7. Wie gut ist das Feedback, das du von deinem Team erhältst, und wie könntest du dieses Feedback besser in deine Kommunikationsstrategien integrieren?

8. Wie gut vermittelst du deine Botschaften und wie könntest du deine Überzeugungskraft verbessern?

Nutze diese Fragen zur Selbstreflexion und für deine kontinuierliche Weiterentwicklung. Erinnere dich immer daran: Du bist auf einer Reise und jeder Schritt, den du machst, bringt dich deinem Ziel, eine erfolgreiche Führungskraft zu werden, ein Stück näher.

DER EINSTIEG IN DIE ERSTE FÜHRUNGS-POSITION

Du hast den ersten Teil des Buches bereits erfolgreich absolviert und bist mit den Basiskompetenzen einer erfolgreichen Führungskraft ausgestattet. Jetzt ist es an der Zeit, den nächsten Schritt zu machen und den Übergang von einem engagierten Young Professional zur etablierten Führungskraft in Angriff zu nehmen.

Der zweite Teil dieses Buches unterstützt dich auf der spannenden und manchmal herausfordernden Reise, die mit dem Antritt der ersten Führungsposition beginnt. In diesem Abschnitt öffnest du die Tür zu deiner Führungsrolle. Du lernst, wie du deinen Platz in einem Team einnimmst, dir das Vertrauen und den Respekt deiner Mitarbeiter erarbeitest. Wie bei jeder großen Reise wird auch diese von Höhen und Tiefen, Erfolgen und Misserfolgen, Lachen und Frust geprägt sein. Denke immer daran: Es geht nicht um Perfektion, sondern um stetige Verbesserung und Wachstum.

Gemeinsam schauen wir uns die ersten Tage und Monate in deiner Rolle als junge/neue Führungskraft an. Ich zeige dir, was du konkret tun kannst, um vom Start an die wichtigsten Punkte im Blick zu behalten. Am Ende dieses Abschnitts wirst du mit einem tiefen Verständnis dafür ausgestattet sein, wie du deine ersten Schritte auf deinem Weg zu einer erfolgreichen Führungskraft gestalten kannst.

Bist du bereit für die nächste Etappe deiner Führungsreise? Dann lass uns jetzt starten!

Die Bewerbungsphase

Wir beginnen deine Reise in der Bewerbungsphase. Hier stehst du noch als Young Professional vor deinem ersten großen Schritt – der Bewerbung auf eine Führungsposition. Diese Phase ist nicht nur der erste Kontaktpunkt mit deinem potenziellen zukünftigen Chef, sondern auch der Moment, in dem du den Grundstein für deine Führungsrolle legst. Es gilt, im Auswahlprozess zu überzeugen und ausgewählt zu werden. Dafür musst du ein klares Bild von deinen Führungsambitionen und deinem potenziellen Führungsstil vermitteln. Mit der richtigen Strategie und Vorbereitung kannst du in dieser Phase den Weg für deinen erfolgreichen Start als Führungskraft ebnen. Lass uns also damit starten, wie du dich erfolgreich auf eine Führungsposition bewerben kannst.

Warum möchte ich überhaupt Führungskraft werden?

Du stehst am Beginn deiner Führungskarriere und die erste Frage, die du dir stellen solltest, lautet: »Warum will ich überhaupt Führungskraft werden?« Diese Frage mag auf den ersten Blick merkwürdig erscheinen. Es ist eine grundsätzliche Frage, die du dir ehrlich beantworten solltest, bevor du den nächsten Schritt machst. Immerhin stellst du mit deiner Bewerbung eine wichtige Weiche auf deinem Karriereweg. Außerdem ist es eine der häufigsten Fragen im Job-Interview für eine Führungsposition. Auch wenn ich Führungskräfte eingestellt habe, war die Frage nach der

Motivation eine meiner ersten Fragen. Die Motivation, eine Führungskraft zu werden, sollte im Idealfall über reine Karriereambitionen und finanzielle Interessen hinausgehen. Antworten in dieser Richtung sind sowohl für dich als auch für deinen zukünftigen Chef deshalb nicht gerade vertrauenerweckend.

Hier sind zwei Praxisbeispiele, die die Wichtigkeit in der Realität zeigen:

Das erste Beispiel betrifft Inga, eine hoch qualifizierte IT-Expertin in einem großen Softwareunternehmen. Als sie die Chance bekam, eine Teamleiterposition zu übernehmen, griff sie zu. Doch ihre Motivation war hauptsächlich finanzieller Natur. Sie sah die Führungsposition als eine Möglichkeit, ihr Einkommen zu steigern. Zwar verdiente sie jetzt mehr Geld, aber sie stellte schnell fest, dass ihr die zusätzlichen Verantwortlichkeiten und der Stress, der mit der Führung eines Teams einherging, wenig Freude bereiteten. Sie vermisste die Zeit, in der sie sich auf ihre Kernkompetenz, das Programmieren, konzentrieren konnte. Ingas Geschichte zeigt, dass die Führungsrolle nicht für jeden geeignet ist und eine rein finanziell getriebene Motivation dich nicht langfristig durch die Höhen und Tiefen des Führungslebens tragen wird.

Das zweite Beispiel handelt von Julia, einer engagierten Vertriebsmitarbeiterin, die schon immer den Wunsch hatte, andere zu unterstützen und zu führen. Als sie die Gelegenheit bekam, Vertriebsleiterin zu werden, bewarb sie sich. Ihre Motivation war es, ein Umfeld zu schaffen, in dem ihre Teammitglieder wachsen und erfolgreich sein können. Sie investierte viel Zeit in die individuelle Entwicklung jedes Teammitglieds und schuf eine Atmosphäre des Vertrauens und der Zusammenarbeit. Obwohl sie manchmal komplexe Entscheidungen treffen und Konflikte lösen musste, empfand sie die Führungsrolle als erfüllend und lohnenswert. Finanziell war die neue Rolle für sie im ersten Jahr sogar ein Nachteil, weil sie keine neuen Kunden akquirieren konnte und somit auch nur einen geringen Bonus bekam. Trotzdem bereiteten ihr die neuen Aufgaben so viel Freude, dass sie diesen finanziellen Nachteil im ersten Jahr bereitwillig hinnahm. Ein weiterer langfristiger Erfolg war, dass sie durch ihren Einsatz für das Team die Fluktuation im Vertrieb deutlich reduzieren konnte. In der Vergangenheit waren einige Mitarbeiter mit der bisherigen Führungskraft so unzufrieden gewesen, dass sie gekündigt hatten.[41] Ihre Geschichte zeigt, dass eine intrinsische Motivation, die über finanzielle Interessen hinausgeht, zu einer erfolgreichen und erfüllenden Führungskarriere führen kann.

Damit du Klarheit über deine eigene Motivation gewinnst, versuche die folgenden Reflexionsfragen so detailliert wie möglich zu beantworten:

1. Was zieht mich zur Führungsrolle hin?

2. Wie definiere ich meine Karriereziele?

3. Bin ich bereit, zusätzliche Verantwortung zu übernehmen?

4. Welche Aspekte der Führungsrolle reizen mich am meisten?

5. Wie würde ich meine Führungsphilosophie beschreiben?

6. Was hoffe ich, als Führungskraft zu erreichen?

7. Wie sehe ich meine Rolle im Hinblick auf das Team?

8. Welchen Einfluss möchte ich auf mein Team haben?

9. Welche Opfer bin ich bereit, für die Führungsrolle zu bringen?

10. Wie werden sich meine Arbeitsgewohnheiten ändern, wenn ich Führungskraft bin?

11. Welche Fähigkeiten möchte ich als Führungskraft weiterentwickeln?

12. Welche Erwartungen habe ich an mich selbst als Führungskraft?

13. Wie gehe ich mit komplexen/emotionalen Entscheidungen um?

14. Wie möchte ich von meinem Team wahrgenommen werden?

15. Wie wird sich die Führungsrolle auf mein Privatleben auswirken?

Indem du dir diese Fragen beantwortest, verstehst du besser, warum du Führungskraft werden willst. Das hilft dir bei der Entscheidung für oder gegen eine Führungsposition und um selbstbewusst in die Führungsrolle zu starten. Du kannst deine Antworten selbstverständlich auch im Vorstellungsgespräch verwenden, um zu zeigen, dass du dir gut überlegt hast, warum du dich auf die Position als Führungskraft bewirbst.

Wo will und kann ich den Einstieg gut schaffen?

Der Schritt von einer Fach- in eine Führungsposition ist ein Meilenstein auf deinem persönlichen Karriereweg, der gut durchdacht sein muss. Es geht nicht nur darum, eine Führungsposition zu übernehmen. Wichtig ist auch, die richtige Position zu finden, die zu deinen Stärken und Fähigkeiten passt.

Um dies zu verdeutlichen, betrachten wir **zwei Beispiele:**

Das erste Beispiel betrifft Stefan, einen engagierten und talentierten Mitarbeiter in der Finanzabteilung eines Unternehmens. Er wurde für eine Position als Teamleiter in Betracht gezogen. Stefan hatte jedoch eine eher zurückhaltende Persönlichkeit und seine Stärken lagen in der Analyse und in Detailarbeiten. Als er über seine Möglichkeiten nachdachte, wurde ihm klar, dass er lieber in einer Führungsposition wäre, die weniger direkte Teamführung erfordert und in der er seine analytischen Fähigkeiten nutzen kann. Er bewarb sich deshalb auf eine Position als Abteilungsleiter im Controlling, wo er eher seine analytischen Fähigkeiten einsetzen konnte, statt ein großes Team zu leiten.

Ein anderes Beispiel ist Sophia, die als Projektmanagerin in einer IT-Firma arbeitete. Sie genoss die Zusammenarbeit mit Menschen, war sehr gut organisiert und hatte eine sehr offene Persönlichkeit. Sie hatte den Wunsch, in einer Führungsposition zu arbeiten, in der sie ein Team aufbauen und entwickeln konnte. Sophia bewarb sich als Teamleiterin für ein neues Projekt, in dem sie genau diese Möglichkeit hatte.

Diese Beispiele zeigen, dass die »richtige« Führungsposition stark von deiner Persönlichkeit, deinen Fähigkeiten und deinen Wünschen abhängt.

Um zu erkennen, welche Art von Führungsposition für dich die richtige sein kann, beantworte die folgenden Reflexionsfragen:

1. Wo liegen meine Stärken und Schwächen?

2. Welche Art von Führung liegt mir: die direkte Führung eines Teams oder eher eine koordinierende Rolle?

3. Welche Fähigkeiten und Eigenschaften kann ich in eine Führungsposition einbringen?

4. Welche Art von Arbeitsumfeld bevorzuge ich? Arbeite ich lieber in einem stabilen, gut etablierten Team oder in einem dynamischen, sich ständig verändernden Umfeld?

5. Welche Art von Team möchte ich führen? Ein bestehendes Team oder möchte ich ein neues Team aufbauen?

6. Welche Aspekte einer Führungsrolle sind mir am wichtigsten? Ist es die Zusammenarbeit mit anderen, die Möglichkeit, Entscheidungen zu treffen, oder die Gelegenheit, strategisch zu denken und zu planen?

7. Bin ich bereit, die notwendigen Anpassungen in meinem Arbeitsstil vorzunehmen, um eine erfolgreiche Führungskraft zu werden?

8. Welche Arten von Herausforderungen bestärken mich und welche machen mir Sorgen?

9. In welchen Bereichen habe ich bereits Führungsstärke gezeigt und wo muss ich noch wachsen?

10. Wie reagiere ich auf Stress und Druck? Wie könnte sich das auf meine Fähigkeit auswirken, ein Team zu führen?

11. Was motiviert mich als Führungskraft?

12. Welche Art von Führungsposition würde meine Karriereziele am besten unterstützen?

13. Welche Kompromisse bin ich bereit, für die richtige Führungsposition einzugehen?

14. Welche Möglichkeiten zur beruflichen Entwicklung und Weiterbildung sehe ich in den verschiedenen Führungspositionen, die mich interessieren?

15. Welche Art von Unterstützung und Ressourcen würde ich benötigen, um in den verschiedenen Führungsrollen, die ich in Betracht ziehe, erfolgreich zu sein?

Die Antworten auf diese Fragen werden dir helfen, gut überlegte Entscheidung zu treffen, welche Art von Führungsposition am besten zu dir passt. Sie werden dir auch helfen, dein Potenzial in einer Führungsrolle besser entfalten zu können.

Welcher Charakter- und Führungstyp bist du?

Es ist eine interessante Reise, sich selbst zu entdecken und zu verstehen, was dich als Mensch und potenzielle Führungskraft einzigartig macht. Eine bewährte Methode, die dabei helfen kann, ist das DISG-Persönlichkeitsmodell. Dieses Modell wurde in den 1920er-Jahren von dem Psychologen William Moulton Marston entwickelt und ist seither ein bewährtes Werkzeug, um menschliches Verhalten in verschiedenen Kontexten zu verstehen.[42]

Das DISG-Modell teilt Persönlichkeiten in vier Haupttypen ein: Dominant (D), Initiativ (I), Stetig (S) und Gewissenhaft (G). Jede Person ist eine Mischung aus diesen vier Typen. In der Regel dominieren ein oder zwei Typen.

DISG-Modell

```
                    Aktion
                      ↑
         ┌────────────┼────────────┐
         │            │            │
         │  Dominant  │  Initiativ │
         │            │            │
Aufgaben-│            │            │Menschen-
orientiert ←──────────┼──────────→ orientiert
         │            │            │
         │Gewissenhaft│   Stetig   │
         │            │            │
         └────────────┼────────────┘
                      ↓
                  Stabilität
```

Mithilfe dieses Tests wirst du dich und deine Verhaltenspräferenzen besser kennenlernen und verstehen. Damit hast du auch die Chance, Führungspositionen zu identifizieren, die weniger oder besser zu deinem Charaktertyp passen. Kommen wir zu dem Test:

Um herauszufinden, welcher Typ du bist, beantworte die folgenden Fragen möglichst spontan und ehrlich. Ordne die vier Antworten nach folgender Logik/Bewertungsskala:
1 = würdest du (fast) nie so machen
2 = würdest du hin und wieder schon machen
3 = beschreibt dich gut und entspricht recht häufig deinem Verhalten
4 = beschreibt dich sehr gut und entspricht sehr häufig deinem Verhalten

(Bitte beachte, dass ein echter DISG-Test noch ausführlicher ist und professionell durchgeführt und ausgewertet werden sollte. Dieser Test ist eine vereinfachte Version und soll dir nur einen ersten Eindruck geben.)

1. Bei der Arbeit ...
   a. lege ich großen Wert auf Details und Genauigkeit.
   b. lege ich großen Wert auf ein harmonisches Miteinander und positive Energie.
   c. bin ich gern der Entscheider und treibe Dinge voran.
   d. arbeite ich konsequent und beständig an meinen Aufgaben.

2. Wenn ich auf ein Problem stoße ...
   a. verarbeite ich das Problem in meinem eigenen Tempo und suche nach stabilen Lösungen.
   b. bin ich proaktiv und suche nach Lösungen.
   c. analysiere ich alle Details und erstelle einen gründlichen Aktionsplan.
   d. bemühe ich mich um Zusammenarbeit und kreative Ideen.

3. Bei der Kommunikation mit anderen ...
   a. bin ich klar, präzise und informativ.
   b. bin ich geduldig und höre zu.
   c. bin ich lebhaft und motiviere andere.
   d. bin ich direkt und komme schnell auf den Punkt.

4. Wenn ich Entscheidungen treffe ...
   a. wäge ich meine Optionen sorgfältig ab und vermeide überstürzte Entscheidungen.
   b. treffe ich schnelle und effiziente Entscheidungen.
   c. berücksichtige ich die Gefühle und Meinungen anderer.
   d. treffe ich Entscheidungen auf der Grundlage von Daten und Fakten.

5. In Bezug auf Veränderungen ...
   a. finde ich sie erregend und bin offen für neue Herausforderungen.
   b. analysiere und plane ich gründlich, bevor ich Änderungen vornehme.
   c. ziehe ich Stabilität und vorhersehbare Umgebungen vor.
   d. nutze ich sie als Gelegenheit zur Zusammenarbeit und Innovation.

6. Bei der Teamarbeit ...
   a. achte ich auf die Einhaltung von Regeln und Standards.
   b. motiviere ich andere und sorge für eine positive Atmosphäre.
   c. bin ich gern der Anführer und gebe Richtung und Tempo vor.
   d. unterstütze ich und arbeite harmonisch mit den anderen zusammen.

7. Meine Herangehensweise an Projekte ist ...
   a. fokussiert auf Ergebnisse und Fortschritt.
   b. gründlich und detailorientiert.
   c. kreativ und kooperativ.
   d. systematisch und konsistent.

8. Wenn ich Kritik erhalte ...
   a. nutze ich sie als Antrieb, um besser zu werden.
   b. versuche ich, aus ihr zu lernen und einen stabileren Kurs zu halten.
   c. nutze ich sie, um meine Arbeit zu verbessern und höhere Standards zu erreichen.
   d. nehme ich sie als Chance zur Verbesserung und stärkeren Zusammenarbeit.

9. In Bezug auf Regeln und Strukturen ...
   a. folge ich ihnen konsequent und zuverlässig.
   b. nutze ich sie, um ein unterstützendes Umfeld zu schaffen.
   c. bin ich flexibel und finde Wege, um effizienter zu arbeiten.
   d. achte ich sehr darauf, sie genau zu befolgen.

10. Bei der Festlegung von Zielen ...
   a. setze ich präzise und messbare Ziele.
   b. setze ich realistische und erreichbare Ziele.
   c. setze ich inspirierende und kollaborative Ziele.
   d. setze ich hohe Standards und strebe nach Ergebnissen.

Lösungsschema:

Aussagen	Dominanz	Initiativ	Stetigkeit	Gewissen-haftigkeit
1	C	B	D	A
2	B	D	A	C
3	D	C	B	A
4	B	C	A	D
5	A	D	C	B
6	C	B	D	A
7	A	C	D	B
8	A	D	B	C
9	C	B	A	D
10	D	C	B	A
Summe				

Notiere für jeden Buchstaben (a, b, c, d) die Punkte für deine Antworten und bilde pro Spalte (Dominant, Initiativ, Stetig und Gewissenhaft) jeweils die Summe. Der Buchstabe mit der höchsten

Punktzahl zeigt deinen dominierenden DISG-Typen. Je höher die Punktzahl, desto stärker ist die Ausprägung des jeweiligen Verhaltenstypen

Hier ist eine kurze Beschreibung der vier Persönlichkeitstypen:

- **Dominant** (D): Du bist durchsetzungsstark, entscheidungsfreudig und ehrgeizig. Du magst Herausforderungen und Wettbewerb. Als Führungskraft setzt du klare Ziele und erwartest konkrete Ergebnisse.

- **Initiativ** (I): Du bist extrovertiert, enthusiastisch und optimistisch. Du liebst es, mit Menschen zusammen zu sein und neue Ideen zu entwickeln. Als Führungskraft legst du Wert auf Teamgeist und Innovation.

- **Stetig** (S): Du bist ruhig, geduldig und zuverlässig. Du bevorzugst eine stabile und berechenbare Umgebung. Als Führungskraft unterstützt du und sorgst für Kontinuität und Zusammenhalt im Team.

- **Gewissenhaft** (G): Du bist präzise, analytisch und systematisch. Du legst großen Wert auf Qualität und Genauigkeit. Als Führungskraft bist du gründlich und sorgfältig in der Planung und Umsetzung. Geordnete Prozesse, Kennzahlen und Informationen liegen dir besonders gut.

Die Kenntnis deines DISG-Profils kann dir helfen, deine Stärken und Schwächen als Führungskraft besser zu verstehen und dein

Verhalten entsprechend anzupassen. Es kann auch das Verständnis für andere Personen (z. B. dein Team oder deinen Chef) verbessern und dazu beitragen, bessere Beziehungen am Arbeitsplatz aufzubauen. Denke jedoch daran, dass dieses Modell nur ein kleiner Aspekt deiner Person und Persönlichkeit ist. Es gibt viele weitere Faktoren, die deine Person ausmachen und dein Verhalten beeinflussen. Betrachte das Modell und dein Ergebnis daher als eine nützliche Information, aber bitte nicht als allumfassenden Erklärungsansatz.

Vorbereitung auf das Interview oder das Assessment-Center

Die Vorbereitungsphase auf das Interview oder das Assessment-Center ist sehr wichtig für deinen Einstieg in die erste Führungsposition. Du solltest nicht nur das Unternehmen, die Jobanforderungen und die Werte der Firma kennen. Es ist auch wichtig, dass du eine klare Vorstellung von deinem Verständnis der Führungsrolle hast und diese klar vermitteln kannst. Dafür zwei Praxisbeispiele:

Praxisbeispiel 1:
Nehmen wir an, du hast dich bei einem großen IT-Unternehmen für eine Führungsposition im Bereich Projektmanagement beworben. In deiner Vorbereitung beschäftigst du dich intensiv mit der Unternehmenskultur, recherchierst über abgeschlossene Projekte und aktuelle Herausforderungen in der IT-Branche. Du entwickelst eine klare Vision, wie du als Führungskraft agieren möchtest und mit welchen Maßnahmen du das Unternehmen voranbringen willst.

Im Interview überzeugst du nicht nur mit deinem Fachwissen, sondern vor allem mit deiner Vorstellung, wie du dich als Führungskraft positionieren möchtest.

Praxisbeispiel 2:
Stell dir vor, du nimmst an einem Assessment-Center für eine Führungsposition in einem Marketing-Unternehmen teil. Ein wesentlicher Teil der Aufgabe besteht darin, ein Team zu leiten, das eine Marketingstrategie entwickelt. Du hast dich im Vorfeld mit verschiedenen Führungstechniken auseinandergesetzt, verschiedene Kommunikationsstile geübt und dich auf mögliche Konfliktsituationen vorbereitet.

Während des Assessments zeigst du Führungskompetenz, indem du klar kommunizierst und den Prozess beschreibst, wie du dein Team kennenlernen, verstehen und weiterentwickeln möchtest.

Nutze folgende Reflexionsfragen, um deine Vorbereitung auf die Bewerbung oder das Vorstellungsgespräch zu verbessern:

1. Was weiß ich bereits über das Unternehmen und die Stelle, auf die ich mich bewerbe?

2. Wie passt diese Position zu meinen Fähigkeiten und Zielen?

3. Wie definiere und kommuniziere ich meine Rolle als Führungskraft?

4. Welche Führungstechniken und Kommunikationsstile werde ich nutzen?

5. Wie reagiere ich auf mögliche Konflikte oder Herausforderungen?

6. Wie kann ich meine Erfahrungen und Fähigkeiten im Kontext der Führungsposition darstellen?

7. Was ist mein Plan, um meine Fähigkeiten als Führungskraft im Interview oder Assessment-Center zu demonstrieren?

8. Wie würde ich mein Team motivieren und führen, um die Ziele zu erreichen?

9. Wie kann ich das, was ich in meiner Vorbereitung gelernt habe, in die Praxis umsetzen?

10. Wie sollte meine Vorbereitung aussehen, um meine Chancen auf Erfolg zu maximieren?

11. Wie kann ich das Know-how aus diesem Buch nutzen, um mich auch ohne Führungserfahrung als kompetent und gut vorbereitet für die (erste) Führungsposition zu präsentieren?

Denke daran, dass die Vorbereitung auf das Interview oder das Assessment-Center ein wichtiger Schritt auf dem Weg zu deiner ersten Führungsposition ist. Investiere hier also entsprechend viel Zeit und Aufwand. Es wird sich lohnen! Und solltest du doch nicht sofort erfolgreich sein, lass dich von Absagen nicht entmutigen. Im Rahmen meiner Karriere waren Absagen und Zusagen fast ausgeglichen. Eine Absage ist zwar unangenehm und kratzt am Ego, liefert aber auch viel Lernpotenzial. Deshalb empfehle ich dir, ganz besonders im Falle einer Absage um ein detailliertes Feedback zu deiner Leistung und deinem Eindruck zu bitten. In der Regel wird diesem Wunsch auch entsprochen. Gehen wir hier jetzt aber vom positiven Fall aus, dass du den Job bekommen hast.

Die Vorbereitungsphase

Herzlichen Glückwunsch! Du hast die Hürden des Bewerbungsprozesses überwunden und hältst deinen Vertrag für die erste Führungsposition in den Händen. Dieser Moment ist der Startschuss für eine spannende neue Phase in deiner Karriere, die ich die Vorbereitungsphase nenne.

Zwischen der Zusage und dem ersten Tag in deiner neuen Rolle liegen wertvolle Tage und Wochen, in denen du gezielt Maßnahmen ergreifen kannst, um bestmöglich in deine Führungsrolle zu starten. Diese Phase ist eine besondere Gelegenheit, sowohl zur Reflexion als auch zur aktiven Vorbereitung.

Im Laufe dieses Kapitels stelle ich dir die folgenden Schritte vor, die dir helfen werden, einen reibungslosen Übergang in deine Führungsposition zu gewährleisten:

1. **Feedback zur Bewerbung:** Du wirst lernen, wie du das Feedback aus deinem Bewerbungsprozess konstruktiv nutzen kannst. Was hast du gut gemacht? Was hat dich von anderen Kandidaten abgehoben? Die Antworten auf diese Fragen werden dir helfen, deine Stärken weiter auszubauen, und dich auf mögliche Entwicklungsfelder hinweisen.

2. **Die Geschichte und Entwicklung deines Teams:** Eine gute Führungskraft kennt die Geschichte ihres Teams. Du wirst lernen, wie du dich über die bisherige Entwicklung und die Geschichte deines neuen Teams informieren kannst.

3. **Erwartungen und Ziele deines Chefs:** Um in deiner neuen Rolle erfolgreich zu sein, ist es wichtig, die Erwartungen und Ziele deines Chefs zu kennen und zu verstehen. Du wirst lernen, wie du diese Erwartungen erfragen kannst und wie du deine Rolle so gestaltest, dass du die Erwartungen und Ziele erfüllst und vielleicht sogar übertriffst.

Bist du bereit, den nächsten Schritt auf deinem Weg zur Führungskraft zu gehen? Dann lass uns loslegen!

Feedback zum Bewerbungsverfahren

Dein erfolgreicher Bewerbungsprozess ist mehr als nur eine Hürde auf dem Weg zu deiner ersten Führungsposition – er ist ein Schatz an wertvollen Erkenntnissen. Jedes Gespräch, das du geführt, jede Frage, die du gestellt, und jede Diskussion, an der du teilgenommen hast, enthält wichtige Hinweise darauf, was du gut gemacht hast und was du möglicherweise verbessern könntest. Um diese Erkenntnisse zu nutzen, ist das Einholen von Feedback zur Bewerbung ein wichtiger Schritt.

Hier ein Praxisbeispiel:
Susanne hat kürzlich ihre erste Führungsposition in einem Tech-Start-up angetreten. Nachdem sie die Zusage ihres neuen Arbeitgebers erhalten hatte, nahm sie sich die Zeit, ein Feedbackgespräch

mit dem Hiring Manager zu führen. Sie fragte, was ihr im Bewerbungsprozess gut gelungen sei und welche Aspekte ihrer Bewerbung besonders positiv aufgefallen seien. Der Hiring Manager lobte ihre Fähigkeit, komplexe technische Konzepte in einfacher Sprache zu erklären und ihre Leidenschaft für das Produkt des Start-ups.

Zudem gab er ihr jedoch auch einen wichtigen Hinweis für ihre zukünftige Rolle: Während des Interviews habe Susanne manchmal zu schnell gesprochen und sei zu sehr ins Detail gegangen. In ihrer neuen Rolle sei es wichtig, ihre Kommunikationsweise anzupassen und ihre Punkte klar und prägnant zu präsentieren.

Diese Informationen gaben Susanne wertvolle Anhaltspunkte für ihre neue Rolle. Sie wusste nun, dass ihre Fähigkeit, technische Details zu erklären, geschätzt wurde und dass sie darauf achten musste, ihre Punkte klar und prägnant zu formulieren.

Hier sind einige Fragen, die du in einem Feedbackgespräch mit deinem Hiring Manager / deinem zukünftigen Chef stellen könntest, um ein hilfreiches Feedback zu erhalten:

1. Welche Aspekte meiner Bewerbung haben Sie als besonders positiv empfunden?

2. Welche Fähigkeiten oder Erfahrungen haben Sie dazu bewogen, mir die Führungsposition anzubieten?

3. Gab es Bedenken oder Fragen bezüglich meiner Bewerbung, die wir vielleicht noch nicht vollständig besprochen haben?

4. Welche Erwartungen haben Sie an mich in meiner neuen Rolle und wie kann ich diese am besten erfüllen?

5. Gab es in meiner Kommunikation oder meinem Auftreten während des Bewerbungsprozesses Aspekte, die ich in meiner neuen Rolle beibehalten oder verändern sollte?

6. Auf welche Aspekte meiner Führungsrolle sollte ich mich Ihrer Meinung nach in den ersten Monaten besonders konzentrieren?

7. Welche Ratschläge würden Sie mir für meinen Start in der neuen Position geben?

Diese Fragen sind eine großartige Möglichkeit, weitere Informationen zu sammeln und dich auf deine neue Rolle vorzubereiten. Außerdem zeigen sie deinem Hiring Manager, dass du bereit bist, dich weiterzuentwickeln, um in deiner neuen Rolle erfolgreich zu sein.

Weitere Reflexionsfragen zu dem Bewerbungsprozess:

1. Was waren die Schlüsselmomente in deinem Bewerbungsprozess, in denen du dich besonders stark oder schwach gefühlt hast?

2. Welche Aspekte deiner Bewerbung haben deiner Meinung nach den größten Eindruck gemacht?

3. Welche Fähigkeiten oder Erfahrungen, die du während des Bewerbungsprozesses hervorgehoben hast, könnten in deiner neuen Rolle besonders wertvoll sein?

4. Gab es Feedback während des Bewerbungsprozesses, das dich überrascht hat?

5. Gab es Fragen oder Diskussionen während des Bewerbungsprozesses, die du im Nachhinein anders angehen würdest?

6. Wie hast du auf Stress oder Unsicherheit während des Bewerbungsprozesses reagiert und was sagt das über deine Stressresistenz aus?

7. Gab es während des Bewerbungsprozesses Themen oder Fragen, bei denen du dich unsicher gefühlt hast? Wie könntest du dich in diesen Bereichen weiterentwickeln?

8. Wie hast du dich auf das Bewerbungsgespräch vorbereitet und was hat gut funktioniert, was weniger?

9. Wie gut konntest du die Werte und Erwartungen des Unternehmens vermitteln und wie gut stimmte deine Darstellung mit dem Feedback überein?

10. Welche konkreten Schritte kannst du unternehmen, um die Stärken, die du während des Bewerbungsprozesses erkannt hast, auszubauen und die Verbesserungsbereiche anzugehen?

Nimm dir die Zeit, diese Fragen sorgfältig zu beantworten. Sie können dir wertvolle Einblicke für deinen Start in die Führungsposition geben. Denke daran, dass es keine richtigen oder falschen

Antworten gibt – es geht darum, dich besser kennenzulernen und dich auf deine neue Rolle vorzubereiten.

Rückblick und Entwicklung deines Teams

Auf deinem Weg zur Führungskraft ist es wichtig, das bestehende Umfeld deiner neuen Rolle zu verstehen. Ein wichtiger Aspekt ist die Geschichte und Entwicklung deines Teams. Je besser du die Vergangenheit, die gelebte Dynamik, die bisherigen Erfolge und Rückschläge verstehst, desto besser kannst du auf der Basis einen soliden Plan für deine zukünftige Rolle und die Weiterentwicklung des Teams entwickeln.

Dazu ein Praxisbeispiel:
Lisa wurde als Leiterin einer Marketingabteilung eingestellt. In ihrem ersten Gespräch mit ihrem zukünftigen Vorgesetzten fragte sie gezielt nach der Geschichte und Entwicklung des Teams. Sie erfuhr, dass das Team in den letzten zwei Jahren stark gewachsen war und zuvor von einer Führungskraft geleitet wurde, die das Unternehmen verlassen hatte. Die bisherige Führungskraft hat im Team viel Wert auf Kreativität und Innovationen gelegt, was im Team sehr gut aufgenommen wurde. Außerdem erfuhr sie von Projekten, die sehr erfolgreich waren, und von Projekten, die aufgrund interner Konflikte und mangelnder Ressourcen nicht so gut liefen. Lisa nutzte diese Informationen, um ihre Antrittsstrategie zu planen und ihr Team besser zu verstehen.

Um mehr über dein Team zu erfahren, könntest du deinem Chef folgende Fragen stellen:

1. Wie hat sich das Team in den letzten Jahren entwickelt?

2. Welche Meilensteine oder Schlüsselereignisse gab es in der Vergangenheit des Teams?

3. Wie war die Führung des Teams in der Vergangenheit organisiert?

4. Wie würden Sie die bisherige Zusammenarbeit und Dynamik im Team beschreiben?

5. Gab es besondere Herausforderungen, die das Team in der Vergangenheit bewältigen musste?

6. Wie hat das Team auf Veränderungen oder Herausforderungen reagiert?

7. Welche Projekte oder Aufgaben waren besonders erfolgreich und warum?

8. Gab es Projekte oder Aufgaben, die nicht so erfolgreich waren und warum?

9. Wie war die Kommunikation im Team bisher organisiert?

10. Was benötigt das Team für die kurz- und mittelfristige Entwicklung, um weiterhin erfolgreich zu sein?

Diese Fragen helfen dir, ein umfassendes Bild von der Situation deines Teams zu gewinnen und einen guten Start in deine neue Rolle zu haben.

Ausblick und Erwartungen deiner Führungskraft

Wenn du als junge Führungskraft anfängst, wirst du vor vielen Herausforderungen stehen. Eine der wichtigsten ist es, die Erwartungen deines Chefs und deines Teams an dich zu kennen und zu erfüllen. Diese Erwartungen haben zwei Seiten: die Ziele, die du erreichen sollst, und die Art und Weise, wie du arbeiten und mit deinem Team umgehen sollst. Beides ist wichtig für deinen Erfolg.

Die Erwartungen deines Chefs:

1. **Ziele:** Dein Chef hat wahrscheinlich klare Ziele für deine Rolle. Diese können quantitativ (z. B. Umsatzziele, Fertigstellungstermine) oder qualitativ (z. B. Verbesserung der Teamdynamik, Steigerung der Kundenzufriedenheit etc.) sein. Es ist wichtig, diese Ziele zu verstehen, da sie die Grundlage für die Bewertung deiner Leistung bilden.

2. **Art der Zusammenarbeit:** Neben den Zielen sind auch die Erwartungen an die Art und Weise, wie du arbeiten und mit anderen interagieren wirst, wichtig. Dein Chef könnte bestimmte Erwartungen an deine Kommunikation, Entscheidungsfindung, Art der Problemlösung oder Führungsfähigkeiten haben.

Die Erwartungen deines Teams: Es ist aber ebenso wichtig, die Erwartungen deines Teams zu verstehen. Wie möchte dein Team geführt werden? Welche Unterstützung braucht es? Gibt es bestehende Probleme oder Herausforderungen, die es gern lösen möchte? Diese Erwartungen zu verstehen, hilft dir, eine bessere Arbeitsbeziehung mit deinem Team aufzubauen.

Insgesamt ist es wichtig, offen und interessiert mit deinem Chef und deinem Team zu kommunizieren, um ihre Erwartungen zu verstehen und angemessen darauf reagieren zu können.

Hier sind zehn Fragen, die du deinem Chef stellen kannst, um seine Erwartungen besser zu verstehen:

1. Was sind die wichtigsten Ziele, die ich in meiner neuen Position erreichen soll, und wie werden diese gemessen?

2. Gibt es bestimmte Projekte oder Aufgaben, die in den nächsten Monaten Priorität haben?

3. Wie flexibel sind diese Ziele? Können sie angepasst werden, wenn sich die Umstände ändern?

4. Gibt es bestimmte Erwartungen an die Teamführung, die ich kennen sollte?

5. Welchen Stellenwert hat Feedback in unserem Unternehmen und wie erfolgt der Feedbackprozess?

6. Wie autonom kann ich Entscheidungen treffen und wann ist eine Abstimmung mit Ihnen erforderlich?

7. Gibt es Dinge, die Sie im Hinblick auf die Teamdynamik verbessern würden?

8. Welche Dinge sollten aus Ihrer Sicht sofort verändert werden?

9. Welche Dinge sollten auf jeden Fall beibehalten werden?

10. Wie empfindet das Team die momentane Situation?

Die Antworten auf diese Fragen liefern dir ein klareres Bild von den Erwartungen, die an dich gestellt werden, und du kannst dich so besser auf deinen Start vorbereiten.

Die Kennenlernphase

Jetzt ist es fast so weit! Der erste Tag in deiner neuen Rolle als Führungskraft rückt näher. Das ist eine aufregende Zeit, aber auch eine, die viel Unsicherheit mit sich bringen kann. Die Kennenlernphase ist daher ein wesentlicher Abschnitt auf deinem Weg zur erfolgreichen Führungskraft, der eine sorgfältige Planung und Vorbereitung erfordert.

Diese Phase deines Abenteuers als Führungskraft beginnt kurz vor deinem ersten Arbeitstag und umfasst einige sehr wichtige erste Schritte. Dazu gehört, dein Team kennenzulernen, die

Dynamiken, Stärken und Herausforderungen jedes einzelnen zu verstehen sowie eine positive Arbeitsbeziehung mit ihnen aufzubauen.

In dieser Phase ist dein erstes Treffen mit dem Team ein wichtiger Meilenstein. Das ist deine Gelegenheit, einen starken ersten Eindruck zu hinterlassen und damit den Grundstein für eine positive Beziehung zu deinem Team zu legen. Während dieses Treffens wirst du deine »Antrittsrede« halten. Diese Rede ist mehr als nur eine formelle Vorstellung; sie ist deine Gelegenheit, deine Vision von der gemeinsamen Zukunft, deine Erwartungen an die Zusammenarbeit und deinen Führungsstil zu kommunizieren. Die Kennenlernphase ist damit eine sehr wichtige Zeit, in der du die Weichen für deinen zukünftigen Erfolg als Führungskraft stellst. Deshalb ist es wichtig, dass du diese Phase mit Sorgfalt und guter Planung angehst. Insgesamt wirst du für diese Phase in der Praxis circa zwei bis drei Wochen benötigen. Es liegt eine kurze, aber sehr interessante Zeit mit deinem neuen Team vor dir!

Vorbereitung auf das Kennenlernen
Dein erstes Treffen mit deinem Team ist ein entscheidender Moment, und die Vorbereitung darauf ist ebenso wichtig. Die gute Nachricht ist, dass es mehrere Maßnahmen gibt, die du ergreifen kannst, um dich auf dieses Treffen vorzubereiten und sicherzustellen, dass es so reibungslos und positiv wie möglich verläuft.

Ein zentrales Element der Vorbereitung besteht darin, deinen Mitarbeitern Wertschätzung und Respekt zu zeigen, indem du ihre Namen lernst und ein wenig über sie herausfindest, bevor du sie triffst. Das mag nach einer kleinen Geste klingen, aber sie kann einen enorm positiven Einfluss auf den ersten Eindruck haben, den du bei deinem Team hinterlässt.

Lass mich dir ein Beispiel aus meiner eigenen Erfahrung als Führungskraft bei Vodafone geben. Bevor ich mein Team zum ersten Mal traf, habe ich mir die Zeit genommen, Fotos meiner Mitarbeiter zu besorgen und ihre Namen auswendig zu lernen. Dies ermöglichte mir, bei unserem ersten Treffen an der Tür jeden meiner Mitarbeiter mit einem Handschlag zu begrüßen und zu sagen: »Hallo Frau / Herr X, ich freue mich, Sie kennenzulernen. Ich bin Henryk Lüderitz. Kommen Sie doch herein, bedienen Sie sich gern bei den Getränken und nehmen Sie Platz!«

Dieses kleine Detail der persönlichen Begrüßung hat sich als sehr wirkungsvoll erwiesen. Viele meiner Mitarbeiter haben diese Geste auch Jahre nach unserer Zusammenarbeit noch als persönliches Highlight in Erinnerung behalten.

Eine weitere wichtige Maßnahme zur Vorbereitung auf das Kennenlernen ist, dir zu überlegen, welche Botschaft du deinem Team vermitteln möchtest. Was sind deine Ziele und Visionen? Wie sieht dein Führungsstil aus? Wie möchtest du mit deinem Team zusammenarbeiten? Die Beantwortung dieser Fragen kann dir helfen, dein erstes Treffen mit deinem Team möglichst positiv zu gestalten und damit den Grundstein für eine erfolgreiche Zusammenarbeit zu legen.

Denke daran, dass das Kennenlernen deine Chance ist, die Grundlage für eine positive Zusammenarbeit mit deinem Team zu schaffen. Eine gründliche Vorbereitung wird dir helfen, einen positiven ersten Eindruck zu hinterlassen und damit das Beste aus dieser Chance zu machen.

Deine Antrittsrede

Für den ersten Eindruck gibt es keine zweite Chance. Das gilt besonders für deine Antrittsrede als neue Führungskraft. Sie ist vergleichbar mit einem »Elevator Pitch«[43]: kurz, prägnant, freundlich und klar. Das 4MAT-Modell, das du bereits aus dem Kapitel der Kommunikation kennst, kann dir dabei helfen, eine verständliche und überzeugende Rede zu verfassen.

Doch bevor wir darauf eingehen, ist es wichtig zu verstehen, welche Fragen Mitarbeiter im Allgemeinen im Kopf haben, wenn sie ihre neue Führungskraft zum ersten Mal treffen. Einige der häufigsten Fragen sind:

1. Wer ist diese Person eigentlich?
2. Was sind ihre Ziele und Visionen für unser Team?
3. Wie will sie diese Ziele erreichen?
4. Welche Erwartungen hat sie an uns?
5. Wie wird sie mit uns umgehen?
6. Wie wird sie uns unterstützen?
7. Was wird sich im Team ändern?
8. Was wird sich für mich persönlich ändern?

Eine gute Antrittsrede sollte diese Fragen logisch und überzeugend beantworten. Du kannst beispielsweise die Struktur des 4MAT-Modell für deine Antrittsrede nutzen:

1. **Warum:** »Ich freue mich, hier zu sein, weil ich glaube, dass unser Team das Potenzial hat, hervorragende Ergebnisse zu erzielen und einen echten Unterschied zu machen.«

2. **Was:** »Mein Ziel für uns ist es, unsere Produktivität weiter zu steigern und gleichzeitig ein positives Arbeitsumfeld zu schaffen.«

3. **Wie:** »Wir können dieses Ziel gemeinsam erreichen, indem wir klare Erwartungen vereinbaren, uns regelmäßige Feedbacks geben und uns gegenseitig noch stärker unterstützen.«

4. **Was, wenn:** »Wenn wir das erreichen, können wir auch unsere Ziele erreichen und eine Kultur schaffen, in der jeder gern zur Arbeit kommt.«

Es gibt natürlich keine feste Struktur für eine Antrittsrede, aber hier sind dennoch zwei allgemeine Strukturen, die du als Ausgangspunkt verwenden könntest:

1. Vorstellung → Vision → Strategie → Erwartungen → Unterstützung

2. Gründe für die Übernahme der Führungsposition → persönlicher Hintergrund → Ziele und Vision → Führungsstil → Dank und Aufforderung zur Zusammenarbeit

Eine positive Körpersprache, freundliche Mimik (inklusive Lächeln und Augenkontakt) und eine angenehme (mittlere, eher etwas langsamere) Sprechgeschwindigkeit werden ebenfalls dazu beitragen, dass deine Botschaft gut verstanden werden kann. Übe deine Rede dazu mehrere Male und nimm dich dabei vielleicht sogar mit dem Handy auf. So kannst du dir selbst ein Bild von deiner Performance machen und weitere Verbesserungen vornehmen. Auf diesem Wege kannst du dir auch noch zusätzliches Feedback aus deinem Freundeskreis oder von einem Coach holen und damit deine Antrittsrede optimieren. Zusätzlich wird dir dieses Feedback das nötige Selbstbewusstsein geben, um in dem entscheidenden Moment zu 100 Prozent präsent zu sein.

Die drei Phasen des Kennenlernens

Als neue Führungskraft ist es wichtig, dass du allen Teammitgliedern Wertschätzung entgegenbringst und Interesse zeigst, sie persönlich kennenzulernen. In meiner Zeit als Führungskraft habe ich die Kennenlernphase in drei Schlüsselphasen unterteilt, die du durchlaufen musst, um eine gute Verbindung zu deinem Team aufzubauen. Außerdem hinterlässt du einen guten ersten Eindruck, wenn du das Kennenlernen strukturiert und wertschätzend gestaltest.

Phase 1: Das Eis brechen
Das Eis zu brechen beginnt bereits mit deiner Antrittsrede, aber es hört dort nicht auf. In dieser Phase von circa ein bis zwei Wochen ist es deine oberste Priorität, jeden in deinem Team so schnell wie möglich persönlich kennenzulernen. Wenn du das Kennenlernen mit einer Person versäumst oder unnötig aufschiebst, könnte dies

dazu führen, dass sich diese in deinem Team nicht wertgeschätzt oder gar ausgegrenzt fühlt.

Praxisbeispiel: Lisa, eine neue Teamleiterin in einem Software-Unternehmen, organisierte unmittelbar nach ihrer Antrittsrede individuelle kurze Gespräche mit den Personen, die an ihrem ersten Tag nicht anwesend waren. So stellte sie sicher, dass sie diese Teammitglieder unverzüglich traf, als sie wieder im Unternehmen waren.

Fokusfragen für Phase 1:
1. Wer fehlt heute und warum?
2. Wie kann ich sicherstellen, dass ich mich mit den abwesenden Teammitgliedern persönlich treffe, sobald sie zurück sind?
3. Welche Aspekte von mir und meiner Rolle möchte ich in den ersten Gesprächen hervorheben?

Phase 2: Besuch am Arbeitsplatz
Der Besuch am Arbeitsplatz gibt dir die Gelegenheit, die Arbeitsweisen deiner Teammitglieder, ihre Aufgaben und ihre Organisation kennenzulernen. Vor Ort bekommst du einen guten Eindruck von der Arbeitsweise und dem Engagement jedes Einzelnen. Außerdem gibst du ihnen die Möglichkeit, mit Stolz von besonderen Abläufen oder Innovationen zu berichten. Achte deshalb unbedingt darauf, dass du uneingeschränkt positiv und wertschätzend kommentierst, was dir gezeigt wird. Bemerkungen wie »Sie arbeiten dabei nicht wirklich mit Word? Wer macht denn so was?« wirken herablassend und lassen alle bis dahin gewonnenen

Sympathiepunkte sofort zerplatzen. Halte dich also mit Ideen und Anmerkungen zurück und fokussiere dich darauf, deine Mitarbeiter kennenzulernen und zu verstehen. Als zeitliche Orientierung kannst du zwischen 60 und 90 Minuten für diesen Besuch einplanen. Die ideale Dauer hängt allerdings stark von dem Arbeitsumfeld ab. Wirst du beispielsweise Führungskraft in einer Filiale des Einzelhandels, reichen in dem sehr agilen Umfeld auch 20 bis 30 Minuten.

Praxisbeispiel: Als Lisa sich die Zeit nahm, den Arbeitsplatz jedes Mitglieds ihres Teams zu besuchen, entdeckte sie, dass einige Teammitglieder regelrecht mit Anrufen und E-Mails bombardiert wurden. Sie erfragte die Hintergründe und stellte in Aussicht, sich in den nächsten Wochen dem Thema Arbeitsverteilung und Erreichbarkeit zu widmen.

Fokusfragen für Phase 2:
1. Welche Hauptaufgaben hat jedes Teammitglied?
2. Wie organisieren sie ihre Arbeit?
3. Wo sehen sie Herausforderungen in ihrer aktuellen Arbeitsweise?
4. Wo und wie nutzen sie aktuell ihre Stärken oder Talente?
5. Wie schätzen sie die aktuelle Auslastung ein?

Phase 3: Gespräch unter vier Augen
In dieser Phase nimmst du dir etwa 45 Minuten Zeit, um jedes Teammitglied noch besser kennenzulernen. Erfrage ihren Werdegang, ihre Ziele, ihre Wünsche für kurz- und langfristige Entwicklung und ganz wichtig: was sie sich von dir als neue Führungskraft

wünschen und was auf keinen Fall passieren darf. Du kannst dieses Gespräch sehr gut nach deinem Besuch am Arbeitsplatz führen und so mit einem Termin gleich zwei Schritte im Kennenlernprozess machen.

Praxisbeispiel: Bei ihren Einzelgesprächen entdeckte Lisa, dass ein Teammitglied an einer Führungsposition interessiert war, während ein anderes Teammitglied mehr Flexibilität bei den Arbeitszeiten benötigte. Sie konnte diese Informationen verwenden, um ihren Führungsstil und ihre Unterstützung an die individuellen Bedürfnisse jedes Teammitglieds anzupassen.

Fokusfragen für Phase 3:
1. Welche Ziele haben die einzelnen Teammitglieder?
2. Was wünschen sie sich für ihre kurz- und langfristige Entwicklung?
3. Was erwarten sie von mir als ihrer neuen Führungskraft?
4. Was darf auf keinen Fall passieren?

Wertschätzung des Status quo und Timing für erste Veränderungen

Als neue Führungskraft bist du oft in der Position, Veränderungen vorzunehmen. Trotzdem ist es wichtig, den gegenwärtigen Zustand – den Status quo – zu respektieren und anzuerkennen, bevor du etwas veränderst. Darüber hinaus ist es entscheidend, das richtige Timing für Veränderungen zu finden. Ein schlecht getimtes Vorhaben kann dem Team mehr schaden als nutzen, selbst wenn die Veränderung an sich nützlich ist.

Das Positive im Status quo erkennen
Zunächst empfiehlt es sich, den aktuellen Zustand in all seinen Facetten zu verstehen und ihm mit Anerkennung und Wertschätzung zu begegnen. Erkenne, dass das Team, so wie es jetzt ist, aufgrund von Entscheidungen und Handlungen in der Vergangenheit entstanden ist. Versuche deshalb, die positiven Aspekte im Status quo zu sehen und anzuerkennen. Dies hilft dir, mehr Vertrauen zu deinem Team aufzubauen. Niemand in deinem Team möchte gern vom neuen Chef für seine bisherige Leistung sofort kritisiert oder gar als unfähig dargestellt werden.

Praxisbeispiel – positiv: Als Markus seine Position als Abteilungsleiter in einem Vertriebsunternehmen antrat, nahm er sich die Zeit, den Status quo genau zu verstehen. Er erkannte die Stärken seines Teams und kommunizierte diese offen. Das half ihm, das Vertrauen seines Teams zu gewinnen, bevor er Veränderungen vornahm.

Praxisbeispiel – negativ: Laura, die neu in ihrer Position als Marketingleiterin war, nahm sofort Änderungen vor, ohne den Status quo wirklich zu verstehen. Sie hielt sich dabei an das Motto »Neue Besen kehren gut!« Damit störte sie einige gut funktionierende Prozesse und verlor das Vertrauen ihres Teams.

Das richtige Timing für Veränderungen
Wenn du Veränderungen vornehmen möchtest, ist das Timing entscheidend. Es kann nämlich sehr verlockend sein, gleich am Anfang große Änderungen anzugehen. Trotz deines Tatendrangs und des Drucks vom Chef ist es in der Praxis klüger, sich die Zeit zu nehmen, das Team und seine Dynamik zu verstehen.

Praxisbeispiel – positiv: Markus entschied, in den ersten drei Monaten seiner neuen Position keine großen Änderungen vorzunehmen. Stattdessen nutzte er diese Zeit, um sein Team besser kennenzulernen und zu verstehen, wo wirklich Veränderungen nötig waren. Er interviewte seine Teammitglieder immer wieder und nutzte viele offene Fragen, um mehr über die Hintergründe und Ideen seines Teams zu erfahren. Außerdem bezog er durch die offenen Fragen sein Team in die Entwicklung zukünftiger Veränderungen ein. Als Markus die Veränderungen schließlich umsetzte, hatte das Team sogar das Gefühl, aktiv an der Veränderung beteiligt gewesen zu sein. Dementsprechend motiviert nahm es die Veränderungen an.

Praxisbeispiel – negativ: Laura hingegen führte gleich zu Beginn ihrer Tätigkeit eine Reihe von Veränderungen ein. Sie merkte bald, dass diese Änderungen auf Widerstand stießen, da sie nicht den Bedürfnissen des Teams entsprachen. Sie musste einen Schritt zurückgehen und das Team noch einmal intensiv einbinden. Das kostete zusätzliche Zeit und am Ende blieben selbst mit diesem langsamen Vorgehen Zweifel und Ängste im Team.

❓ Reflexionsfragen:

1. Was sind die positiven Aspekte des Status quo in meinem Team?

2. Wie kann ich diese positiven Aspekte kommunizieren und würdigen?

3. Welche Veränderungen braucht das Team meiner Meinung nach? Sind diese Änderungen sofort notwendig oder können sie warten?

4. Welche Veränderungen wünscht sich das Team und warum?

5. Wie kann ich sicherstellen, dass ich das richtige Timing für Veränderungen finde?

6. Was kann ich tun, um das Vertrauen meines Teams zu gewinnen, bevor ich Veränderungen vornehme?

Denk daran, dass jede Veränderung Zeit braucht und Widerstände hervorrufen kann. Indem du jedoch das richtige Timing berücksichtigst und alles gründlich vorbereitest, stellst du sicher, dass deine Veränderungen viel positiver aufgenommen werden und zum Erfolg deines Teams beitragen. Nutze die Reflexionsfragen, um dich selbst besser auf diesen Prozess vorzubereiten und deine Führungsrolle erfolgreich zu gestalten.

Die Orientierungsphase

Willkommen in der Orientierungsphase! Nachdem du dich erfolgreich in deinem neuen Team vorgestellt, erste Eindrücke gesammelt und erste Beziehungen aufgebaut hast, geht es nun an die inhaltliche Arbeit. In der Orientierungsphase wirst du mit deinem Team viele Workshops, Diskussionen und Einzelgespräche führen, die intensiv von dir vorbereitet werden müssen. Du kannst für diese gesamte Phase deshalb gute zwei bis vier Monate einplanen, die direkt nach der Kennenlernphase beginnen.

In dieser Phase liegt der Fokus darauf, zusammen mit deinem Team die aktuelle Situation zu erfassen und die Weichen für die zukünftige Zusammenarbeit und Ausrichtung des Teams zu stellen. Dafür hat es sich in der Praxis bewährt, gemeinsam mit deinem Team ihre Stärken, Schwächen, Chancen und Bedrohungen (SWOT)[44] zu analysieren. Die Methode der SWOT-Matrix hilft dir und deinem Team, ein umfassendes Bild der aktuellen Situation zu erhalten. Das Ergebnis ist eine sehr gute Basis für die Weiterentwicklung deines Teams.

Darüber hinaus wirst du in dieser Phase die zukünftige Ausrichtung deines Teams entwerfen. Dabei geht es darum, gemeinsam eine Vision zu entwickeln und diese in konkrete Ziele zu übersetzen. Eine klare Vision, sinnvolle Strategien und gut definierte Ziele sind entscheidend für die Motivation und Leistung deines Teams.

Ein weiterer wichtiger Punkt in der Orientierungsphase sind die Teamregeln. Hier legst du gemeinsam mit deinem Team die Spielregeln für die zukünftige Zusammenarbeit fest. Klare Regeln sorgen für Transparenz und fördern eine positive Arbeitsatmosphäre.

In den folgenden Kapiteln werden wir uns diesen Themen im Detail widmen. Bist du bereit? Dann lass uns starten!

Teamworkshops und SWOT-Analyse

Einer der ersten Schritte zur Ausrichtung deines Teams ist die Durchführung einer SWOT-Analyse. Hierbei handelt es sich um eine Methode zur Unternehmens- oder Teamentwicklung, mit der du die Stärken (Strengths), Schwächen (Weaknesses), Chancen (Opportunities) und Bedrohungen/Risiken (Threats) deines Teams ermitteln kannst. Was genau zu tun ist, erkläre ich dir Schritt für Schritt.

Vorbereitung des Workshops
Die Vorbereitung des Workshops ist entscheidend für dessen Erfolg. Erstelle zunächst eine klare Agenda mit den Themen und Zielen des Workshops und teile diese rechtzeitig mit deinem Team. Bereite das benötigte Material vor – Flipcharts, Moderationskarten, Marker und Ähnliches.

Denke daran, dass jeder in deinem Team die Chance haben sollte, sich einzubringen. Hierfür eignen sich gemeinsame Brainstormings und Moderationstechniken. Eine Methode, die ich sehr häufig für diese Workshops genutzt habe, ist die Vernissage-Methode, die sich als Moderationstechnik für kleine Teams und auch größere Gruppen etabliert hat[45]. Hier ist eine detaillierte Beschreibung, wie das aussehen könnte:

1. **Vorbereitung:** Vier Flipcharts oder Pinnwände werden in den Ecken des Raumes aufgestellt, jede repräsentiert eine der vier Kategorien der SWOT-Analyse: Stärken, Schwächen, Chancen und Bedrohungen/Risiken. Stelle sicher, dass genügend Stifte, Pins und Klebezettel vorhanden sind.

2. **Brainstorming:** Die Teilnehmer werden in vier Gruppen eingeteilt und jeweils einer Pinnwand zugeordnet. Jedes

Team hat 10 bis 15 Minuten Zeit, zu seinem Fokus zu brainstormen und die Gedanken auf Moderationskarten festzuhalten und an die Wand zu pinnen.

3. **Rundgang:** Nachdem alle Ideen und Beiträge auf den Pinnwänden gesammelt wurden, beginnt die »Vernissage«. Die Gruppen gehen zur nächsten Pinnwand und lesen sich die dort angehefteten Beiträge durch. Sie dürfen diese diskutieren und um eigene weitere Ideen und Sichtweisen ergänzen.

4. **Diskussion und Reflexion:** Nach dem dritten Rundgang kommen alle Teilnehmer zusammen, um die gesammelten Ideen zu diskutieren und zu reflektieren. Wichtige Punkte können hervorgehoben, ergänzt oder vertieft werden. Dieser Teil des Prozesses ist entscheidend, um ein gemeinsames Verständnis zu schaffen und die nächsten Schritte zu planen.

5. **Abschluss:** Nach der Diskussion und Reflexion sollten die wichtigsten Erkenntnisse festgehalten und zusammengefasst werden, beispielsweise auf einem weiteren Flipchart.

Mit der Vernissage-Methode wird die SWOT-Analyse zu einem interaktiven Prozess, der es jedem Teammitglied ermöglicht, seine Perspektiven und Ideen einzubringen. Es fördert das gemeinsame Verständnis und die Eigenverantwortung des Teams für die daraus erarbeiteten Maßnahmen.

❓ Reflexionsfragen:

1. Welche Methoden zur Moderation könnten dir helfen, den Workshop erfolgreich zu gestalten?

2. Wie kannst du sicherstellen, dass alle Mitglieder deines Teams ihre Meinung einbringen können?

3. Wie kannst du eine offene und vertrauensvolle Atmosphäre schaffen?

4. Wie gehst du mit konfliktreichen Diskussionen um?

5. Welche Schritte unternimmst du, um die Ergebnisse des Workshops in die Praxis umzusetzen?

6. Wie kannst du sicherstellen, dass die Prioritäten des Teams berücksichtigt werden?

7. Wie willst du die Ergebnisse des Workshops kommunizieren?

8. Wie kannst du die Erkenntnisse aus der SWOT-Analyse nutzen, um die Entwicklung deines Teams voranzutreiben?

Den Weg in die Zukunft erarbeiten

Nachdem du mit deinem Team die SWOT-Analyse abgeschlossen hast und ein klares Bild vom Status quo entstanden ist, wird es nun Zeit, den Blick in die Zukunft zu richten. In diesem Kapitel wirst du lernen, wie du gemeinsam mit deinem Team eine Vision entwickelst, die richtige Strategie ausarbeitest und konkrete Ziele definierst. Grundsätzlich kennst du diese Schritte bereits aus den Kapiteln über die grundsätzlichen Aufgaben einer guten Führungskraft. Hier zeige ich dir, wie du die Schritte in der Praxis erfolgreich umsetzen kannst.

Eine Vision mit dem Team entwickeln
Die Vision ist der Leitstern deines Teams. Sie gibt die Richtung vor und inspiriert. Eine starke Vision gibt Orientierung und wirkt dadurch langfristig motivierend. Sie sollte ambitioniert, aber erreichbar sein und eine positive Zukunft für das Team skizzieren.

Ein Workshop zur Entwicklung einer Teamvision kannst du auf unterschiedliche Weise gestalten. Ein bewährter Ansatz ist es, zunächst alle Teammitglieder dazu einzuladen und das Thema grundsätzlich zu erklären. Du wirst feststellen, dass viele Teammitglieder bisher noch nie eine konkrete Teamvision hatten. Vielleicht haben sie sogar negative Erfahrungen mit Visionen in anderen Unternehmen gemacht, beispielsweise mit Visionen, die nur auf Plakaten an den Wänden hingen, im Tagesgeschäft aber ganz anders gehandelt wurde. Deshalb empfiehlt es sich, dass du am Anfang des Workshops Zeit investierst, um eine Atmosphäre der Klarheit und Offenheit gegenüber dem Workshopziel herzustellen. Danach kannst du damit beginnen, dass die Teammitglieder ihre individuellen, langfristigen Wünsche für das Team notieren. Diese können dann diskutiert, zusammengeführt und zu einer gemeinsamen Vision verfeinert werden. Ziel des Workshops sollte sein, dass alle mit einem positiven Gefühl auf die gemeinsam definierte Vision blicken.

Hast du den Teamworkshop erfolgreich durchgeführt und eine Vision entwickelt, ist das ein guter Zeitpunkt für eine Zwischeninfo an deinen Chef. Auch wenn du in der Vorbereitungsphase die grundsätzliche Richtung für das Team mit deiner Führungskraft abgestimmt hast, kannst du mit der Zwischeninfo zeigen, dass du bereits in den ersten Wochen konkrete Ergebnisse zur neuen Ausrichtung des Teams erreicht hast.

Eine Strategie festlegen
Nachdem du eine Vision für dein Team definiert hast, musst du nun den Weg dorthin planen. Dies geschieht durch die Entwicklung einer (oder mehrerer) Strategie(n). Die Strategie sollte aus der SWOT-Analyse abgeleitet werden und zeigen, wie ihr die Stärken und Chancen des Teams nutzen und gleichzeitig Schwächen und Bedrohungen/Risiken angehen wollt.

Weil auch die Definition von Strategien für deine Teammitglieder neu und ungewohnt sein kann, empfiehlt es sich auch hier, mit einer motivierenden Erklärung zu starten, die Klarheit zu dem geplanten Vorgehen gibt. Ich habe in der Praxis gute Erfahrungen damit gemacht, mit Visualisierungen zu arbeiten. Dafür habe ich auf einem Flipchart unten links die wichtigsten Erkenntnisse der SWOT-Analyse in zwei bis drei Sätzen zusammengefasst. Oben rechts auf dem Blatt habe ich die Teamvision notiert und umkreist. Dann habe ich eine kleine Wolke und eine Sonne in die Mitte gemalt. In meiner Erklärung habe ich dann skizziert, dass es mehrere Wege vom »Hier und jetzt« zu der Vision gibt. Dabei habe ich zwei Wege gezeichnet, die z. B. in einer Kurve an der Wolke vorbeigeführt haben. Mithilfe dieser anschaulichen Erklärung ist im Team immer eine positive Stimmung für den Workshop entstanden. Während des Workshops könnt ihr gemeinsam verschiedene Optionen diskutieren und bewerten, wie das Team vorgehen sollte. Es ist wichtig, dabei sowohl die Machbarkeit als auch die Auswirkungen auf verschiedene Stakeholder oder die vorhandenen Budgets zu berücksichtigen. Denkt auch an alternative Wege (Plan B/C), falls sich Rahmenbedingungen verändern oder eine Strategie scheitert.

Sind die Entwürfe für die Teamstrategien erstellt, empfiehlt sich wiederum eine Zwischenabstimmung mit deiner Führungskraft. Weil die Vorschläge von dir und dem Team jetzt immer konkreter werden, kannst du diese Zwischeninfo auch sehr kurz und kompakt halten. Denkbar wäre sogar eine gut strukturierte, kurze E-Mail.

Konkrete Ziele definieren
Im letzten Schritt ist es wichtig, die Vision und die Strategie in konkrete Ziele herunterzubrechen. Diese Ziele sollten immer SMART (spezifisch, messbar, akzeptiert, realistisch, terminiert) sein. Die Ziele geben dem Team klare Anhaltspunkte, was bis wann erreicht werden soll und ermöglichen eine kontinuierliche Orientierung.

In einem weiteren Workshop könnt ihr diese Ziele gemeinsam erarbeiten. Hierfür habe ich ebenfalls den Workshop mit einer motivierenden Erklärung eröffnet. Um bei der Metapher des Weges (der Strategie) zu bleiben, habe ich die Ziele als Wegpunkte auf einer längeren Reise beschrieben, so als würdest du von Hamburg nach Rom reisen wollen. Steht die Strategie (die Wahl des Verkehrsmittels, z. B. mit dem Zug), bilden die Ziele die

Meilensteine und Orientierungspunkte ab. Bei der Reise mit einem Zug könnten das folgende Meilensteine sein:

- Tickets gekauft ✓
- Ankunft am Tag X am Hauptbahnhof ✓
- Umsteigen am Tag X um 20.00 Uhr in München ✓
- Ankunft am Tag Y um 16.00 Uhr in Rom ✓

Als grobe Orientierung kannst du mit drei bis vier Zielen pro Strategie rechnen. Auch hier empfehle ich dir, diese Ziele in einer kurzen Info deiner Führungskraft vorzustellen.

Zusammenfassung: Den Weg in die Zukunft auszuarbeiten, ist ein gemeinsamer Prozess, der viel Diskussion, Reflexion und Zusammenarbeit erfordert. Indem du gemeinsam mit deinem Team eine Vision, eine Strategie und konkrete Ziele entwickelst, wird die Umsetzung der Pläne erleichtert und die Wahrscheinlichkeit des Erfolgs erhöht. Du wirst merken, wie die Motivation deines Teams von Workshop zu Workshop steigt.

Teamregeln erarbeiten

Nachdem du mit deinem Team eine gemeinsame Vision entwickelt, den strategischen Weg definiert und konkrete Ziele festgelegt hast, stellt sich die Frage: Wie wollen wir uns auf dieser Reise verhalten? Welche Regeln und Normen sollen unser Miteinander bestimmen? In diesem Kapitel geht es darum, gemeinsam Teamregeln zu entwickeln, die den Rahmen für eine erfolgreiche Zusammenarbeit bilden. Auch dafür empfiehlt sich ein Teamworkshop, bei dem du dich an folgender Agenda orientieren kannst:

1. **Einleitung und Zielsetzung des Workshops:** Erläuterung des Zwecks der Teamregeln und der geplanten Vorgehensweise.

2. **Brainstorming:** Jedes Teammitglied bringt Ideen für mögliche Regeln ein. Diese können auf Karten geschrieben und dann auf eine Moderationswand gepinnt werden. Dort kannst du sie in Gruppen zusammenfassen, z. B. »Kommunikation« / »Kritik« / etc.

3. **Diskussion und Verfeinerung:** Die vorgeschlagenen Regeln werden im Team diskutiert und verfeinert. Schwammige Aussagen werden in konkrete Aussagen, die im Alltag als Orientierung dienen, umformuliert.

4. **Bewertung und Priorisierung:** Jeder stimmt für die Regeln, die er für am wichtigsten hält. Die am höchsten bewerteten Regeln werden ausgewählt.

5. **Formulierung der endgültigen Regeln**: Die ausgewählten Regeln werden klar, verständlich und positiv formuliert.

6. **Verpflichtung:** Jedes Teammitglied verpflichtet sich, die festgelegten Regeln einzuhalten. Dafür bietet es sich an, ein Gruppenfoto vor den Regeln zu machen oder alle auf einem Regel-Flipchart unterschreiben zu lassen.

7. **Feedback und Abschluss:** Gelegenheit für Rückfragen, Feedback und eine abschließende Reflexion.

Hier noch einige Beispiele für schwammige Teamregeln und wie sie verbessert werden können

Schwammige Regel: »Wir wollen uns gegenseitig unterstützen.«

Bessere Formulierung: »Wenn ein Teammitglied Hilfe benötigt, werden wir unser Bestes tun, um innerhalb von 24 Stunden Unterstützung zu leisten.«

Schwammige Regel: »Wir respektieren einander.«

Bessere Formulierung: »Wir hören einander aktiv zu und lassen uns ausreden. Jeder hat das Recht, seine Meinung ohne Unterbrechung zu äußern.«

Schwammige Regel: »Wir treffen Entscheidungen gemeinsam.«

Bessere Formulierung: »Bei wichtigen Entscheidungen suchen wir den Konsens im Team. Kann kein Konsens erzielt werden, wird abgestimmt.«

Schwammige Regel: »Wir halten uns an Deadlines.«

Bessere Formulierung: »Wir verpflichten uns, unsere Aufgaben fristgerecht abzuschließen. Wenn wir sehen, dass wir eine Frist nicht einhalten können, informieren wir das Team so früh wie möglich.«

Schwammige Regel: »Wir kommunizieren offen und ehrlich miteinander.«

Bessere Formulierung: »Wir teilen Informationen verständlich und zeitnah. Wenn wir ein Problem sehen, sprechen wir es an.«

Schwammige Regel: »Wir nehmen an allen Teammeetings teil.«

Bessere Formulierung: »Wir nehmen an allen Teammeetings teil, es sei denn, wir haben einen triftigen Grund für eine Abwesenheit und informieren das Team im Voraus.«

Schwammige Regel: »Wir lösen Konflikte konstruktiv.«

Bessere Formulierung: »Bei Konflikten suchen wir nach einer Win-win-Lösung. Wir fokussieren uns auf das Problem bzw. eine Lösung, nicht auf die Person.«

Schwammige Regel: »Wir sind für unsere Arbeit verantwortlich.«
Bessere Formulierung: »Wir sind dafür verantwortlich, die Qualität unserer Arbeit sicherzustellen und uns kontinuierlich zu verbessern.«

Schwammige Regel: »Wir wertschätzen Vielfalt.«

Bessere Formulierung: »Wir schätzen die einzigartigen Beiträge und Perspektiven jedes Teammitglieds und streben danach, eine inklusive Umgebung zu schaffen.«

Schwammige Regel: »Wir sind innovativ.«

Bessere Formulierung: »Wir fördern neue Ideen und sind bereit, Risiken einzugehen, um Innovationen zu ermöglichen.«

Schwammige Regel: »Wir tolerieren Fehler.«

Bessere Formulierung: »Wir sehen Fehler als Lernmöglichkeiten an. Wenn ein Fehler passiert, konzentrieren wir uns darauf, die Ursache zu verstehen und Lösungen zu finden, anstatt Schuld zuzuweisen. Wir teilen Erkenntnisse aus Fehlern mit dem Team, um Wiederholungen zu vermeiden.«

Zusammenfassung:
»Die Orientierungsphase« war voller dynamischer Workshops und intensiver Gespräche mit deinem Team. Du hast zusammen mit deinem Team eine SWOT-Analyse durchgeführt, eine Vision entwickelt, Strategien für den Weg zu dieser Vision festgelegt und konkrete Ziele definiert. Abschließend habt ihr als Team klare und verbindliche Verhaltensregeln festgelegt, die das Fundament eurer zukünftigen Zusammenarbeit bilden.

Das sind großartige Erfolge! Es ist wichtig, dass du dir einen Moment Zeit nimmst, um deine Erfolge und das Engagement deines Teams anzuerkennen. Feier diese Errungenschaften – sie sind der Beweis dafür, dass ihr als Team in der Lage seid, zusammenzukommen und euch auf einen gemeinsamen Weg zu einigen. Ganz konkret könntest du mit deinem Team den Abschluss der Workshopreihe mit einem gemeinsamen Pizzaessen in einer gemütlichen Runde beenden. In meinem Team hat das die Stimmung deutlich verbessert. Gleichzeitig wurden die erarbeiteten Strategien und Teamregeln in solchen Runden automatisch weiter diskutiert und somit emotional tiefer verankert. Eine prima Gelegenheit, Arbeit und Spaß miteinander zu verbinden.

Auch wenn es schön ist, die ersten erfolgreichen Schritte im Team zu feiern, ist das erst der Anfang einer langen Entwicklungsreise. Im nächsten Kapitel (die Umsetzungsphase) wirst du lernen, wie du diese Grundlagen in der Praxis für deine nächsten Schritte nutzen kannst.

Also bleib dran, sei offen für Veränderungen und sei bereit, weiter zu lernen und gemeinsam mit deinem Team zu wachsen. Führen bedeutet, sich ständig weiterzuentwickeln – und du bist auf einem sehr guten Weg dazu. Jetzt geht es darum, diesen Schwung mitzunehmen und auf dem Fundament aufzubauen, das du in dieser Phase geschaffen hast. Auf in das nächste Kapitel deiner Führungsreise!

Die Umsetzungsphase

Herzlich willkommen in der »Umsetzungsphase«! Nach der intensiven und erfolgreichen Orientierungsphase, in der du gemeinsam mit deinem Team eine klare Vision, die Strategien und Ziele erarbeitet und verbindliche Teamregeln formuliert hast, ist es nun an der Zeit, diese in die Praxis umzusetzen. Diese Phase ist von wesentlicher Bedeutung, denn sie wird zeigen, wie gut die gemeinsam definierten Leitlinien in der täglichen Arbeit funktionieren und welche Anpassungen eventuell erforderlich sein könnten. In dieser Phase tauchst du tiefer in die Arbeitsprozesse und Strukturen deines Teams ein. Es geht darum, die notwendigen Schritte zur Umsetzung eurer Strategien konkret zu planen und die Aufgabenverteilung zu organisieren. Ein wichtiges Instrument ist dabei die RACI-Matrix, mit der du Verantwortlichkeiten klar und nachvollziehbar zuweisen kannst.

Doch das ist nur ein Aspekt der Umsetzungsphase. Ebenso wichtig ist die Kommunikation und Interaktion innerhalb des Teams, die durch regelmäßige Ziel- und Feedbackgespräche strukturiert und gefördert werden. Durch diese Gespräche schaffst du eine Kultur des offenen Austauschs und der kontinuierlichen Verbesserung, die es deinem Team ermöglicht, die festgelegten Ziele zu erreichen und sich weiterzuentwickeln.

Die Umsetzungsphase wird dir viele Einblicke geben, wie dein Team funktioniert, und dir die Möglichkeit bieten, deinen Führungsstil anzupassen und zu optimieren. Du wirst dich als Führungskraft weiterentwickeln und lernen, dein Team noch besser zu leiten. Sei bereit, dich diesen Herausforderungen zu stellen und dein Team auf dem Weg zu eurer gemeinsamen Vision zu begleiten.

Die kommenden Kapitel werden dir wertvolle Werkzeuge und Methoden an die Hand geben, um diese Phase erfolgreich zu meistern. Los gehts!

Prozesse beschreiben (RACI)

Als Führungskraft ist es deine Verantwortung, die Produktivität und Effizienz deines Teams zu steigern. Das geschieht oft, indem du die Arbeitsabläufe analysierst und verbesserst. Das lässt sich auf zwei Wegen angehen: erstens durch Dokumentation und Beschreibung der bestehenden Abläufe, um Strukturen zu definieren und Reibungsverluste zu reduzieren. Zweitens durch Überprüfung und Optimierung bestehender Prozesse, um sie zu verbessern. In beiden Fällen kann die RACI-Matrix ein nützliches Werkzeug sein.[46]

RACI steht für Responsible, Accountable, Consulted und Informed – also Zuständige (Personen, die etwas bearbeiten), Verantwortliche (Personen, die die Gesamtverantwortung tragen und Entscheidungen treffen), zu konsultierende und zu informierende Personen. Die Matrix wurde entwickelt, um klar zu definieren, wer welche Rolle in einem Projekt oder Prozess hat und welche Verantwortlichkeiten damit verbunden sind.

Responsible (zuständige Personen, die etwas bearbeiten): Diese Person oder Gruppe führt die Arbeit aus. Sie ist dafür verantwortlich, dass die Aufgabe oder der Prozessschritt abgeschlossen wird.

Accountable (verantwortliche Personen, die die Gesamtverantwortung tragen und Entscheidungen treffen): Diese Person oder Gruppe ist gesamtverantwortlich für die ordnungsgemäße und vollständige Ausführung. Sie trifft die Entscheidungen und trägt die Konsequenzen.

Consulted (zu konsultierende Personen): Diese Person oder Gruppe verfügt über Fachwissen und wird eingebunden oder um Feedback gebeten, bevor eine Entscheidung getroffen oder eine Maßnahme ergriffen wird.

Informed (zu informierende Personen): Diese Person oder Gruppe wird über Entscheidungen und Aktionen informiert, ist aber nicht direkt an der Ausführung oder Entscheidungsfindung beteiligt.

Die Verwendung einer RACI-Matrix hilft, die Verantwortlichkeiten innerhalb eines Teams zu klären, die Kommunikation zu verbessern und mögliche Konflikte zu verhindern.

Ein Praxisbeispiel für die Anwendung: Dokumentation bestehender Prozesse.

Angenommen, in deinem Team gibt es Diskussionen darüber, wer bei der Erstellung eines monatlichen Berichts für welche Aufgaben verantwortlich ist. Mithilfe der RACI-Matrix könnte das folgendermaßen dokumentiert werden. So ist für alle Beteiligten klar, wer was macht:

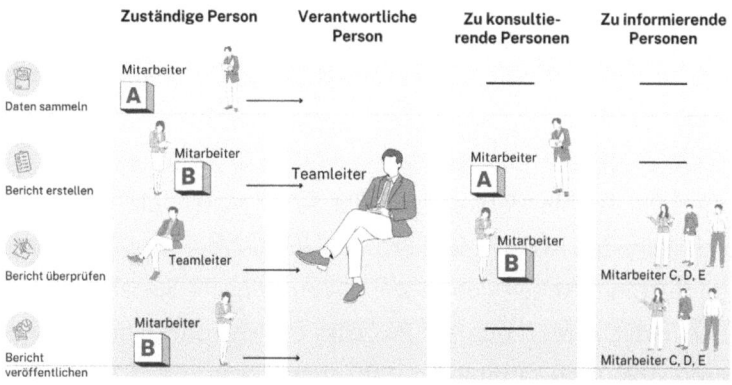

Praxisbeispiel 2: Überprüfen und Anpassen der bestehenden Prozesse

Nehmen wir an, du stellst fest, dass der Prozess der Kundenbetreuung in deinem Team verbessert werden muss. Du könntest eine RACI-Matrix erstellen, um neue Verantwortlichkeiten festzulegen und den Prozess zu optimieren:

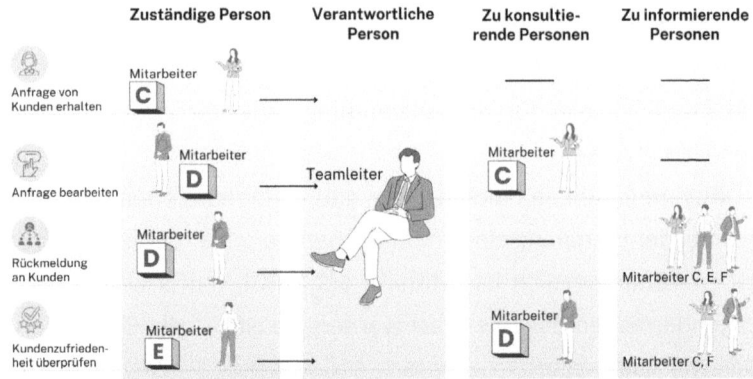

In beiden Fällen sorgt die RACI-Matrix für klare Rollen und Verantwortlichkeiten und verbessert damit die Zusammenarbeit im Team.

Insgesamt ist die Verwendung der RACI-Matrix ein wertvolles Werkzeug, um Klarheit und Struktur in die Verantwortlichkeiten und Zuständigkeiten von Prozessen zu bringen. Sie ist eine sehr übersichtliche Methode, um Prozesse transparent zu machen und deren Ablauf zu optimieren. Mit dem Einsatz der RACI-Matrix kannst du Missverständnisse über Zuständigkeiten aufdecken und Verantwortungen klar zuweisen.

Wenn du die RACI-Matrix richtig einsetzt, kann sie dir helfen, die Arbeitsabläufe in deinem Team zu verbessern und so die Produktivität und Zufriedenheit deiner Mitarbeiter zu steigern. Du solltest allerdings dafür sorgen, dass die Matrix regelmäßig überprüft und aktualisiert wird, um sicherzustellen, dass sie aktuell und damit hilfreich bleibt.

Im nächsten Kapitel werde ich dir zeigen, wie du die Aufgabenverteilung innerhalb deines Teams gestalten kannst.

Aufgabenverteilung im Team

Die richtige Verteilung von Aufgaben in deinem Team ist ein wichtiger Baustein für die Produktivität und Zufriedenheit innerhalb der Gruppe. Dabei gibt es zwei unterschiedliche Ansatzpunkte, die du beachten solltest: die Verteilung der Aufgaben basierend auf den Kompetenzen deiner Teammitglieder und das Einbinden deines Teams in den Prozess der Aufgabenverteilung.

1. **Aufgaben nach Kompetenzen verteilen:** Eine passende Aufgabenverteilung berücksichtigt die individuellen Fähigkeiten und Interessen jedes einzelnen Teammitglieds. Lass uns dafür die junge Führungskraft Lena anschauen. Sie leitete ein Team in einem Softwareunternehmen und hatte sowohl Entwickler als auch reine Programmierer in ihrem Team. Lena analysierte die Kompetenzen und Interessen jedes Teammitglieds und verteilte auf dieser Grundlage die Aufgaben. So konnte sie sicherstellen, dass jeder in seinem Fachgebiet eingesetzt wurde.

2. **Aufgabenverteilung durch Teamworkshops und Tools:** Aufgaben rein nach Kompetenzen zu verteilen, ist eine Möglichkeit der Teamorganisation. Dieser Weg geht schnell und du vermeidest mögliche Diskussionen mit deinen Mitarbeitern. Gleichzeitig ist es aber wichtig, dass dein Team aktiv in den Prozess der Aufgabenverteilung eingebunden ist. Andernfalls könnten sie sich übergangen oder sogar von oben

herab behandelt fühlen. Um diesen Eindruck zu vermeiden, kann ein Workshop hilfreich sein, in dem ihr gemeinsam die definierten Ziele anschaut und besprecht, wer welche Aufgaben am besten übernehmen kann. Ergänzend dazu kannst du ein Kanban-Board auf wöchentlicher Basis nutzen.[47]

Ein Praxisbeispiel: Tom ist eine junge Führungskraft in einer Designagentur. Jeden Montag bespricht Tom mit seinem Team die anstehenden Projekte und Aufgaben für die Woche und legt sie in der »To Do«-Spalte des Kanban-Boards ab. Dann haben die Teammitglieder die Möglichkeit, sich die Aufgaben selbst zu nehmen und sie in »In Progress« und schließlich in »Done« zu verschieben. Toms Team genießt diese Form der Aufgabenverteilung, da es selbst entscheiden darf, wer welche Aufgaben übernimmt. Tom ist es wichtig, dass alle Aufgaben erledigt sind und die Qualität stimmt. Wer im Team dafür welche Aufgabe übernimmt, überlässt er mit dieser Methode weitestgehend seinem Team. Das funktioniert allerdings nur deshalb so gut, weil er kontinuierlich Zeit in die Entwicklung seiner Mitarbeiter investiert und sie fast alle in einem sehr hohen Reifegrad angekommen sind und mit Toms delegativem Führungsstil sehr gut zurechtkommen.

❓ Reflexionsfragen:

1. Wie gut kennst du die Stärken und Fähigkeiten deiner Teammitglieder? Wie könntest du diese Kenntnisse sinnvoller in die Aufgabenverteilung integrieren?

2. Denk an die Teamworkshops zur Aufgabenverteilung, die du bisher durchgeführt hast. Was hat gut funktioniert und was könntest du beim nächsten Mal anders oder besser machen?

3. Wie könnte ein Kanban-Board deinem Team helfen, die Arbeitsabläufe besser zu organisieren und zu visualisieren? Welche Schritte wären notwendig, um es in deinem Team einzuführen?

4. Wie kannst du die Eigenverantwortung deiner Teammitglieder bei der Aufgabenverteilung fördern? Welche Maßnahmen könntest du ergreifen, um die Eigenverantwortung zu unterstützen?

5. Gibt es Hindernisse oder Herausforderungen, die einer sinnvollen Aufgabenverteilung in deinem Team im Wege stehen könnten? Wie könntest du diese erkennen und welche Strategien könntest du entwickeln, um diese zu überwinden?

Zielgespräche führen

Zielgespräche sind eine wichtige Säule in der Führung. Sie dienen dazu, den Teammitgliedern Klarheit über ihre Aufgaben und Ziele zu geben und eine konstruktive Feedback-Kultur zu fördern. Hier ist ein Leitfaden, der dir hilft, diese Gespräche fokussiert und erfolgreich zu führen:

1. **Vorbereitung:** Bevor das Gespräch stattfindet, bereite dich gut vor. Denke über die Leistung des Teammitglieds nach und formuliere klar, welche Ziele du für die Person im Auge hast. Prüfe auch, wie du die Ziele SMART (spezifisch, messbar, akzeptiert, realistisch, terminiert) formulieren kannst.

2. **Einleitung:** Beginne das Gespräch mit einem lockeren Smalltalk. Es reicht aber auch schon die Frage nach dem aktuellen Befinden. Das schafft eine offene und positive Atmosphäre für das weitere Gespräch und bricht das Eis. Danach empfehle ich dir, mit einer positiven Bemerkung über die Leistung des Mitarbeiters in den weiteren Gesprächsverlauf überzugehen.

3. **Zieldefinition:** Beschreibe die Ziele klar und erkläre, in welchem Zusammenhang sie mit der Teamstrategie stehen und warum und wie sie auf die Teamvision einzahlen. Dieser Zusammenhang ist wichtig, damit deine Mitarbeiter verstehen, dass die (neuen) Ziele nicht willkürlich entstanden sind, sondern einen wichtigen Beitrag zum Teamerfolg leisten.

4. **Diskussion:** Lass das Teammitglied seine Gedanken und Bedenken zu den Zielen äußern. Diskutiere, wie die Ziele erreicht werden können und welche Unterstützung benötigt wird.

5. **Feedback geben:** Nutze die Gelegenheit, konstruktives Feedback zur Leistung des Teammitglieds zu geben. Fokussiere dich auf konkrete Beispiele und vermeide allgemeine Aussagen.

6. **Abschluss:** Fasse die besprochenen Punkte kurz zusammen und vereinbare die nächsten Schritte. Gib dem Teammitglied die Möglichkeit, Fragen zu stellen und Unklarheiten zu klären.

Praxisbeispiel 1: Martina ist Projektleiterin in einem Softwareunternehmen. Sie führt ein Zielgespräch mit Tom, einem ihrer Teammitglieder. Zunächst lobt sie Tom für seine Arbeit an einem kürzlich abgeschlossenen Projekt. Dann stellt sie die Ziele für das nächste Quartal vor: Tom soll ein neues Projekt leiten, das ein wichtiger Bestandteil der Teamstrategie ist, und bestimmte Fortbildungen absolvieren. Sie diskutiert die Ziele mit Tom und fragt, welche Unterstützung er benötigt. Sie gibt auch Feedback zu Toms Kommunikation im Team und nennt konkrete Beispiele, wie er diese verbessern kann. Schließlich fasst sie die besprochenen Punkte zusammen und vereinbart einen Follow-up-Termin.

Praxisbeispiel 2: Max ist Teamleiter in einer Marketingabteilung. Er führt ein Zielgespräch mit Julia, einer seiner Marketing-Spezialistinnen. Max beginnt das Gespräch, indem er Julias erfolgreiche Arbeit an einer kürzlichen Werbekampagne anerkennt. Dann stellt er die Ziele für das nächste Halbjahr vor: Julia soll die Leitung für eine wichtige Kampagne übernehmen und ihre Fähigkeiten in einem speziellen Software-Tool verbessern. Sie diskutieren die Ziele und Julia teilt ihre Gedanken und Bedenken mit. Max gibt auch Feedback zu Julias Zeitmanagement und macht konkrete Vorschläge, wie sie es verbessern kann. Sie fassen die besprochenen Punkte zusammen und vereinbaren einen Termin für das nächste Feedbackgespräch.

Zielgespräche erfolgreich zu führen, ist eine Kunst, die mit Übung und Erfahrung besser wird. Denke daran, immer offen und transparent zu sein und eine Atmosphäre des Vertrauens und der Unterstützung zu schaffen. Zur Offenheit gehört aber auch, zu erkennen, wenn das Gespräch nicht nach Plan läuft. Dreht sich das Gespräch bei der Diskussion um Unterstützung, das Timing oder gar die Sinnhaftigkeit des Ziels im Kreis, ist es besser, das Gespräch vorerst zu beenden. Mit der Brechstange erzwungene Zusagen sind meistens nur faule Kompromisse, die später auf beiden Seiten zu Enttäuschungen führen. Wichtig ist, dass du ein solches Gesprächsende positiv und ohne Vorwürfe formulierst. Hatte ich mich in einem Gespräch festgefahren, habe ich folgende Formulierung genutzt, um ein positives Ende zu finden: »Ich habe den Eindruck, dass wir bei der Diskussion um einen realistischen Zieltermin sehr unterschiedliche Vorstellungen haben. So kommen wir heute nicht weiter. Lass uns das Gespräch für heute erst mal beenden und morgen um 09.00 Uhr mit frischen Gedanken einen Konsens finden.«

Regelmäßige Feedbackgespräche

Feedback ist ein weiterer wesentlicher Bestandteil der Führung und sollte stets zeitnah und auf eine konstruktive Weise gegeben werden. Eine einfache Methode, um dies zu erreichen, ist die WWW-Methode:

1. **Wahrnehmung:** Beschreibe konkret, was du beobachtet hast. Sei so spezifisch wie möglich und vermeide ungenaue Aussagen. Statt »Du hast hier ein paar Fehler gemacht« sage »Du hast in deinem Bericht in den Zeilen 4 und 8 einen Rechenfehler!«

2. **Wirkung:** Teile mit, wie das beobachtete Verhalten auf dich gewirkt hat. Dieser Schritt ist sehr persönlich und es geht um deine individuelle Wahrnehmung.

3. **Wunsch/Erwartung:** Formuliere klar und präzise, was du dir für die Zukunft wünschst oder erwartest.

Praxisbeispiel 1: Lena ist eine junge Teamleiterin in einer Designagentur. Sie bemerkt, dass einer ihrer Mitarbeiter, Tim, immer wieder zu spät zu Meetings kommt. Sie nutzt die WWW-Methode, um Feedback zu geben: »Tim, mir ist aufgefallen, dass du in der letzten Woche dreimal (Montag, Mittwoch und Freitag) zu spät zu unseren Meetings gekommen bist (Wahrnehmung). Das hat bei mir den Eindruck erweckt, dass du die Meetings nicht ernst nimmst (Wirkung). Ich wünsche mir, dass du in Zukunft pünktlich zu den Meetings erscheinst (Wunsch/Erwartung).«

Praxisbeispiel 2: Sarah ist Abteilungsleiterin in einem Technologieunternehmen. Sie bemerkt, dass eine ihrer Mitarbeiterinnen, Lisa, in letzter Zeit außergewöhnlich gute Arbeit geleistet hat. Sie nutzt die WWW-Methode, um ihr ein positives Feedback zu geben: »Lisa, deine Präsentation im letzten Meeting war sehr gut vorbereitet und strukturiert (Wahrnehmung). Das hat mich beeindruckt und ich bin überzeugt, dass es auch zur positiven Entscheidung des Kunden beigetragen hat (Wirkung). Ich wünsche mir, dass du diesen Standard auch in Zukunft beibehältst (Wunsch/Erwartung).«

Für außergewöhnliche Situationen kannst du den erweiterten Gesprächsleitfaden nutzen, indem du eine offene Frage hinzufügst, um die Hintergründe einer Situation besser zu verstehen:

1 Wahrnehmung
2 Wirkung
3 Offene Frage: »Wie kommt es, dass du ...?«
4 Wunsch/Erwartung

Praxisbeispiel 3: Jonas ist Projektleiter in einem Bauprojekt. Er bemerkt, dass ein Mitarbeiter, Max, in einem Meeting plötzlich sehr aggressiv reagiert. Er nutzt den erweiterten Gesprächsleitfaden: »Max, mir ist aufgefallen, dass du in dem Meeting gerade sehr aggressiv reagiert hast (Wahrnehmung). Das hat bei mir Unbehagen ausgelöst und ich mache mir Sorgen, dass es auch das Teamklima beeinflusst (Wirkung). Erklär mir doch bitte, was zu dieser Reaktion geführt hat (Offene Frage). [Antwort von Max, in der er seine Sichtweise erklärt] Aha, danke für deine Erklärung. Ich wünsche mir, dass du in Zukunft in einer ruhigeren und respektvolleren Art kommunizierst (Wunsch/Erwartung).«

Praxisbeispiel 4: Lisa ist Teamleiterin in einer Beratungsfirma. Sie bemerkt, dass die Arbeitsqualität einer Mitarbeiterin, Sandra, plötzlich nachgelassen hat. Sie nutzt den erweiterten Gesprächsleitfaden: »Sandra, mir ist aufgefallen, dass die Qualität deiner Arbeit in den letzten Wochen nachgelassen hat (Wahrnehmung). Das bereitet mir Sorgen, da ich weiß, dass du normalerweise auf einem sehr hohen Niveau arbeitest (Wirkung). Was ist aus deiner Sicht der Grund für diese Veränderung (Offene Frage)? [Antwort von Sandra, in der sie z. B. von privaten Problemen berichtet] Oje, das tut mir leid. Danke für deine Offenheit, ich kann das gut nachvollziehen. Lass uns doch gemeinsam überlegen, wie wir einen Weg finden können, wieder zu der Qualität zurückzukehren, die ich von dir gewohnt bin (Wunsch/Erwartung).«

Positives Feedback wird in der Regel gern und ohne Widerstand angenommen. Anders sieht es bei kritischem Feedback aus. Wenn du einen Mitarbeiter kritisierst, kann es durchaus passieren, dass er versuchen wird, sich herauszureden oder die angesprochene Tatsache zu relativieren. Deshalb ist es gerade bei kritischen Sachverhalten extrem wichtig, beim ersten und zweiten Punkt (Wahrnehmung und Wirkung) sehr präzise zu sein.

Sagst du beispielsweise, dass ein Mitarbeiter »in dieser Woche ein paar Mal« zu spät gekommen ist, kann es durchaus passieren, dass um diese unpräzise Aussage sofort eine Diskussion entsteht. Achte deshalb immer auf eine absolute Präzision bei den Fakten. Ein weiteres Risiko für Diskussionen besteht darin, dass du die Wahrnehmung versehentlich mit einer Interpretation kombinierst. **Dafür ein Praxisbeispiel, das ich auch in meinen Seminaren zur Diskussion mit der Gruppe nutze.**

Stell dir folgende Situation vor: Du stehst mit zwei Personen (A und B) aus deinem Team an der Kaffeemaschine. A erzählt dir und B von einem Kundenanruf, in dem der Kunde unverschämt und ausfallend geworden ist. A ist bei der Erzählung etwas aufgebracht. Plötzlich lacht B laut und schüttelt den Kopf. A ist irritiert und leicht verärgert, dreht sich um und geht in sein Büro. Du stehst mit B zusammen und wirst ihm jetzt natürlich ein kritisches Feedback zu seinem Verhalten geben. Wie würdest du vorgehen? Reicht hier das einfache Vorgehen mit der WWW-Methode oder solltest du die erweiterte Version nutzen? Und wie formulierst du den ersten und zweiten Schritt?

In meinen Seminargruppen kommt es in dieser Situation schnell zu Aussagen, wie »B, mir ist gerade aufgefallen, dass du A ausgelacht hast!« Das ist eine Interpretation und würde in der Praxis sehr wahrscheinlich zu einer weiteren Auseinandersetzung führen. Auch wenn du direkt in der Situation anwesend warst, kannst du schlichtweg nicht wissen, was in B vorgegangen ist. Besser ist es, wenn du folgende Formulierung nutzen würdest: »B, mir ist gerade aufgefallen, dass du plötzlich gelacht hast, als A von einem unverschämten Kunden berichtet hat! (Wahrnehmung) Auf

mich hat das so gewirkt, als hättest du A ausgelacht. (Wirkung)«
Du merkst, wenn du die Beschreibung der Wahrnehmung und die Wirkung auf DICH explizit trennst und deutlich sagst, dass es sich um einen persönlichen Eindruck von DIR handelt, vermeidest du das Risiko einer aufkommenden Diskussion. Trotzdem kannst du mit den Emotionen, die du in der Wirkung auf dich beschreibst, einen großen Hebel in der Wirkung deines Feedbacks ansetzen. Klären wir das Praxisbeispiel auf. Da es sich um eine außergewöhnliche Situation handelt, ist es ratsam, nach den Hintergründen zu fragen.

Ein Satz, der gut zur Situation passen würde, wäre: »Wie kam es gerade dazu? So kenne ich dich gar nicht!« Dieser Aufforderung kommt B nach und erklärt: »Mensch, mein Lachen sollte nicht so wirken, als hätte ich über A gelacht. Im Gegenteil! Ich kenne diesen Kunden und sein Verhalten schon seit Jahren. Er droht uns regelmäßig seine Kündigung an, kündigt und kommt nach ein paar Monaten wieder. Ich habe über das absurde Verhalten des Kunden gelacht!« Mit dieser Erklärung hast du wichtige Hintergründe zu dem Ereignis bekommen und kannst entsprechend reagieren. Eine angemessene Reaktion kann dann wie folgt aussehen: »Ach so! Danke für die Aufklärung. Du siehst, bei mir hat deine nonverbale Reaktion zu einem Missverständnis geführt. Deshalb sind mir zwei Dinge wichtig: Erstens, verzichte bitte zukünftig auf eine nonverbale Kommunikation, die schnell fehlinterpretiert werden kann. Mach es stattdessen doch bitte so, dass du, wenn du etwas zu sagen hast, klar und deutlich aussprichst, was dir durch den Kopf geht. Zweitens ist mir wichtig, dass du das Missverständnis auch mit A aus der Welt schaffst. Geh doch bitte direkt zu A und erkläre, was der Grund für dein Lachen war. Danke!«

Ein kritisches Feedback zu geben, ist herausfordernd und bedarf Sorgfalt und Vorbereitung. Nimmst du dir vor einem Feedback zwei bis drei Minuten Vorbereitungszeit und notierst dir die wichtigsten Punkte im WWW-Schema, bist du damit schon sehr gut vorbereitet. Trotz dieser guten Vorbereitung wirst du es hin und wieder mit Reaktionen deiner Mitarbeiter zu tun bekommen, die dich herausfordern. Deshalb bereite ich dich im nächsten Kapitel auf die vier typischen Widerstände bei kritischem Feedback vor.

Achtung Gegenwind – Widerstände bei kritischem Feedback

Positives Feedback nehmen Mitarbeiter gern und ohne Widerstand an. Im Gegensatz dazu kann es bei kritischen Rückmeldungen vorkommen, dass du mit Gegenwind umgehen musst. In der Regel »verteidigen« sich Mitarbeiter auf vier Arten, die ich in der Praxis beobachtet habe:

1. Die Ablehnung
Ist dein Feedback im ersten Schritt (Wahrnehmung) zu allgemein, kann dein Mitarbeiter den von dir vorgebrachten Sachverhalt mit einem einfachen »Das stimmt so nicht ...« ablehnen und dir den Ball damit zurückspielen.

Ein Praxisbeispiel: Du sagst: »Oliver, du bist diese Woche ein paar Mal zu spät zur Arbeit erschienen!« Olivers Reaktion der Ablehnung könnte dann so ausfallen: »Das stimmt nicht ... Gestern und heute war ich sogar um fünf vor acht hier!«

Wie du weiter oben beim Einstieg in das Thema Feedback bereits gelernt hast, ist Präzision der beste Weg, um den Widerstand der Ablehnung zu vermeiden. Je genauer ein Sachverhalt von dir beschrieben wird, desto geringer ist das Risiko, dass sich dein Mitarbeiter herausreden kann.

2. Ablenkung
Ein weiterer Widerstand deiner Mitarbeiter kann selbst dann passieren, wenn du präzise einen Sachverhalt beschrieben hast. Bleiben wir beim Beispiel von Oliver, dem du jetzt sehr präzise gesagt hast, dass er am Montag und Dienstag jeweils fünf Minuten zu spät zur Arbeit erschienen ist. Du hast ihm in der Wirkung auch gesagt, dass dich Verspätungen ärgern und dass du von ihm ein pünktliches Erscheinen bei der Arbeit erwartest (Wunsch).

Seine Reaktion der Ablenkung darauf ist folgende: »Warum werde ich für diese zwei kleinen Verspätungen hier so angezählt? Susanne und Martin kommen regelmäßig zu spät! Mit denen solltest du reden und nicht mit mir!«

Du merkst, mit einer Ablenkungstaktik als Widerstand versucht ein Mitarbeiter, deinen Fokus von sich auf einen anderen Sachverhalt zu lenken. Die einzige Möglichkeit, dieser Taktik zu begegnen, ist, das zweite Thema gekonnt abzumoderieren und den Fokus auf dem aktuellen Thema zu halten. Das kannst du z. B. mit folgender Formulierung gut hinbekommen: »Oliver, ich spreche jetzt gerade mit DIR über DEINE Verspätungen! Dabei bleibt es jetzt auch!« Wichtig ist, dass du der Versuchung widerstehst, dich von deinem eigentlichen Anliegen ablenken zu lassen.

3. Emotionale Reaktionen
Neigt dein Feedbackpartner zu emotionalen Reaktionen, kann dieses Verhalten natürlich auch bei einem kritischen Feedback

auftreten. Im Beispiel von oben könte Oliver beispielsweise wütend und bockig reagieren: »Du bist total unfair zu mir. Nie mache ich etwas richtig. Ich habe keinen Bock mehr auf diesen Mist!«

In solchen Fällen gilt es, gleich zwei Themen gleichzeitig im Blick zu behalten. Zuerst solltest du einfühlsam auf die Emotionen deines Mitarbeiters eingehen. Du kannst beispielsweise sagen, dass du Verständnis dafür hast, dass ein kritisches Feedback Ärger oder gar Wut auslöst. Danach kannst du die Formulierung aus der Ablenkung nutzen, um den Fokus auf dem ursprünglichen Thema zu halten.

4. Auf den Chef abwälzen
Dieser Widerstand ist sehr herausfordernd, weil dir als Führungskraft hier die Schuld gegeben werden soll. Im Beispiel von Oliver könnte seine Reaktion dann so ausfallen: »Dass ich hier zu spät komme, ist gar nicht das Problem. Deine Wochenplanung und dein ‚Eine Regel für alle'-Ansatz führen zu solchen Problemen!« In der Praxis sind solche Vorwürfe eine echte Herausforderung für deine professionelle Haltung. Innerlich wirst du wahrscheinlich auf 180 sein und am liebsten zum Gegenschlag übergehen. Doch genau diese Reaktion wäre das Unprofessionellste, was du tun kannst. Stattdessen empfehle ich dir, in solchen Extremfällen bei der Vorgehensweise des emotionalen Widerstands zu bleiben. Ruhe bewahren, auf die Emotionen verständnisvoll eingehen und den Fokus auf dem Thema halten. Merkst du allerdings, dass du kurz davor bist, die Kontrolle zu verlieren, rate ich dir, die Notbremse zu ziehen. So nenne ich einen Gesprächsabbruch durch dich als Führungskraft, wenn ein Gespräch zu emotional wird und droht, unprofessionell zu

werden. In der Praxis habe ich dafür folgende Formulierung genutzt: »Danke für deine offenen Worte. Ich merke, das Thema wird jetzt sehr emotional. Lass uns das Gespräch jetzt hier lieber beenden, eine Nacht darüber schlafen und morgen um 09:00 Uhr noch mal aufgreifen!«

Egal ob in einer alltäglichen oder außergewöhnlichen Situation, Feedback ist stets ein wesentlicher Teil deiner Führungsarbeit. Es unterstützt nicht nur die individuelle Entwicklung deiner Mitarbeiter, sondern auch das gesamte Team.

Mit der Umsetzungsphase haben wir nun die praktische Seite des Führungsprozesses betrachtet. Du hast gesehen, wie du Prozesse mit der RACI-Matrix neu beschreiben und strukturieren kannst und wie du eine praxistaugliche Aufgabenverteilung gestalten kannst. Du hast auch gelernt, Ziel- und Feedbackgespräche zu führen und diese beiden wichtigen Instrumente in deinen Führungsalltag zu integrieren.

Dies alles erfordert natürlich Übung und Fingerspitzengefühl. Aber ich bin mir sicher, dass du bald positive Veränderungen in deinem Team sehen wirst, wenn du diese Werkzeuge und Methoden bewusst und regelmäßig einsetzt.

Im nächsten Kapitel werde ich auf die Evaluierungsphase eingehen. Dabei werden wir sehen, wie du den Fortschritt deines Teams messen und feststellen kannst, ob du deine Ziele erreicht hast. Ich freue mich darauf, diesen nächsten Schritt mit dir zu gehen. Bis dahin wünsche ich dir viel Erfolg bei der Umsetzung!

Die Evaluierungsphase

Nun kommen wir zur finalen Phase deiner Führungsreise – der Evaluierungsphase. Diese Phase ist genauso wichtig wie die vorherigen. Sie dient dazu, die Arbeit, die du und dein Team in den vorherigen Phasen geleistet habt, zu reflektieren und zu bewerten. Sie hilft dir, deinen Fortschritt zu messen und zu erkennen, ob du deine Ziele erreichst.

In der Evaluierungsphase geht es um Fragen wie: Haben wir unsere Ziele erreicht? Welche Herausforderungen sind aufgetreten und wie sind wir damit umgegangen? Was haben wir gelernt und was können wir in Zukunft besser machen? Diese Phase erfordert Ehrlichkeit und Offenheit dir selbst und deinem Team gegenüber. Gleichzeitig ist diese Ehrlichkeit die Basis für eine kontinuierliche Verbesserung.

Die Evaluierungsphase ist in den folgenden Kapiteln in drei Hauptteile unterteilt:

1. Fortschrittskontrolle und Zielerreichung: Hier schauen wir uns an, wie du den Fortschritt deines Teams messen und feststellen kannst, ob du deine Ziele erreichst.

2. Feedbackrunden: Hier erfährst du, wie du Feedback im gesamten Team nutzen kannst, um besser zu verstehen, wie sie die bisherige Zusammenarbeit erleben.

3. Lernen und Anpassen: Hier schauen wir uns an, wie du die Erkenntnisse aus der Evaluierungsphase nutzen kannst, um deine Strategie und Herangehensweise zu verfeinern und so kontinuierlich besser zu werden.

Fortschrittskontrolle und Zielerreichung

Um den Fortschritt deines Teams zu messen und zu bewerten, ob du deine Ziele erreichst, benötigst du klare Messgrößen, sogenannte KPIs (Key Performance Indicators)[48]. KPIs (oder zu Deutsch »Kennzahlen«) helfen dir, den Überblick über den Fortschritt zu behalten und zu erkennen, ob du auf dem richtigen Weg bist oder ob Anpassungen und Veränderungen notwendig sind.
Hier ein Praxisbeispiel aus dem Privatleben: Stell dir vor, du hast täglich starke Schmerzen im Knie. Die »SWOT-Analyse« (Untersuchung bei einem Orthopäden) hat ergeben, dass du übergewichtig bist und dich ungesund ernährst. Die Chancen liegen in einer Veränderung deines Lebensstils. Folglich definierst du dir die Vision, »in 3 Jahren wieder schmerzfrei und mobil durch den Alltag zu kommen«. Deine Strategie A ist die Reduktion deines Körpergewichtes durch eine Diät. Als Ziel folgst du der Empfehlung deines Arztes, innerhalb der nächsten 12 Monate 20 kg abzunehmen. Du definierst dafür Quartalsziele, mit jeweils 5 kg weniger. Zur täglichen Fortschrittskontrolle auf deinem Weg zur Zielerreichung wählst du zwei KPIs: 1. die tägliche Kalorienmenge gemäß deinem Diätplan und 2. natürlich dein Körpergewicht, das du wöchentlich kontrollierst.

Praxisbeispiel 1: Julia

Julia ist seit einigen Monaten Leiterin eines Vertriebsteams in einer Softwarefirma. Sie hat klare Ziele für ihr Team definiert: den Umsatz um 15 Prozent zu steigern und mindestens zehn neue Großkunden im nächsten Quartal zu gewinnen. Als KPIs hat sie die Anzahl der verkauften Software-Lizenzen, den Gesamtumsatz und die Anzahl der neuen Großkunden definiert. Regelmäßig prüft sie die aktuellen Zahlen und vergleicht sie mit den Zielwerten. So kann sie frühzeitig erkennen, ob ihr Team auf dem richtigen Weg ist, und bei Bedarf operative Veränderungen vornehmen. Außerdem nutzt sie die KPIs, um sie monatlich im Teammeeting zur Zielerreichung vorzustellen. Dort bespricht das gesamte Team auch, welche Strategien und Ideen aus dem letzten Monat besonders erfolgreich waren und wie sich die positiven Ansätze weiter ausbauen lassen.

Praxisbeispiel 2: Tim

Tim leitet ein Projektteam in einer Werbeagentur. Sein Team ist für die Entwicklung einer neuen Werbekampagne für einen großen Kunden verantwortlich. Tim hat mit seinem Team Meilensteine definiert, die erreicht werden müssen, wie z. B. die Fertigstellung des Konzepts, die Abnahme durch den Kunden und der Start der Kampagne. Als KPIs hat er unter anderem den Projektfortschritt, die Kundenzufriedenheit und die Einhaltung des Budgets festgelegt. Regelmäßig überprüft er, ob die Meilensteine erreicht werden und das Budget eingehalten wird. So kann er bei Problemen schnell reagieren und Gegenmaßnahmen einleiten.

❓ Reflexionsfragen:

1. Welche Ziele hast du für dein Team definiert und wie misst du deren Erreichung?

2. Welche KPIs könnten dir helfen, den Fortschritt deines Teams zu messen?

3. Wie oft überprüfst du den Fortschritt deines Teams und die Erreichung der Ziele?

4. Wie reagierst du, wenn du merkst, dass dein Team vom Kurs abweicht? Welche Maßnahmen ergreifst du?

5. Wie kommunizierst du den Fortschritt und die Zielerreichung an dein Team?

Im nächsten Kapitel werden wir uns mit Feedbackrunden beschäftigen und anschauen, wie sie dir dabei helfen können, die Sichtweise deines Teams besser zu verstehen. Sei gespannt!

Feedbackrunden

Feedback ist nicht nur ein nützliches Instrument für dich als Führungskraft, um deinen Mitarbeitern Rückmeldung zu geben, sondern es kann auch ein starkes Werkzeug sein, um das Wachstum und die Entwicklung deines Teams zu fördern. Indem du ein Umfeld schaffst, in dem offenes und konstruktives Feedback zwischen den Teammitgliedern ausgetauscht wird, ermutigst du dein Team zur Selbstreflexion und zur kontinuierlichen Verbesserung.

Hier sind drei Vorgehensweisen, wie du das Feedback im Team etablieren kannst:

1. Feedback als festen Bestandteil der Teammeetings etablieren:
Führe einen festen Feedbackpunkt in die Agenda deiner regelmäßigen Teammeetings ein. Hier können Teammitglieder Lob und konstruktive Kritik aneinander weitergeben. Stell jedoch sicher, dass die Feedbacks immer respektvoll und lösungsorientiert bleiben. Außerdem solltest du als Moderator darauf achten, dass die Feedbacks der WWW-Methode folgen und nicht zu lapidar und oberflächlich sind.

2. 360-Grad-Feedback einführen:
Das 360-Grad-Feedback ist ein umfassendes Feedbackinstrument, bei dem jeder jedem Feedback gibt – also nicht nur du deinen Mitarbeitern und umgekehrt, sondern auch die Mitarbeiter untereinander und vielleicht sogar Kunden oder andere Stakeholder.[49] Dieses Feedback muss allerdings sehr gut organisiert,

strukturiert und anonymisiert erfolgen, um eine offene und ehrliche Kommunikation zu fördern. Diese Feedbackmethode ist in der Praxis sehr beliebt, allerdings ist der Aufwand pro Feedbackrunde mit rund zwei bis drei Arbeitstagen für dich als Führungskraft anzusetzen, um die Methode zu etablieren. Spätere Feedbackrunden (häufig alle sechs Monate) sind dann auch mit einem Tag Aufwand zu realisieren.

3. Peer-Feedback-Workshops durchführen:
In diesen Workshops hat jedes Teammitglied die Gelegenheit, direktes Feedback von den Kollegen zu erhalten. Du kannst hierfür verschiedene Methoden anwenden, z. B. die Methode der »warmen Dusche«[50], bei der ein Teammitglied in der Mitte eines Stuhlkreises sitzt und von den anderen positives Feedback erhält. Diese Feedbackmethode ist sehr einfach anzuwenden und hat neben der reinen Fachinformation auch einen großen emotionalen Anteil. Auf dem Stuhl zu sitzen, fühlt sich sehr gut an. Deshalb habe ich diese Methode gern mit Teams in Phasen genutzt, in denen emotionale Unterstützung wichtiger war als fachlicher Fortschritt, z. B. während Change-Projekten oder nach größeren Rückschlägen.

Praxisbeispiel 1: Maria
Maria ist Projektleiterin in einem Marketingteam. Sie hat Feedback als festen Punkt in die wöchentlichen Teammeetings aufgenommen. Dies war anfangs eine Herausforderung, da es nicht alle Teammitglieder gewohnt waren, Feedback zu geben oder zu empfangen. Maria hatte deshalb am Anfang die Feedbackrunde stark moderiert und ist mit positivem Beispiel vorangegangen.

Nach wenigen Monaten wurden die Feedbacks zu einer Selbstverständlichkeit und haben das Team stärker und offener gemacht.

Praxisbeispiel 2: Tom
Tom ist Leiter einer Softwareentwicklungsabteilung. Er hat das 360-Grad-Feedback eingeführt, um eine Kultur der offenen Kommunikation zu fördern. Anfangs gab es einige Widerstände, da die Teammitglieder unsicher waren, wie ihr Feedback aufgenommen wird. Aber mit Toms Unterstützung und dem Einsatz einer anonymen Feedback-Plattform (z. B. Mentimeter) hat das Team das 360-Grad-Feedback schätzen gelernt und nutzt es als Chance für Verbesserungen.

❓ Reflexionsfragen:

1. Welche Feedbackkultur herrscht aktuell in deinem Team?

2. Welche der vorgestellten Methoden könntest du in deinem Team einführen und warum?

3. Wie kannst du als Führungskraft ein gutes Beispiel für offenes und konstruktives Feedback geben?

4. Wie könntest du Widerstände gegenüber Feedback im Team überwinden?

5. Welche Rolle spielt Feedback in deiner Strategie zur Förderung des Teamwachstums und der kontinuierlichen Verbesserung?

Im nächsten Kapitel werden wir uns mit dem Thema »Anpassungen und Korrekturen« beschäftigen und wie sie dir helfen können, dein Team besser zu steuern und deine Ziele zu erreichen.

Anpassungen und Korrekturen vornehmen

Nachdem du die Feedbackrunden erfolgreich etabliert hast, wird es Zeit, einen Schritt zurückzutreten und eine erste Zwischenbilanz zu ziehen. Egal wie gut du den Einstieg in die Führungsrolle geplant hast, in der Praxis kann immer etwas anders laufen als erwartet. Daher ist es wichtig, flexibel zu bleiben und bereit zu sein, Anpassungen und Korrekturen vorzunehmen.

Hier sind drei Methoden, die dir dabei helfen können:

1. Lessons-Learned-Workshops:
In einem Lessons-Learned-Workshop, den du regelmäßig einplanst – z. B. nach Abschluss eines Projekts oder einmal pro Quartal –, wird das Team aufgefordert, seine Erfahrungen zu teilen. In dem Workshop setzt ihr euch zusammen und besprecht offen und ehrlich, was gut gelaufen ist und was nicht. Ziel ist es, aus diesen Erfahrungen zu lernen und in zukünftigen Projekten die Learnings anzuwenden.

Dafür ist es wichtig, eine offene und konstruktive Atmosphäre zu schaffen, in der sich jedes Teammitglied traut, seine Meinung zu äußern. Ein solcher Workshop sollte nicht dazu dienen, Schuldige für Fehler zu finden oder Fehler lange zu diskutieren, sondern zu lernen und zu wachsen.

Die Ergebnisse eines solchen Workshops solltest du unbedingt dokumentieren. Ob in Form eines Berichts oder einer

Präsentation – das ist dir überlassen. Wichtig ist, dass die Erkenntnisse nicht in Vergessenheit geraten, sondern bei zukünftigen Entscheidungen berücksichtigt werden.

2. Kontinuierliches Monitoring und Kontrolle:
Unter kontinuierlichem Monitoring und Kontrolle verstehe ich, dass du als Führungskraft regelmäßig den Leistungsstand deines Teams überprüfst. Hierbei können verschiedene Instrumente zum Einsatz kommen, wie z. B. KPIs, regelmäßige Feedbackgespräche oder auch deine täglichen Beobachtungen im Arbeitsalltag.

Es geht darum, immer ein Auge auf die Arbeit deines Teams zu haben, um frühzeitig zu erkennen, wenn etwas nicht nach Plan läuft. Als würdest du ein Schiff steuern: Wenn du erkennst, dass du vom Kurs abweichst, kannst du frühzeitig korrigieren und sicherstellen, dass du dein Ziel erreichst. Allerdings birgt diese Methode die Gefahr, ins Mikromanagement[51] abzudriften und sich als Führungskraft in jede Kleinigkeit einzumischen, was natürlich demotivierend und frustrierend wirkt. Deshalb hat es sich in der Praxis bewährt, das Monitoring oder die Erfolgskontrolle offen zu kommunizieren und den Rhythmus mit deinem Team so abzustimmen, dass das Team die Regelmäßigkeit als hilfreich und motivierend empfindet statt als einengend und bevormundend.

3. Agile Methoden nutzen:
Agile Methoden wie Scrum[52] oder Kanban[53] können sehr gute Methoden sein, um Flexibilität in dein Team zu bringen und Anpassungen und Korrekturen vorzunehmen.

Agile Methoden basieren auf dem Prinzip der Iteration: Anstatt alles von Anfang bis Ende zu planen und dann strikt nach

Plan zu arbeiten, plant man in kleinen Schritten und passt den Plan kontinuierlich an die aktuellen Bedingungen an. Nach jedem Schritt wird reflektiert und überlegt, was als Nächstes zu tun ist. So kann man flexibel auf Veränderungen reagieren und sicherstellen, dass man immer auf dem optimalen Weg zum Ziel ist.

Diese Methoden setzen allerdings eine hohe Flexibilität und die Bereitschaft zur ständigen Anpassung voraus, was Mitarbeitern mit einem eher stetigen Charakter (DISG-Modell) viel abverlangt. Trotzdem können die Ansätze sehr erfolgreich sein, um ein Team erfolgreich in einem sehr dynamischen Umfeld zu führen und Projekte zum Erfolg zu führen. Ist das Arbeitsumfeld deines Teams eher beständig, kann diese Methode mit dem Stress der ständigen Neuplanung mehr Nachteile als Vorteile bringen.

Praxisbeispiel 1: PR-Agentur und Lessons Learned
Lena ist Leiterin einer PR-Agentur und hat kürzlich einen großen Kunden verloren. Anstatt diesen Misserfolg zu ignorieren, hat sie einen Lessons-Learned-Workshop mit ihrem Team durchgeführt. Zusammen haben sie analysiert, was schiefgelaufen ist und was sie in Zukunft besser machen können. Dieser Prozess war schmerzhaft, aber letztlich sehr wertvoll für das gesamte Team, weil viele blinde Flecken aufgedeckt wurden und neue Ideen entstanden sind.

Praxisbeispiel 2: Produktmanager mit Scrum
Max ist Produktmanager in einem Softwareunternehmen und nutzt den Scrum-Ansatz, um sein Team zu leiten. Als er feststellte, dass die Entwicklung eines neuen Features länger dauerte als erwartet, zögerte er nicht, den Plan anzupassen und Prioritäten

zu verschieben. Dank seiner flexiblen und adaptiven Herangehensweise konnte das Team letztendlich ein hochwertiges Produkt liefern.

❓ Reflexionsfragen:

1. Wie gehst du mit Fehlern und Rückschlägen um? Was kannst du tun, um sie als Chance zum Lernen und Verbessern zu sehen?

2. Wie könntest du Lessons-Learned-Workshops in deinem Team etablieren?

3. Nutzt du bereits agile Methoden in deinem Team? Wenn nicht, könnten sie nützlich für dich sein?

4. Wie überwachst und kontrollierst du die Performance deines Teams?

5. Wie flexibel bist du bei der Anpassung deiner Pläne und Ziele?

Mit all den Tools und Strategien, die ich dir in der Evaluierungsphase vorgestellt habe, bist du nun gut gerüstet, um die Leistung deines Teams kontinuierlich zu überwachen und gegebenenfalls Korrekturen und Anpassungen vorzunehmen. Diese Phase solltest du jedoch nicht als einen abgeschlossenen Schritt betrachten, sondern als einen kontinuierlichen Prozess, der Teil deiner alltäglichen Aufgaben als Führungskraft ist.

Aber was passiert, wenn unerwartete Herausforderungen oder besondere Situationen auftreten? Das könnte eine Krise sein, ein großer Umbruch im Unternehmen, ein Mitarbeiter, der sich auffällig verändert hat, oder eine plötzliche Veränderung in der Marktlandschaft.

Wie reagierst du als junge Führungskraft auf solche Situationen? Wie führst du dein Team durch solch turbulente Zeiten, damit es auch weiterhin produktiv bleibt? In der nächsten Phase unserer Reise werde ich einige spezielle Szenarien vorstellen und dir Methoden an die Hand geben, um sie zu bewältigen. Bleib also gespannt und freu dich auf die nächste Phase: »Besondere Situationen für junge Führungskräfte«!

BESONDERE SITUATIONEN

Nachdem wir uns intensiv mit den grundlegenden Phasen der Führungsaufgabe auseinandergesetzt haben, möchte ich dich nun auf besondere Situationen vorbereiten, die du als junge Führungskraft erleben könntest. Während du deine Führungsreise fortsetzt, wirst du merken, dass nicht alle Tage gleich sind. Es wird Zeiten geben, in denen du auf Herausforderungen stößt, die nicht im normalen Führungsalltag auftauchen.

In diesem Kapitel werde ich dir einige dieser besonderen Situationen vorstellen und dir konkrete Tipps und Hilfestellungen geben, wie du damit umgehen kannst. Hierbei handelt es sich um Themen, die über die grundlegenden Führungsaufgaben hinausgehen und zusätzliche Fähigkeiten und Kenntnisse erfordern.

Wir werden uns mit Szenarien wie dem Umgang mit enttäuschten Mitbewerbern, aufkeimenden Konflikten, Fluktuation im Team und der Führung aus der Distanz beschäftigen.

Dieses Kapitel zielt darauf ab, dich auf diese besonderen Situationen vorzubereiten, und gibt dir das nötige Rüstzeug an die Hand, um diese Herausforderungen zu meistern. Erinnere dich daran, dass das Geheimnis einer guten Führung nicht darin besteht, niemals Fehler zu machen, sondern aus ihnen zu lernen und stetig zu wachsen. In diesem Sinne – lass uns loslegen und diese besonderen Situationen unter die Lupe nehmen!

Enttäuschte Mitbewerber

Eine der häufigsten besonderen Situationen, die du als junge Führungskraft erleben kannst, ist der Umgang mit enttäuschten Mitbewerbern. Vielleicht hast du eine Beförderung erhalten, auf die auch andere aus deinem Team gehofft hatten. Oder du bist neu in das Unternehmen eingestiegen und hast eine Position übernommen, für die auch interne Kandidaten in Betracht kamen. Enttäuschung ist eine starke Emotion, die das Arbeitsklima belasten und die Teamdynamik negativ beeinflussen kann. Deshalb ist es wichtig, dass du in dieser Situation einfühlsam und trotzdem selbstbewusst handelst.

1. Transparente Kommunikation: Beginne mit einer offenen und transparenten Kommunikation. Dafür ist es wichtig, dass du von der Personalabteilung oder deinem Chef die Information bekommst, wer aus deinem Team sich ebenfalls auf die ausgeschriebene Stelle beworben hatte. Nimm dir die Zeit, um mit dem enttäuschten Mitarbeiter ein Einzelgespräch zu führen. Erkläre ihm die Entscheidungsprozesse, soweit es dir möglich und angemessen ist, und stell sicher, dass du seine Sichtweise und seine Gefühle verstehst und anerkennst.

2. Empathie zeigen: Zeige Empathie und Verständnis für die Enttäuschung des Mitarbeiters. Gib ihm die Gelegenheit, seine Gefühle auszudrücken, und höre ihm aktiv zu. Dieser einfache Schritt kann helfen, Spannungen abzubauen und den Weg für eine positive Zusammenarbeit zu ebnen. Aus eigener Erfahrung weiß ich, dass sich diese Gespräche sehr belastend anfühlen. Trotzdem gilt es, dem Impuls zu widerstehen, das Gespräch lösungsorientiert und schnell zu beenden. In diesem Zusammenhang sind Floskeln wie »Kopf hoch, beim nächsten Anlauf wird es klappen!« absolut tabu.

3. Weiterentwicklung fördern: Sprich mit dem Mitarbeiter über seine Karriereziele und darüber, wie du ihn dabei unterstützen kannst, diese zu erreichen. Biete konkrete Weiterbildungsmöglichkeiten an und zeige auf, welche Kompetenzen er für eine zukünftige Beförderung ausbauen könnte. Auch hier ist Fingerspitzengefühl gefragt. Aus dem Reflex heraus, die Enttäuschung schnell lindern zu wollen, könntest du dich zu unrealistischen Versprechungen hinreißen lassen. Mein Tipp: Überlege dir vorher, welche Unterstützung oder Weiterbildungen realistisch sind.

4. Gleichbehandlung sicherstellen: Stell sicher, dass du alle Teammitglieder fair und gleich behandelst. Vermeide es, besondere Vorlieben zu zeigen oder den enttäuschten Mitarbeiter zu bevorzugen, um die potenzielle schlechte Stimmung zu vermeiden.

Praxisbeispiel 1
Nehmen wir an, du hast kürzlich die Teamleitung übernommen und Markus, ein erfahrener Mitarbeiter, der ebenfalls für die Position im Gespräch war, ist sehr enttäuscht. In diesem Fall solltest du schnellstmöglich ein Einzelgespräch mit Markus führen und seine Enttäuschung anerkennen. Du könntest erklären, dass die Entscheidung aufgrund verschiedener Faktoren getroffen wurde und nicht nur aufgrund der Leistung oder Fähigkeiten einer einzelnen Person. Außerdem könntest du deine Bereitschaft bekunden, ihn in seiner weiteren beruflichen Entwicklung zu unterstützen,

und mit ihm gemeinsam einen Plan für seine Weiterbildung oder seinen Karriereweg im Unternehmen erarbeiten.

Praxisbeispiel 2
Angenommen, du hast eine interne Beförderung erhalten und Laura, deine bisherige Kollegin, ist enttäuscht, dass sie nicht berücksichtigt wurde. Das hat sie dir gegenüber nicht direkt gesagt, aber du bemerkst eine gewisse Zurückhaltung in ihrer Kommunikation mit dir und auch andere Teammitglieder haben dir gegenüber ihre Vermutung geäußert.

In diesem Fall ist es wichtig, aktiv auf Laura zuzugehen und das Gespräch zu suchen, um eine mögliche Unstimmigkeit aus dem Weg zu räumen. Hier ist ein Vorschlag, wie du das Gespräch führen könntest:

1. Einleitung und Kontext: Du könntest das Gespräch beginnen, indem du den Kontext klarstellst und erklärst, warum du das Gespräch führen möchtest. Z. B.: »Laura, ich möchte gern mit dir über die kürzliche Beförderung sprechen. Mir ist aufgefallen, dass unsere Gespräche in der letzten Woche sehr kurz und einsilbig verlaufen sind. Auf mich wirkt das so, als wärst du seit meiner Beförderung enttäuscht, weil du nicht für die Position ausgewählt wurdest. Sollte das so sein, kann ich das sehr gut nachvollziehen, denn umgekehrt würde es mir wahrscheinlich auch so gehen.«

2. Erkennen der Emotionen: Danach könntest du ihre Gefühle anerkennen und Verständnis zeigen. Du könntest sagen: »Ich kann verstehen, dass du enttäuscht bist. Es ist immer schwierig, wenn man eine Gelegenheit verpasst, auf die man gehofft hat.«

3. Erklärung der Entscheidung: Anschließend könntest du die Entscheidungsfindung erläutern, soweit es dir möglich ist und angemessen erscheint: »Die Entscheidung wurde von der Geschäftsleitung getroffen und beruhte auf einer Vielzahl von Faktoren. Es war keine einfache Entscheidung und hat nichts mit deiner Leistung oder deinen Fähigkeiten zu tun. Ich schätze deine Arbeit und dein Engagement für unser Team sehr.«

4. Unterstützung und Weiterentwicklung: Zuletzt könntest du auf die Zukunft blicken und aufzeigen, wie du Laura in ihrer weiteren Entwicklung unterstützen kannst: »Ich möchte dir gern dabei helfen, deine Karriereziele zu erreichen. Wir können zusammenarbeiten, deine Stärken weiterentwickeln und eventuelle Lücken schließen. Vielleicht gibt es Weiterbildungen oder Projekte, an denen du interessiert bist und die dich auf deinem Karriereweg weiterbringen können.«

5. Abschluss: Du könntest das Gespräch abschließen, indem du Laura noch einmal versicherst, dass du für weitere Gespräche zur Verfügung stehst und dass du den Beitrag, den sie zum Team leistet, wertschätzt: »Laura, ich schätze dich als Mitglied unseres Teams und bin immer offen für weitere Gespräche und Feedback. Lass uns gemeinsam unsere Ziele erreichen und das Beste aus unserer Zusammenarbeit machen.«

Auf diese Weise zeigst du Laura, dass du ihre Gefühle ernst nimmst und gewillt bist, sie in ihrer weiteren Entwicklung zu unterstützen.

❓ Reflexionsfragen

1. Hast du schon einmal mit enttäuschten Mitbewerbern umgehen müssen? Wie hast du dich in dieser Situation verhalten und was hast du daraus gelernt?

2. Welche Strategien könntest du einsetzen, um transparent und empathisch mit enttäuschten Mitbewerbern zu kommunizieren?

3. Wie könntest du enttäuschte Mitarbeiter dabei unterstützen, ihre Karriereziele zu erreichen?

4. Wie stellst du sicher, dass du alle Mitarbeiter fair behandelst, unabhängig davon, ob sie enttäuscht sind oder nicht?

5. Wie kannst du die Instrumente der aktiven empathischen Kommunikation nutzen, um die Emotionen einer solchen Situation aufzufangen?

Aufkeimende Konflikte

Konflikte gehören zum Arbeitsalltag und können, richtig gehandhabt, sogar zu einer produktiveren Arbeitsumgebung führen. Friedrich Glasl, ein österreichischer Konfliktforscher, hat ein Modell entwickelt, das die Entwicklung eines Konflikts in neun sehr detaillierte Stufen unterteilt, die in drei Hauptphasen zusammengefasst sind.[54] Ich werde dir hier diese Phasen erklären und konkrete Tipps geben, wie du mit Konflikten in den verschiedenen Phasen umgehen kannst.

Phase 1: Einfache Konflikte
In dieser Phase erkennen die Konfliktparteien, dass es unterschiedliche Sichtweisen gibt, sie aber noch in der Lage sind, den Konflikt selbst zu lösen. Als Führungskraft ist es in dieser Phase wichtig, dass du den Konflikt bemerkst und den Beteiligten bewusst machst.

Beispiel 1 und Gesprächsablauf:
Angenommen, du bemerkst, dass zwei Teammitglieder, Anne und Max, sich in einem Meeting über die Priorisierung eines Projekts nicht einig sind. Du könntest das Gespräch so führen:

1. »Anne, Max, ich habe bemerkt, dass ihr unterschiedliche Ansichten zur Priorisierung dieses Projekts habt.«

2. »Ich bin überzeugt, dass ihr beide das Beste für unser Team und das Projekt wollt. Bitte setzt euch diese Woche noch zusammen und tauscht euch zu euren Sichtweisen aus, um eine gemeinsame Lösung zu finden!«

3. »Bitte haltet mich über euren Fortschritt auf dem Laufenden und gebt mir am Freitag eine Rückmeldung zum Ergebnis eurer Absprache.«

Phase 2: Verhärtete Konflikte
In dieser Phase vertiefen sich die Differenzen und die Parteien können den Konflikt nicht mehr allein lösen. Jetzt ist es an der Zeit, dass du oder eine neutrale Person die Mediation übernimmt.

Beispiel 2 und Gesprächsablauf:
Angenommen, der Konflikt zwischen Anne und Max hat sich weiter verschärft und sie arbeiten nun nicht mehr produktiv zusammen. In diesem Fall könntest du folgendermaßen vorgehen:

1. »Anne, Max, ich sehe, dass sich euer Konflikt weiter verschärft hat und es euch schwerfällt, eine Lösung zu finden.«

2. »Ich schlage vor, dass wir zusammen ein Meeting planen, um die unterschiedlichen Sichtweisen zu besprechen und einen Weg zu finden, im Konsens auseinanderzugehen.«

3. Im Mediationsgespräch lässt du beide Parteien ihre Sicht darstellen und leitest das Gespräch so, dass eine Lösung erarbeitet wird, die von beiden akzeptiert wird.

Ein Gesprächsleitfaden für dieses herausfordernde Gespräch kann so aussehen:

1. **Einführung und Rahmen setzen:** Erkläre den Zweck des Meetings, setze klare Erwartungen und etabliere eine offene und respektvolle Kommunikationskultur.

2. **Sichtweisen darstellen lassen:** Gib beiden Parteien die Möglichkeit, ihre Sichtweisen und Gefühle zu äußern. Unterbrich sie dabei nicht und stelle sicher, dass jeder ausreden kann.

3. **Fragen stellen:** Nutze offene Fragen, um tiefer in die Konfliktpunkte einzudringen. Deine Aufgabe ist es, zu verstehen und nicht zu urteilen oder Lösungen vorzuschlagen.

4. **Gemeinsame Themen identifizieren:** Nachdem beide Seiten gesprochen haben, fasse die gemeinsamen Themen zusammen und stelle sie klar und objektiv dar. Nutze dafür die Technik des aktiven Zuhörens.

5. **Lösungsfindung:** Leite zur Diskussion über, wie die identifizierten Konfliktpunkte gelöst werden können. Dafür ist es wichtig, dass die Lösungen von den Konfliktparteien selbst kommen und nicht von dir als Mediator. Beide Parteien sollten alle Ideen ohne Unterbrechung erarbeiten und präsentieren können. Dazu kannst du z. B. beide Seiten bitten, ihre Ideen auf Moderationskarten zu notieren. So kannst du auf dem Tisch später einfach Gruppen aus Ideen erstellen und die Ideen buchstäblich hin- und herschieben.

6. **Einigung und Aktionsplan:** Sobald eine Einigung erzielt wurde, formuliere einen klaren Aktionsplan mit Verantwortlichkeiten und Fristen. Stelle sicher, dass beide Parteien zustimmen. Am Ende ist eine emotionale Geste, wie z. B. ein Handschlag, wichtig und hilfreich, um die Vereinbarung zu besiegeln.

7. **Follow-up:** Vereinbare ein Follow-up-Meeting, um den Fortschritt zu überprüfen und eventuell weitere Anpassungen vorzunehmen.

Hier ein Beispiel für die konkrete Anwendung in einem Gesprächsablauf:

1. »Danke, dass ihr beide hier seid. Unser Ziel heute ist es, beide Sichtweisen zu verstehen und gemeinsam eine Lösung zu finden. Ich möchte, dass wir offen und respektvoll miteinander kommunizieren. Dafür ist eine Grundregel, dass jeder hier ausreden darf und Unterbrechungen tabu sind. Außerdem bitte ich euch, eure Emotionen klar zu benennen. Wenn euch etwas nicht gefällt, sagt es klar, aber bitte auch, warum es euch stört und wie es aus eurer Sicht stattdessen sein sollte. Ich weiß, dass dies hier ein sehr anstrengendes und intensives Gespräch werden wird. Ich bin aber davon überzeugt, dass wir die bestehenden Differenzen professionell und am Ende auch konstruktiv beilegen können!«

2. »Anne, lass uns mit dir beginnen. Bitte schildere uns deine Sichtweise und Gefühle bezüglich der Priorisierung dieses Projekts!«

3. Nachdem Anne gesprochen hat: »Danke, Anne. Max, bitte beschreibe uns jetzt deine Perspektive.«

4. Nachdem beide gesprochen haben: »Ich habe das Gefühl, dass es einige gemeinsame Themen gibt, die wir besprechen können. Ihr seid beide um das Wohl des Projekts besorgt, habt aber unterschiedliche Ansichten darüber, was die beste Vorgehensweise ist.«

5. »Lasst uns nun gemeinsam überlegen, wie wir diese Herausforderungen angehen können. Was sind eure Vorschläge? Schreibt bitte eure Ideen auf diese Moderationskarten. Nehmt euch Zeit und macht auch gern eine kleine Pause. Lasst uns in 15 Minuten eure Vorschläge anschauen.«

6. Nachdem eine Einigung erzielt wurde: »Wir haben uns darauf geeinigt, dass wir das Projekt auf diese Weise X priorisieren werden. Anne, du wirst die Verantwortung für die Aufgaben A bis F übernehmen und, Max, du wirst die Verantwortung für die Aufgaben G bis L übernehmen. Wie geht es euch mit dieser Vereinbarung?«

7. »Wir treffen uns in zwei Wochen erneut, um den Fortschritt zu besprechen und eventuell notwendige Anpassungen vorzunehmen. Danke euch beiden für eure Offenheit und Bereitschaft, diesen Konflikt zu lösen.«

Dieser Leitfaden und das Beispiel sollen dir als Orientierung in Konfliktsituationen dienen. Du kannst sie an deine Bedürfnisse und den Kontext des Konfliktes anpassen. Das Wichtigste ist jedoch, dass du den Prozess der Konfliktlösung fair und respektvoll gestaltest und die Beteiligten dabei unterstützt, eigene Lösungen zu finden. Auch wenn die Lösung aus dem Blickwinkel des außenstehenden Mediators manchmal offensichtlich zu sein scheint, musst du der Versuchung widerstehen, dich mit Vorschlägen einzubringen. Soll die Lösung nicht nur ein »Trostpflaster« sein, müssen die Konfliktparteien sie selbstständig erarbeiten, damit sie auch von beiden Seiten zu 100 Prozent akzeptiert wird.

Phase 3: Verlorene Konflikte
In dieser Phase hat der Konflikt ein Ausmaß erreicht, dass du als Führungskraft nur noch autoritär entscheiden kannst, um das Team nicht weiter zu belasten.

Beispiel 3 und Gesprächsablauf:
Angenommen, der Konflikt zwischen Anne und Max hat nun das Tagesgeschäft und das gesamte Team negativ beeinflusst. Die Vereinbarungen aus dem Mediationsmeeting wurden leider nicht eingehalten. In diesem Fall könntest du so vorgehen:

1. »Anne, Max, ich sehe, dass der Konflikt zwischen euch nun das gesamte Team beeinflusst. Ich habe versucht, euch Raum zu geben, um mithilfe unserer Vereinbarungen auf einen gemeinsamen Kurs zu kommen. Leider hat das nicht funktioniert und aufgrund der Ereignisse X und Y von dieser Woche ist klar, dass wir so nicht weitermachen können.«

2. »Nach sorgfältiger Überlegung habe ich entschieden, dass wir das Projekt auf folgende Weise priorisieren werden und die Kollegen Meyer und Zimmermann eure Aufgaben übernehmen.«

3. »Ich weiß, dass dies nicht ideal ist, aber in Anbetracht der Umstände ist es notwendig, eine Entscheidung zu treffen, um voranzukommen.«

Konflikte können sehr komplex und emotional aufgeladen sein, aber wenn du sie rechtzeitig erkennst und angehst, kannst du sie erfolgreich steuern und ihr Potenzial sogar für Wachstum und Entwicklung nutzen. Es ist allerdings wichtig, daran zu denken, dass jeder Konflikt einzigartig ist und eine individuelle Herangehensweise erfordert.

Damit in deinem Team nichts »unter deinem Radar« passiert, was du mitbekommen müsstest, hier ein paar hilfreiche Reflexionsfragen:

1. Wie gut kenne ich die einzelnen Persönlichkeiten in meinem Team und ihre bevorzugten Kommunikationsstile?

2. Welche frühen Anzeichen von Unzufriedenheit oder Stress bemerke ich in meinem Team?

3. Wie reagieren meine Teammitglieder auf Veränderungen oder Druck? Welche Verhaltensänderungen bemerke ich?

4. Wie offen und ehrlich ist die Kommunikation in meinem Team? Fühlen sich die Teammitglieder wohl dabei, Bedenken oder Probleme anzusprechen?

5. Wie gut funktioniert die Zusammenarbeit im Team?

❓ Reflexionsfragen für den Umgang mit entdeckten Konflikten:

1. Wie fühle ich mich, wenn ich an den Konflikt denke? Wie wirkt sich das auf meine Fähigkeit aus, neutral zu bleiben?

2. Habe ich beide Seiten des Konflikts gehört und verstanden? Habe ich irgendwelche vorgefassten Meinungen oder Annahmen, die meine Sichtweise beeinflussen könnten?

3. Wie wirkt sich der Konflikt auf das Team und die Arbeitsergebnisse aus?

4. Welche Mediations- oder Konfliktlösungsstrategien habe ich in Betracht gezogen? Welche könnten in dieser Situation am besten funktionieren?

5. Wie kann ich sicherstellen, dass alle Beteiligten gehört und respektiert werden und dass die Lösung für alle möglichst fair ist?

6. Wie kann ich eine Atmosphäre des Vertrauens und der Offenheit fördern, um eine konstruktive Diskussion zu ermöglichen?

7. Wie kann ich die Beteiligten ermutigen, ihre eigenen Lösungen zu finden, anstatt ihnen meine eigene Lösung aufzuzwingen?

8. Wie kann ich die Fortschritte überwachen und sicherstellen, dass die vereinbarten Maßnahmen umgesetzt werden?

9. Wie kann ich mein Team dabei unterstützen, aus diesem Konflikt zu lernen und zukünftige Konflikte zu vermeiden oder besser zu bewältigen?

10. Wie kann ich meine eigenen Fähigkeiten im Konfliktmanagement weiterentwickeln und verbessern?

Fluktuation im Team

Fluktuation ist ein ständiger Begleiter in der Unternehmenslandschaft, egal ob in Start-ups oder in etablierten Unternehmen. Fluktuation kann verschiedene Ursachen und unterschiedliche Auswirkungen auf das Team und das Unternehmen haben. Als junge Führungskraft ist es wichtig zu verstehen, wie du Fluktuation bewältigen und möglicherweise sogar nutzen kannst, um dein Team und dich selbst weiterzuentwickeln.

Präventive Maßnahmen

Es gibt verschiedene Strategien, mit deren Hilfe du Unzufriedenheit identifizieren und adressieren kannst, bevor sie zu einem Problem und damit zu einer Kündigung führt. Einige dieser Strategien stelle ich dir nachfolgend vor.

1. **Mitarbeiterentwicklung:** Führungskräfte sollten die beruflichen Ziele und Ambitionen ihrer Mitarbeiter kennen und Möglichkeiten zur Weiterentwicklung bieten.

2. **Positive Arbeitsumgebung:** Eine gesunde Arbeitsatmosphäre, in der sich Mitarbeiter wertgeschätzt und unterstützt fühlen, kann die Mitarbeiterbindung erhöhen.

3. **Regelmäßiges Feedback:** Durch regelmäßige Einzelgespräche und Feedbackrunden können Führungskräfte die Zufriedenheit der Mitarbeiter im Blick behalten und Probleme frühzeitig angehen.

4. **Anerkennung und Wertschätzung:** Mitarbeiter, die sich wertgeschätzt und anerkannt fühlen, sind weniger wahrscheinlich auf der Suche nach anderen Möglichkeiten. Achte insbesondere bei »normaler« Leistung auf anerkennende Feedbacks.

5. **Faire Bezahlung und Benefits:** Ein wettbewerbsfähiges Gehalt und attraktive Benefits können dazu beitragen, Mitarbeiter zu halten. Allerdings sind sie für viele Mitarbeiter nur ein Trostpflaster, wenn die anderen Punkte hier nicht umgesetzt sind.

6. **Offene Kommunikation:** Eine Kultur der offenen Kommunikation fördert das Vertrauen und ermöglicht es den Mitarbeitern, ihre Bedenken und Pläne offen zu äußern. Das umfasst auch das Vertrauen, den aufkommenden Wunsch nach einem Wechsel bereits anzusprechen, noch bevor eine Bewerbung geschrieben wurde oder sogar schon ein externes Angebot vorliegt.

Umgang mit Fluktuation, wenn sie eintritt
Trotz größter Anstrengungen kann Fluktuation eintreten. Hier sind einige Strategien, um damit umzugehen, wenn Mitarbeiter dein Team verlassen:

1. Vorbereitung: Führungskräfte sollten für den Fall, dass ein Mitarbeiter kündigt, einen Plan haben, der eine Umverteilung der Aufgaben und die Suche nach Ersatz beinhaltet. Diesen Plan hast du im besten Fall für jede Person. Denn nicht nur eine Kündigung kann diesen Plan notwendig machen, sondern auch eine langfristige Erkrankung.

2. Kommunikation: Wenn ein Mitarbeiter geht, sollte die Nachricht auf eine transparente und respektvolle Weise kommuniziert werden, um Spekulationen und Unsicherheit im Team zu minimieren. Du kannst es auch dem Mitarbeiter selbst überlassen, das Team zu informieren. Ist das geschehen, kannst du übernehmen und die Auswirkungen und daraus folgenden Veränderungen erklären.

3. Unterstützung des Teams: Es ist wichtig, den verbleibenden Teammitgliedern Unterstützung zu bieten, indem du ihre Fragen beantwortest und auf ihre Bedenken eingehst. In der Praxis hat es sich für mich bewährt, die Aufgaben nicht stumpf auf das Team zu verteilen, sondern auch mit dem eigenen Vorgesetzten darüber zu sprechen, wie Prioritäten und Termine temporär verschoben werden können, damit das Team nicht überlastet wird. Diese Überlastung kann schnell den Stein weiterer Kündigungen ins Rollen bringen.

4. Lernen und Verbessern: Jeder Weggang bietet die Gelegenheit, zu lernen und zu verbessern. Führungskräfte sollten das Abschiedsgespräch nutzen, um wertvolles Feedback zu sammeln und mögliche Verbesserungsgebiete zu identifizieren.

Du kannst für dieses Gespräch folgenden Leitfaden nutzen:

1. Einleitung und Dank
Beginne das Gespräch mit einer positiven Anmerkung und zeige deine Wertschätzung für die Arbeit des Mitarbeiters.
   Beispiel: »Ich möchte dir für deine harte Arbeit und deinen Beitrag zum Team danken. Deine Leistungen hatten einen großen Einfluss auf unsere Projekte. Insbesondere im Bereich X.«

2. Gründe für den Weggang
Bitte den Mitarbeiter, seine Gründe für den Weggang zu teilen. Höre zu und zeige Verständnis.
   Beispiel: »Ich respektiere deine Entscheidung und möchte natürlich gern wissen, was dich zu diesem Schritt bewogen hat.«

3. Feedback einholen

Bitte den Mitarbeiter um Feedback zu seinen Erfahrungen im Unternehmen und im Team. Wie kann die Arbeit im Team oder im Unternehmen verbessert werden?

Beispiel: »Als Teil unserer ständigen Verbesserung möchte ich dein ehrliches Feedback hören. Was lief gut? Was könnte verbessert werden? Gern auch ganz persönlich an mich als Führungskraft: Wo kann ich mich noch verbessern?«

4. Angebot zur Rückkehr

Biete dem Mitarbeiter an, dass er zurückkehren kann, wenn er dies wünscht.

Beispiel: »Ich verstehe, dass Veränderungen Teil des Lebens sind. Solltest du jemals den Entschluss fassen, zurückkommen zu wollen, freue ich mich, diese Möglichkeit mit dir zu besprechen.«

5. Abschluss

Schließe das Gespräch mit positiven Wünschen und Dankbarkeit. Beispiel: »Ich möchte dir für alles danken, was du in der Zeit hier geleistet hast. Ich wünsche dir alles Gute für deine zukünftigen Unternehmungen und hoffe, dass wir in Kontakt bleiben.«

Dieser Gesprächsleitfaden kann entsprechend der spezifischen Situation an die jeweilige Situation und die Beziehung zur Person angepasst werden. Wichtig ist, dass du das Gespräch ehrlich, respektvoll und wertschätzend führst. Eitelkeiten und verletzter Stolz haben in einem professionellen Abschiedsgespräch keinen Platz.

❓ Reflexionsfragen:

1. Wie gut verstehe ich die beruflichen Ziele und Bedürfnisse meiner Mitarbeiter?
2. Wie schaffe ich eine positive Arbeitsumgebung, in der sich meine Mitarbeiter wertgeschätzt und unterstützt fühlen?
3. Führe ich regelmäßig Feedbackgespräche und wie nutze ich diese, um die Zufriedenheit meiner Mitarbeiter zu überprüfen?
4. Wie zeige ich meine Anerkennung und Wertschätzung gegenüber meinen Mitarbeitern?
5. Wie gut kommuniziere ich mit meinem Team? Wie wohl fühlen sich meine Mitarbeiter dabei, ihre Bedenken oder Zukunftspläne mit mir zu teilen?
6. Bin ich auf den Fall vorbereitet, dass ein Mitarbeiter das Team verlässt?
7. Wie kommuniziere ich den Weggang eines Mitarbeiters an mein Team?
8. Wie unterstütze ich mein Team während einer Fluktuationsperiode?
9. Nutze ich das Abschiedsgespräch, um wertvolles Feedback zu erhalten, und wie nutze ich dieses Feedback, um Verbesserungen vorzunehmen?
10. Wie wirkt sich Fluktuation auf mein Team aus und was kann ich tun, um die Auswirkungen zu minimieren?

Ein unzufriedenes Team

Das Wohlbefinden und die Zufriedenheit deines Teams sind entscheidend für den Erfolg deiner Arbeit. Wenn du feststellst, dass die Stimmung in deinem Team sinkt und die Unzufriedenheit zunimmt, ist es wichtig, sofort zu handeln. In diesem Kapitel zeige ich dir, wie du ein unzufriedenes Team wieder auf Kurs bringen kannst.

Erkennen der Unzufriedenheit
Zunächst ist entscheidend, die Anzeichen von Unzufriedenheit rechtzeitig zu erkennen. Anhaltende negative Stimmung, sinkende Leistung und Produktivität, erhöhte Krankheitstage oder gar Fluktuation sind deutliche Indikatoren. Aber auch subtilere Anzeichen wie eine allgemeine Zurückhaltung beim Austausch von Ideen, ständige Kritik an Prozessen oder vermehrte Konflikte können darauf hinweisen, dass etwas im Argen liegt.

Ursachenforschung
Sobald du die Anzeichen erkannt hast, gilt es, die Ursachen zu erforschen. Offene Gespräche sind hier der erste Schritt. Frage dein Team direkt, was ihm auf dem Herzen liegt. Das Gespräch sollte in einer vertrauensvollen Atmosphäre stattfinden. Dabei ist es hilfreich, dass du betonst, dass jedes Feedback, jede Sorge und jede Kritik von dir ernst genommen wird.

Einsatz von Tools wie Mentimeter
Um zusätzlich zu den persönlichen Gesprächen ein detailliertes Bild der Situation zu erhalten, kannst du Tools wie Mentimeter

(ein Online-Tool für Abstimmungen und Umfragen) in der Praxis einfach und erfolgreich nutzen. Mit Mentimeter hast du die Möglichkeit, eine anonyme Zufriedenheitsumfrage zu erstellen, die es den Teammitgliedern ermöglicht, ehrliches Feedback zu geben, ohne sich persönlich offenbaren zu müssen.

Die Fragen sollten auf die Bereiche abzielen, die du als mögliche Ursachen für die Unzufriedenheit identifiziert hast. Ein guter Ansatz kann auch sein, die Teammitglieder nach ihren Ideen für Verbesserungen zu fragen. Durch die Kombination von offenen und geschlossenen Fragen kannst du qualitative und quantitative Daten sammeln, die dir ein tieferes Verständnis der Situation ermöglichen.

Hier einige Beispielfragen und Kategorien für eine Mentimeter-Umfrage, die sich in der Praxis bewährt haben:

Kategorie: Allgemeine Arbeitszufriedenheit

1. Wie zufrieden bist du in deinem Job auf einer Skala von 1 bis 10?
2. Was gefällt dir an deiner Arbeit am besten?
3. Was gefällt dir an deiner Arbeit am wenigsten?

Kategorie: Zusammenarbeit und Teamdynamik

1. Wie zufrieden bist du mit der Zusammenarbeit im Team auf einer Skala von 1 bis 10?
2. Was könnten wir tun, um die Teamarbeit zu verbessern?

Kategorie: Führungsstil

1. Wie zufrieden bist du mit der Führung im Team auf einer Skala von 1 bis 10?
2. Was schätzt du am meisten an der Führung im Team?
3. Was könnte die Führung verbessern?

Kategorie: Arbeitsbelastung und Work-Life-Balance

1. Wie würdest du deine aktuelle Arbeitsbelastung auf einer Skala von 1 bis 10 bewerten?
2. Wie gut gelingt es dir, Arbeit und Freizeit in Einklang zu bringen?
3. Welche Vorschläge hast du, wie wir die Work-Life-Balance im Team verbessern können?

Kategorie: Weiterentwicklung und Karriere

1. Fühlst du dich in deiner beruflichen Entwicklung unterstützt?
2. Was wünschst du dir, um deine berufliche Entwicklung voranzutreiben?

Diese Fragen decken eine breite Palette von Themen ab, die für die Zufriedenheit im Team relevant sein könnten. Natürlich sollten die Fragen an die individuelle Situation und die spezifischen Bedürfnisse deines Teams angepasst werden. Durch die Kombination von offenen und geschlossenen Fragen erhältst du ein umfassendes Bild der Situation im Team und kannst gezielt Maßnahmen zur Verbesserung ergreifen.

Analyse und Maßnahmenplanung
Nachdem du das Feedback gesammelt hast, ist es wichtig, dieses sorgfältig zu analysieren. Was sind die Hauptursachen für die Unzufriedenheit? Gibt es überraschende Erkenntnisse? Was sind die wichtigsten Maßnahmen, die du ergreifen musst, um die Situation zu verbessern?

Die Maßnahmen können von der Verbesserung der Arbeitsprozesse über die Einführung regelmäßiger Feedbackgespräche bis hin zur Verbesserung der Work-Life-Balance gehen. Es ist entscheidend, dass die Maßnahmen auf die spezifischen Bedürfnisse und Anliegen deines Teams abgestimmt sind.

Umsetzung und Kommunikation
Die Umsetzung der Maßnahmen sollte so schnell wie möglich erfolgen, um zu zeigen, dass du das Feedback deines Teams ernst nimmst. Es ist jedoch auch wichtig, realistische Zeitpläne zu setzen und das Team über die geplanten Schritte und den Fortschritt zu informieren. In der Praxis hat es sich deshalb bewährt, die Ideen in unterschiedliche Kategorien einzuteilen (von einfach umzusetzen bis langfristige Veränderungen) und diese Einteilung mit deinem Team transparent zu teilen.

Ein Praxisbeispiel dazu: Oliver ist Bereichsleiter einer Abteilung im öffentlichen Dienst. Das Ergebnis eines Teamworkshops war eine Liste mehrerer Veränderungen und Wünsche. In der Kategorie der kurzfristigen Veränderungen stand der Wunsch nach einer Kaffeemaschine und einer Pausenecke, die zum informellen Austausch genutzt werden kann. Bereits im Workshop bemerkte

Oliver allerdings, dass im Team Zweifel bestehen, ob und wie ernsthaft er als Führungskraft die Ergebnisse des Workshops umsetzen würde. Deshalb hat er als erstes Zeichen der Veränderung innerhalb von wenigen Tagen eine sehr schöne Kaffeemaschine angeschafft und die Pausenecke eingerichtet. Mit diesem Signal konnte er die Ernsthaftigkeit seiner Motivation, Veränderungen vorzunehmen, erfolgreich unterstreichen.

Wenn du regelmäßig mit dem Team kommunizierst und es in den Prozess einbeziehst, stellst du das Vertrauen wieder her und zeigst, dass du als Führungskraft gewillt bist, die Situation zu verbessern.

Nachbereitung und Evaluation
Nach der Umsetzung der Maßnahmen ist es wichtig, die Effekte zu überprüfen. Hat die Unzufriedenheit abgenommen? Was hat funktioniert und was nicht? Was könntest du beim nächsten Mal besser machen? Hier kann erneut eine anonyme Umfrage mit Mentimeter hilfreich sein.

Mit der richtigen Herangehensweise und den passenden Tools kannst du auch schwierige Situationen meistern und ein unzufriedenes Team wieder motivieren. Es erfordert Mut, Empathie und eine offene Kommunikation, aber das Ergebnis – ein zufriedenes, engagiertes Team – ist jede Mühe wert.

Emotionale Bindung und Zufriedenheit erzeugen

Die Gallup-Studie ist eine der bekanntesten und umfangreichsten Mitarbeiterbefragungen weltweit. In ihrer aktuellen Ausgabe zeigt sie, dass Mitarbeiter, die eine hohe emotionale Bindung zu ihrem Arbeitsplatz empfinden, produktiver, engagierter und zufriedener sind.[55] Gallup hat zwölf Kriterien identifiziert, die als Schlüsselelemente zur Steigerung der Mitarbeiterbindung gelten, die sogenannten Q12-Fragen. Diese Fragen bieten dir als junge Führungskraft eine solide Grundlage, um deine Führungsqualität zu verbessern.[56]

1. »Weiß ich, was von mir bei der Arbeit erwartet wird?«
Praxisbeispiel: Tim ist seit Kurzem in einem neuen Projekt tätig. Sein Teamleiter bespricht mit ihm im ersten Check-in-Gespräch seine Aufgaben und Erwartungen und definiert seine konkreten Ziele.

2. »Habe ich die Materialien und Geräte, die ich brauche, um meine Arbeit richtig zu machen?«
Praxisbeispiel: Anne arbeitet im Homeoffice und benötigt eine bessere Webcam. Ihr Teamleiter sorgt dafür, dass sie die notwendige Ausrüstung erhält.

3. »Habe ich bei der Arbeit jeden Tag die Gelegenheit, das zu tun, was ich am besten kann?«
Praxisbeispiel: Max ist ein begabter Grafikdesigner. Sein Teamleiter stellt sicher, dass er Aufgaben erhält, die seine Fähigkeiten voll ausschöpfen.

4. »Habe ich in den letzten sieben Tagen Anerkennung oder Lob für gute Arbeit erhalten?«

Praxisbeispiel: Laura hat ein herausforderndes Projekt erfolgreich abgeschlossen. Ihr Teamleiter lobt sie öffentlich im Teammeeting.

5. »Interessiert sich jemand bei der Arbeit für mich als Person?«

Praxisbeispiel: Bens Teamleiter fragt regelmäßig nach seinem Wohlbefinden und seinen persönlichen Interessen.

6. »Gibt es bei der Arbeit jemanden, der mich in meiner Entwicklung fördert?«

Praxisbeispiel: Sophie bekommt von ihrem Teamleiter regelmäßig konstruktives Feedback und wird durch Weiterbildungen unterstützt.

7. »Ist meine Meinung bei der Arbeit wichtig?«

Praxisbeispiel: Oliver fühlt sich wertgeschätzt, weil sein Teamleiter seine Meinung einholt und berücksichtigt, wenn es seinen Verantwortungsbereich betrifft.

8. »Ist mir die Mission / der Zweck meiner Firma wichtig – ist meine Arbeit bedeutsam?«

Praxisbeispiel: Jana weiß genau, wie ihre Arbeit zur Erreichung der Unternehmensziele beiträgt und fühlt sich dadurch motiviert.

9. »Sind meine Kollegen engagiert, qualitativ hochwertige Arbeit zu leisten?«

Praxisbeispiel: Daniel fühlt sich durch das Engagement seiner Kollegen inspiriert und unterstützt.

10. »Habe ich einen besten Freund bei der Arbeit?«
Praxisbeispiel: Sarah und Nina haben nicht nur eine professionelle Beziehung, sondern sind auch privat befreundet.

11. »Hatte ich in den letzten sechs Monaten bei der Arbeit Gespräche über meine Fortschritte?«
Praxisbeispiel: Luisa führt regelmäßige Feedbackgespräche mit ihrem Teamleiter, in denen sie ihre Fortschritte und Entwicklungen besprechen.

12. »Hatte ich in den letzten zwölf Monaten Möglichkeiten, zu lernen und zu wachsen?«
Praxisbeispiel: Max hat im letzten Jahr an mehreren Fortbildungen teilgenommen, die ihm neue Perspektiven und Fähigkeiten eröffnet haben.

Checkliste der Q12-Punkte:
1. Klare Erwartungen stellen
2. Notwendige Ressourcen bereitstellen
3. Stärken der Mitarbeiter fördern
4. Anerkennung und Lob aussprechen
5. Persönliches Interesse an Mitarbeitern zeigen
6. Entwicklung der Mitarbeiter fördern
7. Meinungen der Mitarbeiter wertschätzen
8. Bedeutung der Arbeit vermitteln
9. Qualität der Arbeit fördern
10. Freundschaften am Arbeitsplatz fördern
11. Regelmäßige Gespräche über Fortschritte führen
12. Lern- und Wachstumsmöglichkeiten bieten

Es ist wichtig zu verstehen, dass diese Faktoren in Wechselwirkung miteinander stehen und einander bedingen. Das ist ein Vorteil, den du bei deinem Start als junge Führungskraft nutzen kannst. Wenn du beispielsweise mit einem Mitarbeiter regelmäßige Gespräche über seine Fortschritte führst, förderst du damit gleichzeitig seine Stärken, wirst wahrscheinlich auch Lob aussprechen und hast die Chance, die Bedeutung der Arbeit zu unterstreichen. Mit einem gut geplanten Gespräch kannst du also gleich auf mehrere der Q12-Faktoren einzahlen. Diese Liste bietet dir also eine sehr gute Orientierung, um keinen wichtigen Punkt deiner Führungsarbeit aus dem Blick zu verlieren.

Führung aus der Distanz

Die Führung aus der Distanz ist in den letzten Jahren immer mehr in den Vordergrund gerückt. Besonders in Zeiten von hybrider und ortsunabhängiger Arbeit ist es für Führungskräfte wichtig, den Übergang von der Präsenz- zur Distanzführung erfolgreich zu meistern. Eine besondere Herausforderung stellt hierbei die Aufrechterhaltung von Kommunikation, Motivation und Vertrauen dar, wenn das Team räumlich verteilt ist.

Kommunikation ist bei der Führung aus der Distanz die Grundlage des Erfolgs im Team. Das fehlende Feedback im persönlichen Gespräch, die reduzierte nonverbale Kommunikation und die stark reduzierten informellen Gespräche lassen schnell Missverständnisse entstehen. Deshalb ist es wichtig, verschiedene Kommunikationskanäle zu nutzen und diese bewusst zu wählen. Für komplexe oder heikle Themen kann ein Videoanruf besser geeignet sein, während einfache Abstimmungen per E-Mail oder Chat erfolgen können. Sorge deshalb dafür, dass regelmäßige Team-Meetings stattfinden, und fördere auch den informellen Austausch, beispielsweise durch virtuelle Kaffeepausen.

Eine weitere Herausforderung bei der **Motivation** besteht darin, das Engagement und die Zufriedenheit der Mitarbeiter aus der Ferne aufrechtzuerhalten. Anerkennung und Wertschätzung sind dabei ebenso wichtig wie bei der Präsenzarbeit. Achte darauf, Erfolge zu feiern und den Beitrag jedes Einzelnen sichtbar zu machen. Setze klare Ziele und unterstütze die Mitarbeiter dabei, diese zu erreichen. Biete regelmäßiges Feedback und Möglichkeiten zur Weiterentwicklung, um die Mitarbeiter auch aus der Distanz zu fördern. Auch die Wertschätzung von ganz alltäglichen Aufgaben gilt es im Blick zu behalten. Während du im Büro schnell mal ein anerkennendes »Daumen hoch«-Feedback im Vorbeigehen geben kannst, ist diese informelle Anerkennung auf Distanz fast unmöglich. In der Praxis haben sich dafür virtuelle 1:1-Gespräche bewährt, in denen wöchentlich in 15 bis 20 Minuten über die alltäglichen und außergewöhnlichen Erfolge gesprochen werden kann. Dieses Vorgehen ist zwar sehr aufwendig, du gewährleistest aber, dass alle Teammitglieder die gleiche Aufmerksamkeit erhalten.

Vertrauen ist das Fundament jeder erfolgreichen Führung auf Distanz. Vertraue darauf, dass deine Mitarbeiter ihre Arbeit auch ohne permanente Kontrolle erledigen. Lege den Fokus auf Ergebnisse statt auf Präsenzzeiten. Schaffe eine Vertrauenskultur, in der Fehler als Lernchancen gesehen werden und offene und ehrliche Kommunikation gefördert wird.

Eine besondere Herausforderung der Führung aus der Distanz liegt in der **Koordination, Kontrolle und Transparenz der Arbeit.** Hier können digitale Tools und Methoden wie Projektmanagement-Tools, Taskboards oder regelmäßige Check-ins helfen. Stelle sicher, dass alle Teammitglieder dieselben Informationen haben und dass die Arbeit transparent und nachvollziehbar ist. Mit diesem Vorgehen hilfst du auch, Misstrauen im Team zu vermeiden. Beachte, dass sich das Team untereinander nicht sieht und deshalb auch untereinander schnell Zweifel an dem Engagement und der Produktivität aufkommen können, wenn die Arbeitsergebnisse nicht transparent sind.

Auch die **Arbeit an der Teamkultur** darf nicht vernachlässigt werden. Gerade in Zeiten der Distanz ist es wichtig, das Zusammengehörigkeitsgefühl zu fördern und den Teamgeist zu stärken. Organisiere dafür virtuelle Teamevents oder Aktivitäten vor Ort, um die Bindung im Team zu stärken. In der Praxis haben sich Bestellungen bei Lieferdiensten oder das Streamen von Filmen während eines Videocalls sehr gut bewährt. Virtuelle Teamevents können z. B. Escape-Rooms oder Onlinespiele sein, bei denen man als Team oder in kleinen Gruppen gegeneinander oder miteinander spielt.

Es gibt kein universelles Rezept für erfolgreiche Führung aus der Distanz, da jedes Team und jede Situation einzigartig sind. Aber indem du auf offene Kommunikation, Motivation, Vertrauen, Transparenz, Koordination und die Teamkultur achtest, kannst du die Weichen für eine erfolgreiche Führung auf Distanz stellen.

Einige Beispiele aus der Praxis:
Beispiel 1: Anne, eine junge Führungskraft in einem Software-Unternehmen, leitet ihr Team aus der Distanz. Sie nutzt regelmäßige Video-Check-ins, um mit jedem Teammitglied in Kontakt zu bleiben und auf dem Laufenden zu sein. Außerdem nutzt sie eine Kombination aus E-Mail, Chat und Videoanrufen für die tägliche Kommunikation und setzt ein Projektmanagement-Tool ein, um die Arbeit zu koordinieren und Ergebnisse transparent zu machen. Sie feiert Erfolge öffentlich im Team-Chat und bietet regelmäßige Feedbacks an.

Beispiel 2: Tobias, der Leiter eines Remote-Teams in einer Vertriebsagentur, hat die Herausforderung, die Motivation und das Engagement seines Teams aufrechtzuerhalten. Er organisiert dafür regelmäßige virtuelle Kaffeepausen und Teamevents, um das Zusammengehörigkeitsgefühl zu stärken. Außerdem setzt er auf Vertrauen statt Kontrolle und legt den Fokus auf Ergebnisse statt auf Arbeitszeiten. Dafür bekommt jeder im Team persönliche Akquise- und Vertragsziele. Tobias kontrolliert mit den Teammitgliedern lediglich, ob die Entwicklung weiterhin positiv verläuft oder Lösungen für Hindernisse gefunden werden müssen. Arbeitszeiten oder Stunden muss Tobias in diesem Modell nun nicht mehr kontrollieren, weil jeder selbst und eigenverantwortlich entscheiden darf, wie er sich den Arbeitsalltag organisiert.

Beide Beispiele zeigen, dass es verschiedene Wege gibt, die Führung aus der Distanz erfolgreich zu gestalten. Welche Methoden und Tools für dich und dein Team geeignet sind, hängt von den spezifischen Bedürfnissen und Herausforderungen des Teams ab. Aber eines ist in jedem Fall klar: Die Führung aus der Distanz muss bewusst gestaltet und kontinuierlich angepasst werden. Es lohnt sich deshalb, Kompetenzen in diesem Bereich aufzubauen und zu stärken.

DOS AND DON'TS FÜR ERFOLGREICHE FÜHRUNGSKRÄFTE

Die Führung eines Teams oder einer Organisation ist eine Kunst und Wissenschaft für sich. Es ist eine sehr komplexe Aufgabe, die sowohl hart erlernte Fähigkeiten als auch ein hohes Maß an emotionaler Intelligenz erfordert. Jede Führungskraft hat ihren eigenen Führungsstil, der auf ihren persönlichen Erfahrungen, Werten und Fähigkeiten basiert. Dennoch gibt es einige allgemeine Dos und Don'ts, die für fast alle Führungskräfte gelten und die als Leitfaden dienen können, um die Leistung des Teams zu steigern, das Engagement der Mitarbeiter zu erhöhen und eine positive Unternehmenskultur zu schaffen. In diesem Kapitel zeige ich dir einige der wichtigsten Dos und Don'ts anhand von konkreten Beispielen. Diese Empfehlungen richten sich sowohl an erfahrene Führungskräfte als auch an diejenigen, die gerade erst ihre Führungsposition beginnen.

10 Eigenschaften und Fähigkeiten einer guten Führungskraft

Die Fähigkeiten und Eigenschaften einer Führungskraft können den Erfolg oder Misserfolg eines Teams oder sogar einer gesamten Organisation maßgeblich beeinflussen. Doch was genau macht eine gute Führungskraft aus? Welche Qualitäten benötigt sie, um erfolgreich zu sein und ein Team zu führen?

In diesem Kapitel werden wir tief in diese Thematik eintauchen und zehn wesentliche Charakteristiken und Fertigkeiten hervorheben, die erfolgreiche Führungskräfte auszeichnen. In der heutigen, oft komplexen Arbeitswelt ist es wichtiger denn je, dass Führungskräfte über ein breites Spektrum an Kompetenzen und Fähigkeiten verfügen – und genau dieses Spektrum werden wir uns in diesem Kapitel anschauen.

#1: Die Kompetenz des Zeit- und Selbstmanagements für Führungskräfte

Erfolgreiche Führungskräfte betrachten Zeit- und Selbstmanagement nicht als Option, sondern als unerlässliche Kompetenz. Sie leben und atmen das Prinzip »Big Picture before action«, indem sie ihre Aufgaben visuell darstellen, To-do-Listen erstellen und ihre Aufgaben systematisch priorisieren. Durch diese konsequente Arbeitsweise demonstrieren sie ihre Vorbildfunktion, setzen Strukturen und gewinnen wertvolle Zeit, die sie nutzen können, um für ihr Team präsent und verfügbar zu sein.

Praxisbeispiel: Eine erfolgreiche Managerin beginnt ihren Tag mit der Überprüfung ihrer Prioritätenliste und plant ihre Aktivitäten entsprechend. Sie arbeitet bewusst zuerst an den anspruchsvollsten Aufgaben und sorgt dafür, dass sie während dieser Zeit nicht unterbrochen wird und Multitasking vermeidet. Diese Arbeitsweise verschafft ihr den notwendigen Freiraum, um für ihr Team da zu sein, wenn es sie benötigt.

❓ Reflexionsfragen:

1. Wie schätzt du dein aktuelles Zeit- und Selbstmanagement ein?

2. Welche Techniken oder Werkzeuge verwendest du aktuell, um deine Aufgaben zu organisieren und zu priorisieren?

3. Wie stellst du sicher, dass du konzentriert arbeitest?

4. Wie oft nimmst du dir Zeit, um über das »Big Picture« nachzudenken und nicht nur über den Alltag?

5. Inwieweit nimmst du dir bewusst Zeit für dein Team, auch wenn viele Aufgaben anstehen?

Umsetzungsaufgaben:

1. Nutze ein (Online-)Seminar über Zeit- und Selbstmanagement, um neue Techniken kennenzulernen.

2. Erstelle eine Prioritätenliste und überarbeite diese wöchentlich, um sicherzustellen, dass du an den wirklich wichtigen Aufgaben arbeitest.

3. Plane feste Zeitfenster in deinem Kalender ein, in denen du ohne Ablenkung und Unterbrechung arbeiten kannst.

4. Teste die »Pomodoro«-Technik oder eine ähnliche Methode, um deine Arbeit in fokussierte Zeitblöcke einzuteilen.

5. Setze regelmäßig Checkpoints, um deinen Fortschritt im Zeit- und Selbstmanagement zu bewerten und gegebenenfalls Anpassungen vorzunehmen.

In dem Kapitel »Die Elemente des Zeit- und Selbstmanagements« beleuchte ich dieses Thema noch eingehender. Solltest du es noch nicht gelesen haben, findest du dort noch weitere Techniken und Praxisbeispiele.

#2: Die Bedeutung der Erreichbarkeit und des offenen Ohrs

Es sind oft diejenigen Führungskräfte, die sich immer Zeit nehmen, an die sich Mitarbeiter erinnern. Sie sind sich bewusst, dass sich Kleinigkeiten, die oft als unwichtig abgetan werden, einen großen Einfluss auf die Teamdynamik und die Leistung haben. Diese Führungskräfte setzen auf eine aktive und empathische Kommunikation und haben immer ein offenes Ohr, um potenzielle Probleme frühzeitig zu erkennen und zu lösen, bevor sie eskalieren.

Praxisbeispiel: Ein Teamleiter organisiert regelmäßige Check-in-Gespräche mit seinen Mitarbeitern, um ihre Bedenken und Ideen zu hören und sie dabei zu unterstützen, Lösungen für ihre Herausforderungen zu finden. Er hat erkannt, dass diese scheinbar kleinen Gespräche einen großen Einfluss auf die Motivation und Leistung des Teams haben. Außerdem achtet er im Alltag auf die kleinen Signale seiner Mitarbeiter, die ihm zeigen, dass eine Person Gesprächsbedarf hat. Das können Signale sein, wie ein außergewöhnlich besorgter Gesichtsausdruck, den er bei einem täglichen, informellen Rundgang durchs Büro wahrnimmt.

❓ Reflexionsfragen:

1. Wie bewertest du aktuell deine Erreichbarkeit für dein Team?

2. Wann hast du das letzte Mal aktiv und bewusst nach dem Befinden eines Teammitglieds gefragt?

3. Wie gehst du mit »kleinen« Sorgen oder Anliegen deiner Mitarbeiter um?

4. Wie oft bietest du Check-in-Gespräche für deine Mitarbeiter an?

5. Wie würdest du dich fühlen, wenn sich deine Vorgesetzten nicht regelmäßig nach deinem Befinden erkundigen würden?

Umsetzungsaufgaben:

1. Lege in deinem Kalender wöchentliche Zeitfenster fest, in denen du speziell für Gespräche mit deinem Team verfügbar bist.

2. Beginne Team-Meetings mit einer kurzen Runde, in der jeder seine aktuelle Stimmung oder eventuelle Herausforderungen teilt.

3. Führe einmal im Monat ein informelles »Kaffeegespräch« mit einem zufällig ausgewählten Teammitglied, um seine Gedanken und Anliegen besser kennenzulernen.

4. Etabliere ein Feedback-System, bei dem Mitarbeiter anonym ihre Sorgen oder Ideen teilen können.

5. Überlege, wie du ein Umfeld schaffen kannst, in dem sich jeder traut, seine Anliegen zu teilen, egal wie klein sie auch sein mögen.

#3: Empathie als Schlüsselkompetenz

Erfolgreiche Führungskräfte können sich in ihre Mitarbeiter hineinversetzen, um ihre Ängste, Erwartungen und Ziele zu verstehen. Diese tiefe Verbundenheit ermöglicht es ihnen, die Reaktionen und Bedürfnisse ihres Teams besser zu antizipieren und gezielte Maßnahmen zu ergreifen, die die Arbeitsbedingungen positiv beeinflussen.

Praxisbeispiel: Ein Projektmanager bemerkt, dass einer seiner Mitarbeiter ständig überarbeitet erscheint. Statt diesen Umstand zu ignorieren, nimmt er sich die Zeit, das Gespräch zu suchen und die Ursachen zu ergründen. Durch dieses einfühlsame Vorgehen kann er dem Mitarbeiter helfen, eine gesündere Work-Life-Balance zu finden.

❓ Reflexionsfragen:

1. In welchen Situationen fandest du es bisher herausfordernd, Empathie zu zeigen?

2. Wie würdest du deine Fähigkeit beschreiben, dich in die Gefühle und Perspektiven deiner Mitarbeiter hineinzuversetzen?

3. Wie reagierst du typischerweise, wenn ein Mitarbeiter emotionale oder persönliche Schwierigkeiten am Arbeitsplatz zeigt?

4. Welche Vorteile könnte es für dich als Führungskraft haben, wenn du regelmäßig Empathie gegenüber deinem Team zeigst?

5. Wie oft nimmst du dir bewusst Zeit, um die Emotionen und Bedenken deiner Mitarbeiter wirklich zu verstehen?

Umsetzungsaufgaben:

1. Nimm dir jeden Tag zehn Minuten Zeit, um in einem informellen Gespräch mit einem Mitarbeiter auf dessen Befindlichkeiten einzugehen.

2. Organisiere monatliche Einzelgespräche mit jedem Teammitglied, um Feedback einzuholen und persönliche oder berufliche Herausforderungen zu besprechen.

3. Versuche in den Einzelgesprächen, möglichst alle feinen emotionalen Unterschiede zu erfassen. Statt einen Mitarbeiter nur »gut gelaunt« zu sehen, versuche, weiter zu differenzieren, wie z. B. »heiter / ausgelassen / beflügelt / euphorisch / zufrieden / etc.« zu erkennen.

4. Bilde dich weiter, indem du Workshops oder Trainings zum Thema »emotionale Intelligenz« oder »empathische Kommunikation« besuchst.

5. Erstelle eine Liste mit offenen Fragen, die du in Gesprächen mit deinem Team verwenden kannst, um mehr über ihre Gefühle und Meinungen zu erfahren.

#4: Transparenz in Entscheidungen

Transparenz in der Entscheidungsfindung zeichnet erfolgreiche Führungskräfte aus. Sie erläutern den Entscheidungsprozess, die einbezogenen Faktoren und die möglichen Auswirkungen in einer Weise, die alle Mitarbeiter verstehen und nachvollziehen können. Diese verständliche Kommunikation fördert das Vertrauen und die Akzeptanz in die Entscheidungsfähigkeit der Führungskraft, selbst wenn es sich um unpopuläre Entscheidungen handelt.

Praxisbeispiel: In einer Phase der Umstrukturierung erklärt ein Abteilungsleiter offen die Gründe für die Änderungen und wie sie das Team betreffen werden. Obwohl die Änderungen zunächst auf Widerstand stoßen, führt die offene Kommunikation dazu, dass das Team letztendlich Verständnis für die Entscheidungen zeigt.

❓ Reflexionsfragen:

1. Wie transparent gestaltest du derzeit deine Entscheidungsprozesse gegenüber deinem Team oder Kollegen?

2. Kannst du eine Situation benennen, in der Transparenz in der Entscheidungsfindung einen Unterschied gemacht hat?

3. Welche Barrieren oder Herausforderungen siehst du persönlich bei der Umsetzung von Entscheidungstransparenz?

4. Wie würdest du den Wert transparenter Entscheidungsfindung jemandem beschreiben, der diese Methode nicht praktiziert?

5. Was kannst du tun, um in Zukunft noch transparenter in deinen Entscheidungen zu sein?

Umsetzungsaufgaben:

1. Bevor du eine Entscheidung triffst, setze dich mit einem Kollegen oder Mitarbeiter zusammen und diskutiere den Entscheidungsprozess, die Einflussfaktoren und mögliche Auswirkungen.

2. Erstelle für zukünftige Projekte oder Aufgaben ein Entscheidungsprotokoll, das den gesamten Entscheidungsprozess dokumentiert.

3. Organisiere regelmäßige Teammeetings oder Feedbackrunden, um über anstehende Entscheidungen und den dazugehörigen Prozess zu sprechen.

4. Suche nach Möglichkeiten, Mitarbeiter oder Kollegen aktiv in den Entscheidungsprozess einzubinden, sei es durch Brainstorming-Sitzungen oder Abstimmungen.

5. Lass dein Team in regelmäßigen Abständen (z. B. alle sechs Monate) in einer Onlineumfrage anonym bewerten, wie transparent es die getroffenen Entscheidungen empfunden und welche Wünsche oder Verbesserungsvorschläge es hat.

#5: Die Kraft der verständlichen Kommunikation

Gute Führungskräfte beherrschen die Kunst, ihre Gedanken klar und präzise auszudrücken. Sie hören aktiv zu, wählen ihre Worte sorgfältig und achten darauf, dass ihre Botschaft verständlich und eindeutig ist. Sie sind geschickt in der Kommunikation über alle Kanäle hinweg und passen ihre Kommunikationsstile und -techniken der jeweiligen Situation und dem Publikum an.

Praxisbeispiel: Ein Geschäftsführer verfasst eine E-Mail an sein Team, um eine bevorstehende Veränderung anzukündigen. Statt eine allgemeine Botschaft zu verfassen, erklärt er genau, was die Veränderung bedeutet, warum sie notwendig ist und wie sie sich auf jeden Einzelnen auswirkt. Außerdem bietet er der Belegschaft an, ihn mit weiteren Fragen direkt ansprechen zu dürfen.

❓ Reflexionsfragen:

1. Wie bewertest du deine aktuelle Kommunikationsfähigkeit? Wo siehst du Stärken und wo Verbesserungspotenzial?

2. Erinnerst du dich an eine Situation, in der deine Kommunikation zu Missverständnissen geführt hat? Was hättest du anders machen können?

3. Wie stellst du sicher, dass deine Botschaft von allen Beteiligten verstanden wird?

4. Welche Kommunikationskanäle bevorzugst du und warum? Gibt es Kanäle, die du besser nutzen könntest?

5. Wie gehst du mit Feedback zu deiner Kommunikation um und wie integrierst du dieses Feedback in deine zukünftige Kommunikation?

Umsetzungsaufgaben:

1. Führe ein Feedback-Gespräch mit einem Kollegen oder Mitarbeiter, um herauszufinden, wie deine Kommunikation wahrgenommen wird.

2. Probiere bei der nächsten Gelegenheit eine andere Form der Kommunikation aus, sei es ein persönliches Gespräch statt einer E-Mail oder eine Präsentation statt eines Berichts.

3. Nimm an einem Kommunikationstraining oder Workshop teil, um deine Fähigkeiten weiterzuentwickeln.

4. Übe aktives Zuhören in deinen Gesprächen und bitte um Rückmeldungen, ob du die Hauptpunkte korrekt erfasst hast.

5. Erstelle eine klare Agenda für ein zukünftiges Projekt oder Meeting, um sicherzustellen, dass alle Beteiligten auf demselben Stand sind.

In dem Kapitel »Erfolgreiche Kommunikation« beleuchte ich dieses Thema noch eingehender. Solltest du es noch nicht gelesen haben, findest du dort noch weitere Techniken und Praxisbeispiele.

#6: Selbstreflexion und Lernfähigkeit

Erfolgreiche Führungskräfte erkennen, dass Lernen ein kontinuierlicher Prozess ist und Fehler unvermeidlich sind. Sie reflektieren regelmäßig ihr Verhalten, ihre Entscheidungen und wenden Techniken zur Selbstreflexion an, um ihre Stärken und Schwächen zu identifizieren. Sie sind bereit, aus ihren Fehlern zu lernen, und nutzen ihr Wissen, um ihre Leistung und ihre Beziehungen zu anderen zu verbessern.

Praxisbeispiel: Nach einem gescheiterten Projekt nimmt sich ein Teamleiter die Zeit, das Projekt und seine Rolle darin zu analysieren. Er identifiziert mehrere Bereiche, in denen er besser hätte agieren können, und entwickelt einen Plan, um diese Punkte in zukünftigen Projekten zu verbessern.

❓ Reflexionsfragen:

1. Wann hast du das letzte Mal bewusst innegehalten, um über deine Entscheidungen und Aktionen nachzudenken?

2. Wie gehst du mit deinen eigenen Fehlern um und wie reflektierst du sie?

3. Welche Techniken oder Werkzeuge zur Selbstreflexion kennst du und welche könntest du in deine Routine integrieren?

4. Welche Stärken und Schwächen in deiner Führungsrolle sind dir bereits bewusst und welche könnten noch unentdeckt sein?

5. Wie nimmst du Feedback von anderen entgegen und wie integrierst du es in deine Selbstreflexion?

Umsetzungsaufgaben:

1. Lege dir einen Termin in deinem Kalender fest, an dem du dir wöchentlich oder monatlich Zeit für Selbstreflexion nimmst.

2. Beginne ein Reflexionstagebuch, in dem du nach jedem wichtigen Meeting oder Projekt deine Gedanken, Entscheidungen und mögliche Verbesserungspunkte festhältst.

3. Frage ein paar Kollegen oder Mitarbeiter vertrauensvoll nach Feedback zu deiner Führungsarbeit.

4. Lies ein Buch oder besuche einen Workshop zum Thema Selbstreflexion, um deine Techniken zu erweitern.

5. Setze dir nach jeder Reflexion konkrete Ziele und Maßnahmen, wie du dich in bestimmten Bereichen verbessern kannst, und überprüfe regelmäßig deinen Fortschritt.

#7: Fehlertoleranz und Lernkultur

Führungskräfte, die eine Kultur des Lernens fördern, ermutigen ihre Mitarbeiter, Fehler als Lernmöglichkeiten zu betrachten. Sie fördern eine Umgebung, in der das Team offen über Fehler sprechen und Lösungen finden kann, anstatt diese zu verbergen oder jemandem die Schuld zuzuweisen. Diese Kultur fördert Vertrauen, Kreativität und kontinuierliche Verbesserung.

Praxisbeispiel: Ein Produktmanager ermutigt sein Team, neue Ideen auszuprobieren, auch wenn diese nicht sofort funktionieren. Er betont, dass das Scheitern eines Experiments nicht das Ende, sondern der Anfang des Lernprozesses ist. Außerdem erklärt er, dass er diese Fehlschläge gegenüber den anderen Abteilungen explizit als »Innovationszeit« kommuniziert und damit auch kein Gesichtsverlust in der Außenwirkung droht.

❓ Reflexionsfragen:

1. Wie siehst du aktuell Fehler in deinem Arbeitsumfeld? Als Hindernis oder als Gelegenheit zum Lernen?

2. Erinnere dich an einen Fehler, der dir oder deinem Team in letzter Zeit unterlaufen ist. Wie wurde darauf reagiert und welche Lernmöglichkeiten haben sich daraus ergeben?

3. Welche Maßnahmen könntest du einführen, um eine offenere Diskussion über Fehler und das Lernen aus ihnen zu fördern?

4. In welchen Situationen fällt es dir schwer, fehlertolerant zu sein, und wie könntest du in solchen Momenten anders reagieren?

Umsetzungsaufgaben:

1. Organisiere ein monatliches »Lernmeeting«, bei dem das Team gemeinsam über gemachte Fehler und die daraus gewonnenen Erkenntnisse spricht.

2. Implementiere ein »Keine-Schuld-Protokoll«, das besagt, dass nicht nach einem Schuldigen gesucht wird, sondern nach einer Lösung.

3. Erarbeite gemeinsam mit deinem Team Richtlinien und Best Practices, wie mit Fehlern umgegangen werden soll.

4. Biete Schulungen oder Workshops an, die darauf abzielen, eine fehlertolerante Kultur und Resilienz im Umgang mit Rückschlägen zu fördern.

5. Gib aktiv Feedback, wenn du siehst, dass Teammitglieder aus Fehlern lernen und sich weiterentwickeln. Betone im Feedback den Wert dieses Lernprozesses und bedanke dich für den konstruktiven Umgang mit diesem Rückschlag.

#8: Innovationsbereitschaft

Erfolgreiche Führungskräfte erkennen den Wert von Innovation und sind bereit, Risiken einzugehen. Sie ermutigen ihr Team, neue Ideen zu entwickeln und auszuprobieren, auch wenn das bedeutet, dass manchmal Fehler passieren. Gleichzeitig sorgen sie für Stabilität und geben dem Team die Sicherheit, dass sie bei Fehlern unterstützt und nicht bestraft werden.

Praxisbeispiel: Eine Abteilungsleiterin organisiert regelmäßige Brainstorming-Sitzungen, um neue Ideen zu generieren. Sie motiviert ihr Team, »out of the Box«[57] zu denken, und ermutigt sie, ihre Ideen in die Praxis umzusetzen.

❓ Reflexionsfragen:

1. Wie siehst du Innovation in deinem Arbeitsumfeld? Ist sie eher eine Chance oder ein Risiko?

2. Wann hast du zuletzt eine innovative Idee oder einen Vorschlag deines Teams unterstützt?

3. Wie reagierst du üblicherweise, wenn ein neues Projekt oder eine neue Idee fehlschlägt?

4. Welche Mechanismen oder Vorgehensweisen könnten in deinem Team etabliert werden, um Innovationen zu fördern und Risiken zu minimieren?

Umsetzungsaufgaben:

1. Plane in den nächsten Wochen eine Brainstorming-Sitzung nur zum Thema Innovation. Fokus: Wo sehen die Teammitglieder Potenzial für Veränderung oder Verbesserung?

2. Etabliere ein System oder eine Plattform, auf der die Teammitglieder anonym oder offen Ideen und Vorschläge einreichen können.

3. Setze einen »Fehler des Monats« oder eine ähnliche Initiative um, bei der das Team über gescheiterte Ideen oder Projekte spricht und gemeinsam nach Lösungen sucht.

4. Besuche Innovationsworkshops oder Start-up-Veranstaltungen, um dich weiterzubilden und neue Ansätze kennenzulernen.

5. Schaffe einen »Innovationsfonds« oder etwas Ähnliches, um die Umsetzung von neuen Ideen finanziell oder ressourcenmäßig zu unterstützen.

#9: Wertschätzung für »normale« Leistung

Gute Führungskräfte wissen, dass Anerkennung nicht nur für herausragende Leistungen, sondern auch für die Durchführung alltäglicher Aufgaben gegeben werden sollte. Sie achten darauf, die Bemühungen und Beiträge aller Teammitglieder zu erkennen und zu würdigen, unabhängig davon, ob diese außergewöhnlich oder einfach »Teil des Jobs« sind.

Praxisbeispiel: Ein Teamleiter lobt einen Mitarbeiter, der immer pünktlich ist und seine Aufgaben konsequent erfüllt. Dieses Lob motiviert den Mitarbeiter, seine gute Arbeit fortzusetzen, und fördert eine positive Arbeitsatmosphäre.

❓ Reflexionsfragen:

1. Wie oft denkst du über die Bedeutung alltäglicher Aufgaben und deren Beitrag zum Gesamterfolg deines Teams nach?

2. In welchem Verhältnis lobst du Mitarbeiter für reguläre Aufgaben im Vergleich zu herausragenden Leistungen?

3. Was könnte deiner Meinung nach in einem Team passieren, wenn »normale« Leistungen über einen längeren Zeitraum nicht anerkannt werden?

4. Wie hast du dich gefühlt, als du das letzte Mal für eine alltägliche Aufgabe gelobt wurdest?

Umsetzungsaufgaben:

1. Nimm dir am Ende des Tages fünf Minuten Zeit, um dir die alltäglichen Leistungen deines Teams bewusst zu machen und mindestens einem Teammitglied dafür Anerkennung auszusprechen.

2. Organisiere eine Feedbackrunde mit deinen Teammitgliedern und frage sie, wie sie sich fühlen, wenn ihre täglichen Aufgaben und Beiträge anerkannt werden.

3. Erstelle eine Liste mit Aufgaben, die oft übersehen werden, und mache es dir zur Aufgabe, in der nächsten Woche diese besonders zu beachten.

4. Etabliere in deinem Büro oder in eurem virtuellen Teamraum ein Brett, auf dem Dankesnotizen oder Anerkennungen angepinnt werden können.

5. Suche das Gespräch mit anderen Führungskräften und frage sie, wie sie den Wert alltäglicher Leistungen in ihren Teams hervorheben und anerkennen.

#10: Die Macht der Zurückhaltung

Erfolgreiche Führungskräfte wissen, wann sie sich zurücknehmen müssen. Sie vertrauen darauf, dass ihre Teammitglieder ihre Aufgaben eigenständig erfüllen können, und greifen nur ein, wenn dies unbedingt erforderlich ist. Sie verstehen, dass ihre ständige Präsenz und Kontrolle die Kreativität und Eigeninitiative des Teams hemmen können.

Praxisbeispiel: Ein Projektleiter lässt sein Team sehr selbstständig arbeiten und mischt sich nur sehr selten ein. Er bietet seine Unterstützung an, wenn sie notwendig ist, ermutigt das Team jedoch, eigene Lösungen zu erarbeiten und mutig eigene Entscheidungen zu treffen. Diese Freiheit führt zu einer höheren Zufriedenheit, einem ausgeprägten Selbstbewusstsein der Mitarbeiter und Motivation im Team.

❓ Reflexionsfragen:

1. Wann gab es in der Vergangenheit Momente, in denen du zu stark kontrolliert hast, obwohl dein Team die Situation gut selbst meistern konnte? Wie hast du dich dabei gefühlt und wie hat dein Team darauf reagiert?

2. Was hindert dich daran, loszulassen und deinem Team mehr Verantwortung und Freiheit zu überlassen?

3. Wie kannst du in Zukunft besser erkennen, wann es richtig ist, dich zurückzunehmen und deinem Team Vertrauen zu schenken?

4. Siehst du Vorteile darin, die Eigeninitiative deines Teams zu stärken? Wenn ja, welche?

Umsetzungsaufgaben:

1. Vertrauensübung: Versuche beim nächsten Projekt oder einer bevorstehenden Aufgabe, dein Team ohne ständige Überwachung arbeiten zu lassen. Kläre die Erwartungen und Ziele, gib aber Raum, sich selbst zu entfalten.

2. Feedbackrunde: Nachdem du bewusst Zurückhaltung geübt hast, frage dein Team, wie es diese Erfahrung empfunden hat. Was fand es gut? Gab es Momente, in denen es sich mehr Anleitung von dir gewünscht hätte?

3. Tagebuchmethode: Halte für einen Monat in einem Tagebuch fest, wann du dich zurückgenommen hast und wie es deinem Team dadurch ging. Was lernst du aus diesen Einträgen?

4. Selbst-Check: Nimm dir einmal pro Woche Zeit und überlege, wie oft und warum du dich in die Arbeit deines Teams eingemischt hast. Wo könntest du in Zukunft mehr Vertrauen zeigen?

5. Mentoring: Suche dir jemanden, der in der Führung mehr Erfahrung hat und dafür bekannt ist, gut »loslassen« zu können. Tausche dich mit dieser Person aus und hole dir Ratschläge und Anregungen.

Typische Fehler (junger) Führungskräfte

Eine Führungsrolle zu übernehmen, kann besonders für junge oder erstmalige Führungskräfte eine Herausforderung darstellen. Es ist eine Zeit des Lernens, des Wachstums und, unvermeidlich, auch des Scheiterns. Jeder Führungskraft, unabhängig von Alter oder Erfahrung, unterlaufen Fehler. Diese Fehler können wertvolle Lerngelegenheiten sein, doch manche sind besonders typisch und können, wenn sie erkannt und verstanden werden, vermieden werden.

In diesem Kapitel werden wir uns daher mit diesen häufig auftretenden Fehlern auseinandersetzen. Wir werden analysieren, warum diese Fehler passieren, wie sie sich auf das Team und die Arbeitsumgebung auswirken und wie sie vermieden oder korrigiert werden können.

Fehler Nr. 1 – nicht da sein

Junge und engagierte Führungskräfte bringen sich gern in zahlreiche Projekte und Themen ein. Immerhin wollen sie etwas bewegen. Dabei bemerken sie selten, dass sie sukzessive die Zeit für das eigene Team verlieren. Ihre Abwesenheit kann dazu führen, dass sich die Mitarbeiter vernachlässigt und zu wenig unterstützt fühlen.

Praxisbeispiel: Julia, die Teamleiterin einer Abteilung in einem großen Unternehmen, hat eine ständig überfüllte Agenda. Sie ist so sehr damit beschäftigt, an Management-Meetings teilzunehmen und Strategien zu entwerfen, dass sie kaum noch Zeit in ihrem Büro verbringt. Dies führt dazu, dass sie selten verfügbar ist, wenn ihre Mitarbeiter Fragen haben oder Unterstützung benötigen. Das Team empfindet ihre ständige Abwesenheit als mangelnde Unterstützung und es entsteht ein Gefühl der Isolation.

Was Julia zukünftig anders machen sollte:
Um diesen Fehler zu vermeiden, sollte Julia regelmäßige Präsenzzeiten festlegen, in denen sie für ihr Team erreichbar ist. Sie könnte z. B. festlegen, dass sie jeden Montag- und Mittwochnachmittag in ihrem Büro und für ihre Mitarbeiter ansprechbar ist. Dies würde ihr helfen, das Vertrauen und die Unterstützung in ihrem Team zu stärken.

❓ Reflexionsfragen:

1. Wie viel Zeit verbringe ich tatsächlich pro Woche mit direkten Interaktionen mit meinem Team? Ist diese Zeit ausreichend, um mich ausreichend um ihre Bedürfnisse und Anliegen zu kümmern?

2. Welche Signale könnte meine Abwesenheit an mein Team senden? Welche Gedanken oder Gefühle könnten in meinem Team entstehen, wenn ich häufig abwesend bin?

3. Inwieweit könnte meine häufige Abwesenheit die Produktivität und das Engagement meines Teams beeinträchtigen? Welche konkreten negativen Auswirkungen könnten sich dadurch ergeben?

4. Wie kann ich sicherstellen, dass ich trotz meiner Verpflichtungen und meines vollen Terminkalenders regelmäßig für mein Team zu erreichen bin? Welche Aktivitäten oder Meetings könnte ich delegieren oder verschieben, um mehr Präsenz im Team zu zeigen?

5. Welche langfristigen Folgen könnte es haben, wenn ich diesen Fehler nicht korrigiere und weiterhin häufig abwesend bin? Wie könnte dies die Beziehungen zu meinen Mitarbeitern und den allgemeinen Teamzusammenhalt beeinflussen?

Fehler Nr. 2 – übermäßige Kontrolle und Mikromanagement

Aus dem Management-Regelkreis weißt du noch, dass Kontrolle, im Sinne einer »Endabnahme«, wichtig ist, um danach detailliertes Feedback zu geben. Erfolgt die Kontrolle aber unabgestimmt und willkürlich, verunsichert sie die Mitarbeiter stark. Vor allem junge Führungskräfte, die am Anfang ihrer Karriere stehen und vielleicht aus Unsicherheit oder mangelndem Vertrauen in ihre eigene Führungsstärke agieren, sind für diesen Fehler anfällig. Das ständige Bedürfnis, jedes Detail zu kontrollieren, ohne Raum für Autonomie oder kreative Freiheit zu lassen, kann dem Team das Gefühl geben, unter einem Mikroskop zu arbeiten. Häufig hat die junge Führungskraft Angst, dass das Team Fehler macht und sie später diese dem eigenen Vorgesetzten erklären muss. Ein weiterer Grund kann darin liegen, dass die junge Führungskraft selbst sehr eng geführt, ständig kontrolliert und hinterfragt wird. Je mehr der eigene Vorgesetzte Mikromanagement betreibt und damit Druck auf die junge Führungskraft ausübt, umso häufiger gibt sie diesen Druck ungefiltert an ihr Team weiter.

Ein konkretes Beispiel: Lisa ist die engagierte Leiterin einer Designabteilung in einem aufstrebenden Start-up. Während ihrer Bemühungen, das Beste aus ihrem Team herauszuholen, hat sie leider die Neigung entwickelt, sich in jedes Detail des Designprozesses einzumischen. Sie überprüft kontinuierlich Zwischenstände, mischt sich in fast alle Designentscheidungen ein und zögert nicht, die Arbeitsergebnisse ihrer Mitarbeiter zu korrigieren, wenn sie nicht exakt ihren Vorstellungen entsprechen. Bemerkungen wie »Warum habt ihr diese Schattierung gewählt?« oder »Das Layout wäre besser, wenn ihr es so macht, wie ich es letzte

Woche vorgeschlagen habe« sind an der Tagesordnung. Die Folge ist, dass sich das Team, das ursprünglich voller Begeisterung und Ideenreichtum war, immer mehr zurückzieht. Anstatt innovative Designs zu präsentieren, zögern sie aus Angst vor Lisas ständiger Kritik und Kontrolle, ihre Ideen vorzustellen. Sie fragen sich oft, ob Lisa überhaupt Vertrauen in ihre Fähigkeiten hat, und viele von ihnen zweifeln an ihrer eigenen Kompetenz.

Was Lisa zukünftig anders machen sollte:
Die Lösung dieses Dilemmas könnte in einer Kombination aus Schulung und Selbstreflexion liegen. Lisa müsste erkennen, dass echte Führung bedeutet, das Potenzial des Teams zu erkennen und zu fördern, anstatt es zu ersticken. Ein erster Schritt könnte darin bestehen, klare Richtlinien und Erwartungen für Projekte und Aufgaben festzulegen, dem Team jedoch den Freiraum zu lassen, diese Erwartungen innerhalb festgelegter Grenzen zu erfüllen. Zusätzlich könnte sie Feedback-Sitzungen einführen, anstatt sich auf Mikromanagement und Überkorrekturen zu konzentrieren. Indem sie lernt loszulassen und ihrem Team mehr Verantwortung und Freiheit gibt, könnte Lisa ein Umfeld schaffen, in dem Kreativität, Vertrauen und echtes Selbstbewusstsein entstehen können.

❓ Reflexionsfragen:

1. Wie oft pro Woche erkenne ich Momente, in denen ich dazu neige, in kleinste Details einzugreifen oder Entscheidungen meiner Mitarbeiter zu hinterfragen, die sie selbstständig treffen könnten?

2. Wie fühle ich mich, wenn ich die Kontrolle über bestimmte Aufgaben oder Entscheidungen abgebe? Welche Ängste oder Unsicherheiten treiben mich dazu, so eng zu führen und zu kontrollieren? Mit welchen Strategien oder Maßnahmen kann ich diese vermindern, um mich damit stärker vom Mikromanagement zu lösen?

3. Wie wirkt sich mein derzeitiges Kontrollverhalten auf das Selbstvertrauen, die Motivation und die Produktivität meiner Mitarbeiter aus? Wie könnte es ihren Blick auf ihre eigene Rolle und Kompetenz beeinflussen?

4. Habe ich jemals Feedback von meinem Team oder meinen Kollegen zu meinem Führungsstil erhalten? Wenn ja, wie habe ich darauf reagiert und welche Schritte habe ich unternommen, um mich weiterzuentwickeln?

5. Was kann ich konkret tun, um ein Gleichgewicht zwischen notwendiger Aufsicht und Eigenverantwortung für mein Team zu finden? Welche Ressourcen könnten mir helfen, besser zu führen, ohne ins Mikromanagement zu verfallen?

Fehler Nr. 3 – es allen recht machen wollen

In der modernen Unternehmenskultur steht gerade bei jungen Führungskräften oft der Wunsch im Vordergrund, als Führungskraft möglichst beliebt zu sein. Um sich beliebt zu machen, kann es sehr verlockend sein, Entscheidungen zu treffen, die den größtmöglichen Konsens finden, anstatt klare, manchmal auch unpopuläre Richtungen vorzugeben. Das ständige Bemühen, es jedem recht zu machen, kann jedoch zu widersprüchlichen Entscheidungen führen und den Respekt des Teams zerstören, da die Balance zwischen Entschlossenheit und dem Bedürfnis, beliebt zu sein, kollidiert.

Ein konkretes Beispiel: Jonas hat eine neue Strategie für sein Team im Sinn. Statt jedoch klare Vorgaben zu machen, fragt er jedes Teammitglied einzeln nach seiner Meinung und versucht, einen Mittelweg zu finden, der allen passt. Dies führt zu einer Strategie, die weder Fisch noch Fleisch ist und sich nur schwer umsetzen lässt. Einige Teammitglieder zweifeln und sind unsicher, ob Jonas wirklich eine klare Vision hat oder nur versucht, Konflikte zu vermeiden.

Was Jonas zukünftig anders handhaben sollte:
Zunächst sollte Jonas erkennen, dass Führung nicht immer gleichbedeutend mit maximaler Beliebtheit ist. Manchmal ist es notwendig, Entscheidungen zu treffen, die nicht jedem gefallen, aber im besten Interesse des Unternehmens und des Teams sind. Hierzu empfiehlt es sich für Jonas, Feedback-Sessions mit seinem Team zu etablieren, in denen er offen kommuniziert und die Bedenken seiner Mitarbeiter erfährt. Am Ende des Tages

muss er die Fähigkeit entwickeln, eine Entscheidung nach sorgfältiger Abwägung aller Meinungen zu treffen und diese klar zu kommunizieren.

Hier zwei einfache Techniken zur Entscheidungsfindung, die Jonas helfen können[58]:

Pro-und-Kontra-Liste: Ein bewährtes Mittel, um die Vor- und Nachteile einer Entscheidung übersichtlich darzustellen. Durch das Aufschreiben bekommt Jonas einen klaren Überblick und kann eine fundiertere Entscheidung treffen.

Entscheidungsmatrix: Hierbei werden Kriterien definiert, die für die Entscheidung, welche der zur Verfügung stehenden Optionen am besten ist, relevant sind (z. B. bezogen auf Strategien für ein Team könnten das folgende Kriterien sein: Kosten, Umsetzungsdauer, Aufwand für interne Veränderungen, Steigerung der Produktivität, Kundennutzen etc.). Anschließend wird jedes Kriterium bewertet (z. B. von 1 = schlecht bis 10 = super), wie gut es erfüllt ist. Mit einer solchen Matrix lassen sich mehrere Optionen einfach und datenbasiert vergleichen.

Ein verkürztes Beispiel ist der Vergleich zwischen dem Kauf einer Software vs. der eigenen Programmierung. Würde man hier die Kriterien Kosten, Entwicklungsdauer und Nutzen für die Prozessoptimierung wählen, könnte das Ergebnis so aussehen:

- Kauf einer Software: Kosten = 3 (weil relativ teuer), Entwicklungsdauer = 10 (sofort verfügbar), Nutzen für die Prozessoptimierung = 6 (weil es hilfreich ist, aber nicht zu 100 Prozent zur Anforderung passt).

- Eigene Programmierung: Kosten = 10 (weil keine externen Kosten anfallen, es wird vom eigenen Team programmiert), Entwicklungsdauer = 2 (weil es sehr lange dauert und nur nach dem Tagesgeschäft programmiert werden könnte), Nutzen = 10 (weil es zu 100 Prozent den aktuellen Anforderungen des Teams entspricht).

Als Ergebnis der Bewertung wird klar, dass die eigene Programmierung mit 22 Punkten vor dem Kauf einer Software (19 Punkte) liegt und somit sinnvoller ist.

Durch den Einsatz dieser Techniken, gepaart mit seiner eigenen Intuition und Erfahrung, kann Jonas zukünftig klarere Entscheidungen treffen, von denen sowohl das Team als auch das Unternehmen profitieren. Außerdem kann er seinen Entscheidungsweg transparent erklären und vermeidet so den Eindruck, willkürliche Entscheidungen zu treffen.

❓ Reflexionsfragen:

1. Habe ich jemals eine Entscheidung vermieden oder geändert, weil ich dachte, sie könnte bei anderen Unbeliebtheit hervorrufen? Wenn ja, wie hat sich das auf das Ergebnis und die Reaktion des Teams ausgewirkt (kurz- und langfristig)?

2. Wie fühle ich mich, wenn ich vor einer Entscheidung stehe, von der ich weiß, dass sie nicht allen gefallen wird? Was sind meine größten Bedenken und wie kann ich diese adressieren, ohne meine Führungsrolle zu kompromittieren?

3. In welcher Situation habe ich das Gefühl, dass ich am meisten versuche, es allen recht zu machen? Welche Techniken oder Strategien könnten mir helfen, in solchen Momenten fokussierter und entschlossener zu agieren?

4. Wie könnte ich in Zukunft die Balance zwischen dem Anhören von Team-Feedback und dem Treffen endgültiger Entscheidungen verbessern? Welche Ressourcen oder Schulungsmöglichkeiten könnten mir helfen, meine Entscheidungsfähigkeit zu stärken?

5. Wie kann ich mein Team in den Entscheidungsprozess einbinden, ohne das Gefühl zu vermitteln, dass ich unsicher oder unentschlossen bin? Mit welchen klaren Kommunikationsstrategien kann ich die Gründe und den Prozess meiner Entscheidungen transparent und nachvollziehbar machen?

Fehler Nr. 4 – »Golden Boys/Girls« fördern

Eine Herausforderung, vor der vor allem junge Führungskräfte stehen können, ist die Tendenz, bestimmte Teammitglieder zu bevorzugen. Diese Bevorzugung kann verschiedene Gründe haben, z. B. persönliche Sympathie, ähnliche Arbeitsweisen oder gemeinsame Interessen. Allerdings kann ein solches Verhalten, ob beabsichtigt oder nicht, schnell zu Problemen führen. Es kann das Gefühl von Ungerechtigkeit bei den anderen Teammitgliedern verstärken und die Motivation sowie die gesamte Teamdynamik beeinträchtigen.

Praxisbeispiel: Betrachten wir das Beispiel von Emma, der jungen Leiterin der Entwicklungsabteilung in einem aufstrebenden Tech-Unternehmen. Emma hat ein gutes Verhältnis zu Simone, einer ihrer Entwicklerinnen, die sie regelmäßig für die Leitung von Schlüsselprojekten auswählt und deren Arbeit sie häufig lobt. Während Simone zweifellos eine starke Leistungsträgerin ist, fühlen sich die anderen Teammitglieder unwohl, vernachlässigt und übergangen. Sie sind besorgt, dass ihre Arbeit nicht wertgeschätzt wird. Die Folge ist, dass die Produktivität und Motivation im Team spürbar sinken.

Was Emma zukünftig anders handhaben sollte:
Emma kann diesen Führungsfehler vermeiden, indem sie Anerkennung und Chancen im Team gerechter verteilt. Sie könnte damit beginnen, den Prozess, wie Projekte zugeteilt werden, transparenter zu gestalten und sicherzustellen, dass sie alle Teammitglieder für ihre Bemühungen anerkennt. Es könnte hilfreich sein, regelmäßige Einzelgespräche mit jedem Teammitglied zu führen, um deren Fortschritte zu besprechen und zu würdigen. Außerdem sollte sie sich auf die Entwicklung der Teammitglieder konzentrieren, die noch nicht Simones Niveau erreicht haben.

Darüber hinaus könnte Emma klar definierte Kriterien für Anerkennung und Belohnung einführen, die auf objektiven Fakten basieren. Durch die Förderung dieser Praktiken würde Emma nicht nur das Gerechtigkeitsempfinden in ihrem Team stärken, sondern auch ein unterstützendes und motivierendes Arbeitsumfeld schaffen, das zu höherer Produktivität und Zufriedenheit führt.

❓ Reflexionsfragen:

1. Erkenne ich bei mir selbst Tendenzen, bestimmte Mitarbeiter bevorzugt zu behandeln oder häufiger zu loben? Wenn ja, was sind die Gründe dafür und wie könnte das meine Führungsrolle beeinflussen?

2. Wie stelle ich sicher, dass sich alle Teammitglieder fair und gerecht behandelt fühlen? Wie überprüfe ich regelmäßig meine eigenen Vorurteile und Wahrnehmungsfehler?

3. Welche konkreten Kriterien und Messgrößen kann ich für mich und mein Team einführen, um sicherzustellen, dass ich Belohnungen und Anerkennungen objektiv vergebe?

4. Wie kann ich ein Umfeld schaffen, in dem sich alle Teammitglieder gesehen und gewürdigt fühlen, unabhängig von ihrer aktuellen Leistung oder ihrem Beziehungsstatus zu mir?

5. Welche Maßnahmen oder Schulungen könnte ich für mich selbst in Betracht ziehen, um sicherzustellen, dass ich nicht in die Falle der Bevorzugung von »Golden Boys/Girls« tappe und stattdessen eine kollaborative und inklusive Teamdynamik fördere?

Fehler Nr. 5 – Probleme oder Konflikte ignorieren

Probleme und Konflikte zu ignorieren bzw. ihnen auszuweichen, ist eine verbreitete Falle, in die vor allem junge Führungskräfte oft tappen. Statt sich diesen zu stellen, ziehen es manche vor, diese unbequemen Situationen auszusitzen, in der Hoffnung, dass sie sich irgendwie von selbst lösen. Die Idee dahinter mag verlockend sein: Wer möchte nicht, dass Probleme einfach verschwinden? Die Realität sieht jedoch meist anders aus. Ignorierte Probleme lösen sich selten von selbst. Stattdessen wachsen sie oft im Verborgenen und führen zu Unzufriedenheit, Negativität und sinkender Produktivität im Team.

Praxisbeispiel: Nehmen wir Julia, Teamleiterin im Kundensupport eines E-Commerce-Unternehmens. In ihrem Team brodeln regelmäßig Konflikte und Missverständnisse. Julia neigt jedoch dazu, diese zu ignorieren, weil sie im privaten Umfeld erlebt hat, dass sich ein ausgesessener Konflikt aufgelöst hatte. Sie hofft deshalb, dass sich die Konflikte im Büro ebenfalls irgendwie klären und normalisieren werden, ohne dass sie eingreifen muss. Die Realität sieht jedoch anders aus. Die Unzufriedenheit im Team wächst, die Arbeitsmoral sinkt und die Produktivität leidet.

Was Julia zukünftig anders handhaben sollte:
Julia könnte über ihr eigenes Konfliktverhalten reflektieren und so den blinden Fleck im Umgang mit Konflikten aufdecken. Danach könnte sie dieses Problem angehen, indem sie eine aktive Rolle bei der Bewältigung von Problemen und Konflikten übernimmt. Statt sie zu ignorieren, könnte sie die Konflikte anerkennen, offen diskutieren und gemeinsam mit dem Team nach Lösungen

suchen. Sie könnte Konfliktmanagement-Techniken erlernen und anwenden, um eine praxistaugliche Lösung zu finden und eine positive Teamdynamik zu fördern. Durch ihre aktive Rolle bei der Konfliktlösung könnte sie nicht nur die unmittelbaren Probleme angehen, sondern auch eine Kultur der Offenheit und des Respekts im Team fördern. Dies würde das Arbeitsklima verbessern, die Produktivität steigern und ein gesundes Arbeitsumfeld schaffen.

❓ Reflexionsfragen:

1. Welche Konflikte oder Probleme habe ich in der Vergangenheit ignoriert oder vermieden und warum? Welche langfristigen Auswirkungen hatte diese Entscheidung auf mein Team und mich?

2. Wie gehe ich typischerweise mit Konflikten um? Vermeide ich sie, konfrontiere ich mich direkt damit oder verwende ich eine andere Methode? Was sind die Vor- und Nachteile meiner aktuellen Herangehensweise? Wie wird meine Vorgehensweise von meinem Umfeld, z. B. von meinem Team, empfunden?

3. Wie kann ich eine Umgebung schaffen, in der sich die Teammitglieder sicher fühlen, Probleme und Konflikte anzusprechen, ohne Angst vor Vergeltung oder negativen Konsequenzen haben zu müssen?

4. Welche Ressourcen oder Schulungen stehen mir zur Verfügung, um meine Fähigkeiten im Konfliktmanagement zu verbessern? Wäre es sinnvoll, einen externen Coach oder Mediator hinzuzuziehen, der mich bei der Bewältigung von Teamkonflikten unterstützt?

5. Wie kann ich sicherstellen, dass ich in Zukunft Probleme aktiv angehe, anstatt sie zu ignorieren? Welche Mechanismen kann ich implementieren, um regelmäßig Feedback von meinem Team zu erhalten und mögliche Problemzonen frühzeitig zu erkennen?

Fehler Nr. 6 – nicht (richtig) zuhören

Aktives Zuhören ist eine der wichtigsten Eigenschaften einer Führungskraft. Es ist nicht nur eine Technik, sondern auch eine Haltung der Wertschätzung. Wenn Führungskräfte nicht richtig zuhören, entgehen ihnen wichtige Informationen und sie riskieren, das Vertrauen ihrer Mitarbeiter zu verlieren.

Praxisbeispiel:
Martin ist Abteilungsleiter in einem Technologieunternehmen. Er bekommt sehr viele E-Mails und nimmt täglich an drei bis vier Meetings teil. Deshalb hat er sich angewöhnt, während der Besprechungen seine E-Mails zu checken oder sich mit anderen Dingen zu beschäftigen. Sein Team bemerkt dies und fühlt sich nicht wertgeschätzt. Teilweise sind ihm dadurch schon wichtige Fakten entgangen, was zu Missverständnissen zwischen ihm und seinen Mitarbeitern geführt hat.

Was Martin zukünftig anders handhaben sollte:
Martin sollte die Wichtigkeit des aktiven Zuhörens erkennen und seine Gewohnheiten ändern. Konkret sollte er damit beginnen, an Meetings aktiv teilzunehmen und parallele Aktivitäten zu vermeiden. Diese sollte er lieber in expliziten Fokuszeiten erledigen. Auch außerhalb der Meetings sollte er sich bewusst Zeit nehmen, seinen Mitarbeitern zuzuhören und ihnen zu zeigen, dass ihre Meinungen und Bedenken geschätzt werden.

❓ Reflexionsfragen:

1. Habe ich in der Vergangenheit Gelegenheiten verpasst, meinen Mitarbeitern wirklich zuzuhören? Wenn ja, wie hat sich dies auf mein Team ausgewirkt?

2. Wie kann ich sicherstellen, dass ich in Gesprächen wirklich präsent bin und mich nicht von anderen Dingen ablenken lasse?

3. Wie kann ich mein Team ermutigen, offen zu kommunizieren, und wie kann ich zeigen, dass ich ihre Beiträge schätze?

4. Gibt es Möglichkeiten, meine Fähigkeiten im aktiven Zuhören durch Schulungen oder Coachings zu verbessern?

5. Welche Maßnahmen kann ich ergreifen, um eine Kultur des offenen Austauschs und des aktiven Zuhörens in meiner Abteilung zu fördern?

Durch das richtige Zuhören können Führungskräfte nicht nur Konflikte vermeiden, sondern auch ein positives Arbeitsklima schaffen, in dem sich jeder wertgeschätzt und verstanden fühlt.

Fehler Nr. 7 – schlechtes Zeitmanagement

Als junge Führungskraft kann es verlockend sein, den eigenen straffen Zeitplan als Ausrede zu benutzen, um unpünktlich zu sein. Manchmal scheint es sogar, als wäre diese ständige »Beschäftigung« eine Art Statussymbol. Aber diese scheinbare Hektik und Unpünktlichkeit wird vom Team oft nicht als Zeichen von Bedeutung, sondern als mangelnder Respekt interpretiert. Wenn Führungskräfte ständig zu spät zu Meetings kommen, bekommen die Teammitglieder das Gefühl, dass ihre Zeit nicht wertgeschätzt wird. Das kann wiederum zu Frustration, sinkender Motivation und dem Gefühl, nicht respektiert zu werden, führen.

Praxisbeispiel: Nehmen wir Max, der leitender Produktmanager in einem Tech-Start-up ist. Max ist dafür bekannt, dass er zu fast jedem Meeting zu spät erscheint. Er ist immer beschäftigt, immer unterwegs, immer in Eile. Seine ständige Unpünktlichkeit sendet eine klare Botschaft an sein Team: Ihre Zeit ist weniger wertvoll als seine. Das Warten auf Max wird schnell zur Belastung und das Team fühlt sich nicht respektiert. Darüber hinaus wird seine Vorbildrolle auch an anderen Stellen hinterfragt. Sein Standing im Team schwindet.

Was Max zukünftig anders handhaben sollte:
Max könnte das Problem angehen, indem er bewusster mit seiner Zeit und der seiner Mitarbeiter umgeht. Er könnte beispielsweise eine »Fünf-Minuten-Regel« einführen und immer fünf Minuten vor Beginn eines Meetings da sein. Um das zu ermöglichen, könnte er zwischen zwei Terminen immer mindestens 15 Minuten Pufferzeit einplanen. Diese einfache Veränderung könnte eine große Wirkung haben: Sie würde seinen Respekt und seine Wertschätzung für die Zeit seiner Teammitglieder ausdrücken. Gleichzeitig würde sie Max die Möglichkeit geben, sich vor Beginn des Meetings informell mit seinem Team auszutauschen. Ein respektvoller Umgang mit der Zeit der anderen zeigt Wertschätzung, verbessert das Arbeitsklima und kann dazu beitragen, Frustrationen zu reduzieren und die Motivation im Team zu steigern.

❓ Reflexionsfragen:

1. Wie schätze ich meine aktuellen Zeitmanagementfähigkeiten ein? Welche spezifischen Herausforderungen habe ich in diesem Bereich und wie wirken sie sich auf mein Team und mich aus?

2. Wie oft war ich in der jüngsten Vergangenheit zu spät zu Meetings oder Terminen erschienen? Was waren die häufigsten Gründe dafür und wie haben sich diese auf die Stimmung im Team ausgewirkt?

3. Welche Systeme oder Tools könnte ich implementieren, um mein Zeitmanagement zu verbessern? Gibt es Apps, Kurse oder andere Ressourcen, die mir helfen könnten, pünktlicher und organisierter zu sein?

4. Wie würde mein Team mein Zeitmanagement beschreiben? Würden sie es als respektvoll und effizient oder als unaufmerksam und rücksichtslos empfinden?

5. Wie kann ich sicherstellen, dass ich nicht nur pünktlich bin, sondern auch genügend Zeit für spontane, informelle Gespräche mit Teammitgliedern einplane? Wie kann ich dies in meinem täglichen Zeitplan berücksichtigen?

In dem Kapitel »Zeit- und Selbstmanagement« beleuchte ich dieses Thema noch eingehender. Solltest du es noch nicht gelesen haben, findest du dort noch weitere Techniken und Praxisbeispiele.

Fehler Nr. 8 – Erfahrung übersehen

In der dynamischen Welt von heute können junge Führungskräfte dazu neigen, die neuesten Methoden und Technologien über die jahrelange Erfahrung und das Fachwissen älterer Mitarbeiter zu stellen. So kann es passieren, dass junge Führungskräfte ältere Mitarbeiter als weniger flexibel oder anpassungsfähig sehen und den unglaublichen Wert, den diese Mitarbeiter mit ihrer Erfahrung und ihrem Wissen in das Unternehmen einbringen, übersehen oder missachten. Dieser Fehler kann außerdem zu einer Kluft zwischen den Generationen führen, weil sich ältere Mitarbeiter übergangen fühlen.

Ein Praxisbeispiel: Jonas ist Teamleiter in einem Technologieunternehmen. Er ist ständig auf der Suche nach den neuesten technologischen Trends und versucht, sein Team dazu zu bringen, sie möglichst schnell auszuprobieren. Dabei ignoriert er oft die Beiträge und Einwände seiner älteren Teammitglieder, die jahrelange Erfahrung in der Branche haben und auch die Bedürfnisse der Kunden sehr gut kennen. Teilweise bügelt er die vorgebrachten Einwände sogar mit Aussagen wie »Ja, ist klar, das haben wir ja auch schon immer so gemacht!« ab. Als Folge auf sein teilweise rücksichtsloses Verhalten haben sich sogar schon ältere Mitarbeiter krankgemeldet, was Jonas wiederum als Signal dafür interpretiert, dass sie nicht kritikfähig und überfordert sind, neue Wege zu gehen.

Was Jonas zukünftig verbessern kann:
Als verantwortungsvolle Führungskraft sollte Jonas durch eine kritische Selbstreflexion erkennen, dass sein bisheriges Verhalten gegenüber den älteren Mitarbeitern unangemessen war. Für Jonas empfiehlt es sich dann natürlich, sich bei den älteren Teammitgliedern zu entschuldigen, um das zerrüttete Vertrauen langsam wieder aufzubauen. Eine Entschuldigung setzt auch die ersten Signale für eine wertschätzendere Integration der erfahrenen Teammitglieder. Sobald Jonas dies getan hat, muss er noch konkrete Veränderungen zeigen. Grundsätzlich sollte sich Jonas der Fähigkeiten und Stärken aller Teammitglieder bewusst sein und allen die Gelegenheit geben, sich einzubringen. Er sollte erkennen, dass aktuelles Wissen und jahrelange Erfahrung gleichermaßen für den Unternehmenserfolg notwendig sind. So könnte er seinem Team neue Technologien und Trends vorstellen und es in gemischten Kleingruppen die Vor- und Nachteile der Technologie diskutieren lassen. Zusätzlich könnten die Erfahrungen aus der Vergangenheit explizit in einem Lessons-learned-Workshop ergänzt werden. Eine weitere Idee, um das Know-how und die Erfahrung der älteren Mitarbeiter wertzuschätzen, könnte ein Programm sein, bei dem die erfahrenen Mitarbeiter als Mentoren für neu eingestellte Mitarbeiter in der Onboarding-Phase zur Verfügung stehen.

Wenn er solche (und weitere) Maßnahmen konsequent umsetzt, kann er ein harmonischeres, produktiveres und inklusives Arbeitsklima schaffen, das das Engagement und die Leistung aller Mitarbeiter fördert und anerkennt.

❓ Reflexionsfragen:

1. Wie gut kenne ich die individuellen Stärken, Talente und Erfahrungen jedes Teammitglieds? Bin ich mir der Vorteile und des Wissens bewusst, die langjährige Erfahrung mit sich bringt?

2. Wie oft habe ich Vorschläge oder Bedenken älterer Teammitglieder überhört oder nicht ernst genommen, weil ich sie für veraltet oder irrelevant hielt?

3. Welche Maßnahmen kann ich ergreifen, um sicherzustellen, dass jeder im Team gehört und geschätzt wird, unabhängig von Alter oder Erfahrung? Welche Plattformen oder Foren könnten helfen, das Wissen und die Erfahrung aller Teammitglieder zu nutzen?

4. Wie kann ich sicherstellen, dass ich bei der Einführung neuer Methoden oder Technologien das vorhandene Wissen und die Erfahrung im Team effektiv einbinde?

5. Welche Mechanismen oder Programme könnten im Unternehmen eingeführt werden, um den Wissensaustausch und die Zusammenarbeit zwischen den Generationen zu fördern?

Fehler Nr. 9 – immer der Cleverste sein zu wollen

Ein weiterer Stolperstein für junge Führungskräfte ist die Annahme, sie müssten immer die klügsten Personen im Raum sein. Sie gehen davon aus, dass sie auf jede Frage eine Antwort haben und jede Diskussion oder Entscheidung dominieren müssen. Das kann jedoch das Engagement und die kreative Beteiligung der Teammitglieder hemmen und eine Atmosphäre schaffen, in der die Mitarbeiter ihre eigenen Ideen und Meinungen nicht einbringen, weil sie das Gefühl haben, nicht dem Anspruch der Führungskraft zu genügen.

Praxisbeispiel: Nehmen wir an, Alexander ist CTO eines aufstrebenden Tech-Start-ups. Er hat einen beeindruckenden Lebenslauf sowie umfassendes Fachwissen und langjährige Erfahrung. Er neigt jedoch dazu, Diskussionen zu dominieren und seine eigenen Ideen über die seiner Teammitglieder zu stellen. Er geht davon aus, dass er immer die besten Antworten hat, und erwartet, dass sein Team seinen Vorschlägen folgt, ohne Fragen zu stellen oder Alternativen vorzuschlagen. Dies führt dazu, dass sich seine Mitarbeiter zurückhalten und nicht ihre gesamte Kreativität und Expertise einbringen. Es entsteht eine passive »Er weiß es ja eh besser«-Einstellung im Team.

Was Alexander zukünftig verbessern kann:
Um dieses Problem zu lösen, sollte Alexander eine Kultur der Offenheit und Zusammenarbeit fördern. Anstatt sich auf sein eigenes Wissen zu verlassen, könnte er anerkennen und betonen, dass jedes Teammitglied einzigartige Fähigkeiten und Kenntnisse hat, die zum Erfolg des Unternehmens beitragen können. Statt jede Diskussion zu dominieren, könnte er versuchen, mehr zuzuhören und den Input seiner Mitarbeiter zu würdigen.

Es wäre außerdem sehr hilfreich, wenn Alexander verstehen würde, dass seine Rolle als Führungskraft nicht darin besteht, alle Antworten zu haben, sondern sein Team zu unterstützen, gemeinsam Lösungen zu finden. Indem er eine solche Kultur fördert, könnte Alexander die kreative Beteiligung und das Engagement seines Teams steigern und ihnen das Gefühl geben, dass sie einen wertvollen Beitrag zum Unternehmen leisten.

❓ Reflexionsfragen:

1. Hatte ich jemals in einem Meeting das Gefühl, dass ich die klügste Person im Raum sein muss? Wie hat sich das auf meine Interaktionen und Entscheidungen ausgewirkt?

2. Wie oft höre ich meinen Teammitgliedern wirklich zu? Wie oft gebe ich ihnen die Möglichkeit, ihre Gedanken und Meinungen zu äußern, ohne sie zu unterbrechen oder sofort mit Gegenargumenten zu reagieren?

3. Inwiefern könnte die Annahme, immer die beste Idee haben zu müssen, die Kreativität und das Engagement meines Teams einschränken? Welche Möglichkeiten verpasse ich, wenn ich nicht genug Raum für die Ideen und Meinungen anderer lasse? Wie beeinflusst mein Verhalten die Performance und das Verhalten meines Teams?

4. Wie kann ich eine Umgebung schaffen, in der alle Teammitglieder ermutigt werden, ihre Meinungen und Ideen beizutragen? Welche konkreten Maßnahmen kann ich ergreifen, um diese Kultur der Offenheit und Zusammenarbeit zu fördern?

5. Wie bewerte ich meinen eigenen Erfolg als Führungskraft? Ist es mir wichtiger, immer recht zu haben, oder möchte ich, dass mein Team erfolgreich, engagiert und motiviert ist?

Fehler Nr. 10 – Kritik nur gegenüber anderen

Eine Führungskraft, die ständig andere kritisiert, sich selbst aber nicht für kritisches Feedback öffnet, kann ein Klima der Angst und des Misstrauens schaffen. Diese einseitige Herangehensweise untergräbt das Vertrauen und die offene Kommunikation im Team und kann dazu führen, dass Mitarbeiter sich unsicher fühlen, ihre ehrliche Meinung zu sagen.

Praxisbeispiel: Johannes ist Leiter der Entwicklungsabteilung in einer dynamischen Softwarefirma. Er ist sehr gut darin, Feedback zu geben – er weist schnell auf Fehler hin und macht seinen Mitarbeitern konstruktive Verbesserungsvorschläge. Wenn es aber um Kritik an seiner eigenen Arbeit geht, zeigt Johannes eine defensive Haltung. Er nimmt Kritik persönlich und ist nicht bereit, Feedback zu seiner Arbeit oder seinem Führungsstil anzunehmen. Kritisiert jemand im Team Johannes' Verhalten oder stellt es infrage, behandelt Johannes diese Person für ein paar Tage wie Luft. Das schafft eine Atmosphäre der Angst im Team, da die Mitarbeiter befürchten, dass ehrliche Gespräche über Probleme zu Konflikten oder sogar Vergeltungsmaßnahmen führen könnten.

Was Johannes zukünftig verbessern kann:
Um dieses Problem zu lösen, muss Johannes lernen, offener für konstruktive Kritik zu sein. Er könnte beginnen, sich selbst Verhaltensregeln für den professionellen Umgang mit Feedback aufzuerlegen. Außerdem sollte er selbstkritisch über sein bisheriges Verhalten nachdenken und dem Team erklären, dass er erkannt hat, sich ungeschickt verhalten zu haben. Danach kann er seine Mitarbeiter ermutigen, ihm weiter regelmäßig Feedback zu geben,

und dabei betonen, dass er ihre Meinungen und Perspektiven zukünftig respektvoller und konstruktiv behandeln wird. Statt Kritik als persönlichen Angriff zu sehen, sollte er sie als Chance sehen, blinde Flecken in seinem Verhalten aufzudecken und sich zu verbessern.

Es wäre auch hilfreich, wenn Johannes regelmäßig sein Verhalten reflektiert, um seine Stärken und Schwächen besser zu verstehen und weitere Bereiche für Verbesserungen zu identifizieren.

❓ Reflexionsfragen:

1. Wie reagiere ich normalerweise, wenn ich kritisiert werde? Verteidige ich mich sofort oder nehme ich mir einen Moment Zeit, um darüber nachzudenken und das Feedback zu verarbeiten?

2. Gibt es Situationen, in denen ich Kritik als persönlichen Angriff empfunden habe? Wie hat diese Wahrnehmung meine Reaktion und meine nachfolgenden Interaktionen beeinflusst?

3. Wie oft bitte ich aktiv um Feedback zu meiner Arbeit oder meinem Führungsstil? Wenn ich es nicht regelmäßig tue, warum zögere ich?

4. Welche Schritte kann ich unternehmen, um eine sicherere und offenere Umgebung für Feedback in meinem Team zu schaffen? Welche Maßnahmen oder Ressourcen können mir dabei helfen?

5. Wie kann ich meine Fähigkeiten verbessern, konstruktive Kritik anzunehmen und darauf zu reagieren, ohne mich angegriffen zu fühlen?

Für langfristig erfolgreiche Führungskräfte ist es wichtig, aus den eigenen Fehlern zu lernen. Oft sind es die kleinen Dinge – Unpünktlichkeit, ständige Meinungsänderungen oder der Unwille, Kritik anzunehmen –, die zu größeren Problemen im Team führen können. Wenn wir als Führungskräfte diese Fehler erkennen und aktiv Maßnahmen zur Verbesserung ergreifen, können wir nicht nur unser eigenes Führungsverhalten verbessern, sondern auch ein stärkeres und harmonischeres Team aufbauen. Letztendlich profitiert das gesamte Unternehmen von besseren Führungskräften. Es liegt an uns, den ersten Schritt zu tun und uns jeden Tag aufs Neue für eine bessere Führung einzusetzen.

SCHLUSSWORT UND BONUS

Du hast nun eine Toolbox mit wertvollen Strategien und Werkzeugen kennengelernt, die dich in deiner Rolle als Führungskraft stärken und unterstützen werden. Durch die Arbeit mit dem Buch hast du nicht nur theoretisches Wissen erworben, sondern auch praktische Fähigkeiten und Erkenntnisse, die du direkt in deinen Führungsalltag integrieren kannst.

Zusammen sind wir durch die verschiedensten Aspekte der Führungsrolle gereist – angefangen bei den Grundlagen der drei Säulen bis hin zu den ersten Schritten als Führungskraft.

Du hast hier gelernt, wie wichtig darüber hinaus dein Zeit- und Selbstmanagement und eine klare Kommunikation für deine Rolle als Führungskraft sind. Akzeptanz und Respekt bekommen Führungskräfte nicht durch ihren Job-Titel. Es hängt davon ab, wie du agierst und wie du deine Führungsrolle wahrnimmst und gestaltest.

Mit der richtigen Einstellung, professionellen Werkzeugen, der Bereitschaft zur Selbstreflexion und kontinuierlichen Verbesserung hast du alles, was du brauchst, um in der Führung erfolgreich zu sein.

Dieses Buch soll dir dabei als Leitfaden und Inspirationsquelle dienen. Führung ist mehr als nur ein Job – es ist eine Berufung, eine Leidenschaft, eine Kunst. Ich bin überzeugt, dass du alles mitbringst, was du brauchst, um diese Kunst zu meistern.

Ich danke dir, dass du dich mit mir auf diese Reise begeben hast. Ich wünsche dir von Herzen viel Erfolg für deinen weiteren Weg und freue mich, wenn du mit meiner Hilfe eine erfolgreiche Führungskraft wirst. Eine Führungskraft, die nicht nur gute Ergebnisse für das Unternehmen erzielt, sondern auch für ihr Team ein Arbeitsumfeld gestaltet, in dem sich alle Mitarbeiter gesehen, respektiert, wertgeschätzt und anerkannt fühlen!

Zum Ende habe ich noch zwei wichtige Punkte, die mir auf meinem Weg als (junge) Führungskraft sehr hilfreich waren:

1. »Nobody is perfect!« Durch mein Studium und meine Aus- und Weiterbildungen bei Vodafone hatte ich sehr gute Voraussetzungen für den Start und den Weg als Führungskraft. Trotzdem habe ich viele Fehler gemacht und bin an einigen Hürden und Hindernissen im ersten Anlauf gescheitert. Scheitern ist keine Schande und sollte dich auch nicht entmutigen. Es ist vielmehr Teil deines Weges und eine wertvolle Quelle des Lernens. Es formt und stärkt dich als Mensch und als Führungskraft, auch wenn es sich wie ein Rückschlag anfühlt. Die Führungsreise ist kein gerader Pfad und jede Etappe hält neue Herausforderungen bereit. Sich manchmal unsicher oder überfordert zu fühlen, ist völlig normal. In solchen Momenten erinnere dich, dass selbst die erfolgreichsten Führungskräfte einmal genau da standen, wo du jetzt stehst. Sie haben Fehler gemacht, aus ihnen gelernt, sich verbessert und schlussendlich Erfolg gehabt. Weil das alles leichter gesagt (oder hier geschrieben) ist als getan, habe ich noch eine Empfehlung für dich:

Sei nicht zu streng mit dir und fokussiere dich nicht nur auf die Dinge, die noch nicht so gut klappen. Sammle stattdessen täglich in einer Selbstreflexion (z. B. als eine Art Feierabendritual) ein bis zwei kleine Erfolge des Tages in einer Liste. Das können ganz alltägliche Ereignisse sein, beispielsweise wenn du einem Trainee in deiner Abteilung einen Arbeitsablauf erklärt hast und er ihn danach erfolgreich allein bewältigen kann.

Zum Alltag einer Führungskraft gehören aber auch kleine Fehlschläge, die in einem Moment der Unachtsamkeit passieren können. Es ist bestimmt schon jeder Führungskraft mal passiert, dass sie sich im Ton vergriffen hat oder eine Kritik nicht korrekt formuliert hat. Das ist menschlich und völlig legitim. Langfristig erfolgreiche Führungskräfte unterscheiden sich von anderen Führungskräften nicht dadurch, dass sie diese Fehler nicht auch machen würden. Nein. Sie wissen, wie wichtig eine tägliche Selbstreflexion ist, und haben das Durchhaltevermögen, täglich ihre Erfolge und Fehlschläge zu dokumentieren. Damit erkennen sie ihre kleinen Fehltritte recht schnell und haben die Chance, sie am nächsten Tag zu korrigieren. Hier ein Beispiel, wie so eine Selbstreflexion aufgebaut sein kann:

Selbstreflexion

Datum _____

Mo Di Mi Do Fr Sa

Arbeitswoche   Tag 1

Was habe ich heute „gut" gemacht?

_____
_____
_____

Was habe ich heute „nicht so gut" gemacht?

_____
_____
_____

Was möchte ich morgen anders/besser/genauso noch mal machen?

Arbeitswoche   Tag 2

Was habe ich heute „gut" gemacht?

_____
_____
_____

Was habe ich heute „nicht so gut" gemacht?

_____
_____
_____

Was möchte ich morgen anders/besser/genauso noch mal machen?

Arbeitswoche   Tag 3

Was habe ich heute „gut" gemacht?

_____
_____
_____

Was möchte ich morgen anders/besser/genauso noch mal machen?

Was habe ich heute „nicht so gut" gemacht?

_____
_____
_____

Arbeitswoche   Tag 4

Was habe ich heute „gut" gemacht?

_____
_____
_____

Was möchte ich morgen anders/besser/genauso noch mal machen?

Was habe ich heute „nicht so gut" gemacht?

_____
_____
_____

Arbeitswoche   Tag 5

Was habe ich heute „gut" gemacht?

_____
_____
_____

Was möchte ich morgen anders/besser/genauso noch mal machen?

Was habe ich heute „nicht so gut" gemacht?

_____
_____
_____

2. **»You never walk alone!«** In einer (neuen) Führungsrolle kann schnell das unbehagliche Gefühl aufkommen, alles allein entscheiden zu müssen. Du willst gegenüber deinem Team keine Schwächen oder Unsicherheiten zeigen und stellst damit einen sehr großen Anspruch an dich selbst. Das habe ich auch so gemacht und mir damit viel zusätzlichen Erwartungsdruck aufgeladen. Durch interne Seminare, Projekte und Führungstagungen habe ich dann aber immer mehr erkannt, dass ich mit meinen Sorgen und Nöten nicht allein bin. Viele der Führungskräfte um mich herum hatten die gleichen Themen und auch sie haben sich nur sehr zögerlich geöffnet. Am Ende meiner Karriere bei Vodafone hatte ich mir ein Netzwerk aufgebaut, das teilweise bis heute noch aktiv ist. Mit meinem ehemaligen Chef und einem guten Freund treffe ich mich regelmäßig und wir tauschen uns zu Ideen, Sorgen und Lösungen aus. Die Idee, dieses Buch zu schreiben, wurde auch von diesem Netzwerk mit unterstützt, wofür ich natürlich sehr dankbar bin.

Weil mir dieses Netzwerk über die Jahre so stark geholfen hat, habe ich für DICH und alle anderen Leser eine „Community" & eine kostenlose App entwickelt, in der du dich zu deinen Themen, Fragen, Sorgen oder vielleicht sogar Ängsten rund um die Führungsaufgabe austauschen kannst. Du kannst dort Rat von anderen Lesern einholen, die zwar in ganz anderen Unternehmen arbeiten, aber ähnliche Situationen erlebt haben und Probleme erfolgreich lösen konnten. Der große Vorteil dieser Community ist, dass jeder außerhalb seines Unternehmens, diskret (keine vertraulichen Daten), anonym (bitte auch keine Firmennamen) und doch vertrauensvoll um Rat suchen kann.

Ich werde in der Community auch regelmäßig aktiv sein und mich bei den Praxisfällen mit einklinken und wertvolle Tipps beisteuern. Mal als Podcastfolge, in der ich eine Frage von der Community beantworte, mal als Video-Lektion und in regelmäßigen Abständen sogar in einer Live-Session. In der App auf dem Handy kannst du also sogar zwischendurch mal ein Thema in der Community platzieren und auf eine schnelle Reaktion durch Gleichgesinnte setzen.

Um dir in der App noch einen zusätzlichen Schub an Wissen und Praxiserfahrung zu bieten, freue ich mich, dir hier einen kostenlosen Zugang zu zwei meiner Online-Seminare anzubieten: »Leadership basics« und »Leadership starter«.

Diese Kurse habe ich speziell dafür entwickelt, junge Führungskräfte wie dich auf dem Weg zur erfolgreichen Führung zu unterstützen.

Du findest den Zugang zu diesen Seminaren hier per QR-Code oder alternativ unter folgendem Link: https://seminare.luederitz.eu/kickstartbonus.

Einfach scannen, die App installieren und los geht`s mit dem vertiefenden Lernen und der praktischen Anwendung der Führungsgrundlagen. Viel Spaß und Erfolg beim Weiterlernen!

Dein Henryk Lüderitz

ÜBER MICH

Talente sind Grenzgänger. Sie wollen mehr. Sie sind bereit, die Grenzen ihrer Komfortzone zu verlassen, um ihr Potenzial voll auszuschöpfen, um sich weiterzuentwickeln. Dafür gehen sie an ihre eigenen Grenzen. Sie testen sich aus. Sie wollen gefordert werden. Für Unternehmen sind sie die Quelle, um voranzukommen, um zu wachsen, um wettbewerbsfähig zu bleiben.

Talente zu fördern – davon hängt die Innovationskraft eines jeden Unternehmens ab.

Genau wie meine Seminarteilnehmer habe ich immer wieder meine Grenzen gesucht, mich weiterentwickelt – mein ganzes Leben lang: Mein erster Chef war knapp 50 Jahre älter und galt als Lehrlingsschreck. Es folgten ein nachgeholtes Abitur, ein BWL-Studium an einer privaten Hochschule und zeitgleich der Berufseinstieg bei Mannesmann Mobilfunk. Dann schnell der nächste Grenzgang: Projektleitung für internationale Ausschreibungen und Produkteinführungen. Ebenso rasant ging es weiter: Vodafone, Teilnahme an Talentprogrammen und Einstieg als Gruppenleiter im Bereich Kundenbetreuungssysteme mit einem Innovationsbudget von rund 15 Millionen Euro pro Jahr. Später die Verantwortung für die gesamte Briefkommunikation mit über 80 Millionen Briefsendungen pro Jahr.

Dann der bewusste Ausstieg und die Selbstständigkeit als Trainer für all jene, deren tägliche Themen und Herausforderungen ich am besten kenne: Young Professionals und junge Führungskräfte. Sie wünschen sich einen Trainer, der in ihren Schuhen gesteckt hat und weiß, wie sich der Druck der Verantwortung anfühlt. Seit dem Start in die Selbstständigkeit verlassen sich die Top-Player der Wirtschaft bei der Entwicklung ihrer jungen Führungskräfte auf meine Expertise. Die Deutsche Bahn, Volkswagen, Procter & Gamble, REWE, Edeka & Co. In mehr als 1.000 Seminartagen habe ich mehrere Tausend junge Talente zu echten Führungskräften entwickelt. Meine Methoden, Techniken und Tipps sind außerdem in meinem Online-Magazin »The Young Professional« (mit über 30.000 Abonnenten), meinem Xing-Insiderprofil oder in zahlreichen Facharktikeln beim Spiegel, der FAZ, dem Handelsblatt und in weiteren Fachmedien verfügbar.

QUELLEN-
VERZEICHNIS

[1] Blanchard, K. (2018): Leading at a higher Level. Pearson Education. London.

[2] Harvard Business Review (2017): Manager's Handbook. Harvard Business Press.

[3] Brown, B. (2018): dare to lead. Penguin Random House. München.

[4] Alexander, L. (2021): How to Write a SMART Goal [+ Free SMART Goal Template]. Hubspot. https://blog.hubspot.com/marketing/how-to-write-a-smart-goal-template (Zugriff am 12.12.2022).

[5] Blanchard, K. (2018): Leading at a higher Level. Pearson Education. London.

[6] Servatius, H.-G. (2021): Personalführung im Zeitalter eines Connective Managements. https://www.competivation.de/tag/direktfuehrung/ (Zugriff am 02.03.2023).

[7] Kälin K.; Müri P. (2000): Sich und andere führen. Ott Verlag. Thun.

[8] Conti, G. (2017): How to Delegate Tasks Effectively (and Why It's Important). Focus. https://www.meistertask.com/blog/delegate-tasks-effectively/ (Zugriff: 02.04.2023).

[9] »WWW-Methode«. Wie Sie als Vorgesetzter richtig kritisieren. (27.6.2007): RP – Leben – Beruf. http://www.rp-online.de/leben/beruf/wie-sie-als-vorgesetzter-richtig-kritisieren-aid-1.2415970 (Zugriff: 23.02.2022).

[10] Basler, S.; Gattinger, K. (2014): Führen an der Leistungsgrenze. Instrumentarium für Führungskräfte. Springer Gabler. Wiesbaden.

[11] Martins, J. (2023): Effizienz vs Effektivität im Arbeitsalltag – Das ist der Unterschied!, https://asana.com/de/resources/efficiency-vs-effectiveness-whats-the-difference# (Zugriff: 13.08.2023).

[12] Thiele, C. (2021): So können Sie im Unternehmen Wert-voller führen und organisieren https://www.personalwirtschaft.de/news/hr-organisation/konstruktiv-positiv-so-helfen-ihnen-werte-beim-fuehren-und-organisieren-im-unternehmen-95720/ (Zugriff: 12.07.2023).

[13] Boyd, K. (2021): Zeitmanagement-Strategien, die jede Führungskraft kennen sollte. Mitarbeiterfuehren.com. https://mitarbeiterfuehren.com/selbstfuehrung/zeitmanagement-strategien-die-jede-fuehrungskraft-kennen-sollte/ (Zugriff: 14.01.2023).

[14] Simonis, A. (2020): Effizienz & Effektivität – Unterschied zwischen effizient und effektiv. https://www.inloox.de/unternehmen/blog/artikel/effizienz-effektivitaet-unterschied-zwischen-effizient-und-effektiv/ (Zugriff am 20.01.2023).

[15] Schäfer, C. (2022): Von Pomodoro-Technik bis Krötentag – Fünf Workhacks, die Zeit sparen und Effizienz fördern. https://www.handelsblatt.com/karriere/zeitmanagement-von-pomodoro-technik-bis-kroetentag-fuenf-workhacks-die-zeit-sparen-und-effizienz-foerdern/27962208.html (Zugriff am 21.01.2023).

[16] Beissler, N. A. (2023): Die besten Strategien bei Aufschieberitis. https://www.linkedin.com/pulse/die-besten-strategien-bei-aufschieberitis-nicole-mara-beissler/?originalSubdomain=de (Zugriff am 15.03.2023).

[17] Müller, J. (2023): Timeboxing – Produktiv arbeiten wie Bill Gates und Elon Musk. https://www.impulse.de/selbstmanagement/timeboxing/7476104.html (Zugriff am 03.05.2023)

[18] Josten, J. (2020): ABC-Methode – Kinderleicht zum besseren Zeitmanagement. https://thesius.de/blog/articles/abc-methode-besseres-zeitmanagement/ (Zugriff am 03.05.2023).

[19] Schule, M. (2020): So bekämpfen Sie die 8 häufigsten Zeitfresser. https://blog.hubspot.de/sales/zeitfresser (Zugriff am 03.05.2023).

[20] American Psychological Association. (2006): Multitasking – Switching costs. Apa.Org. https://www.apa.org/research/action/multitask (Zugriff am 13.05.2023).

[21] o. A. (2010): Multitasking: Teste dich selbst. https://www.foerderland.de/organisieren/news/multitasking-teste-dich-selbst/ (Zugriff am 10.10.2022).

[22] Ferriss, T. (2015): Die 4-Stunden-Woche – Mehr Zeit, mehr Geld, mehr Leben. Ullstein Taschenbuch. München.

[23] Cirillo, F. (o. J.): The Pomodoro ® Technique. https://francescocirillo.com/products/the-pomodoro-technique (Zugriff am 01.12.2022).

[24] Trentmann, N. (2006): Die ALPEN-Methode. https://www.zeit.de/campus/2006/49/zeitmanagement_alpen?utm_referrer=https%3A%2F%2Fwww.google.com%2F (Zugriff am 01.02.2023).

[25] The Eisenhower Matrix: Introduction & 3-Minute Video Tutorial. (2016): Eisenhower. https://www.eisenhower.me/eisenhower-matrix/ (Zugriff am 01.02.2023).

[26] Seeger, C. (2023): Kommunizieren als Führungskraft – Regeln und Routinen für die Kommunikation mit Mitarbeitern. https://www.business-wissen.de/hb/regeln-und-routinen-fuer-die-kommunikation-mit-mitarbeitern/ (Zugriff am 02.04.2023).

[27] Watzlawick, P. (o. J.): Die Axiome von Paul Watzlawick. https://www.paulwatzlawick.de/axiome.html (Zugriff am 05.04.2023).

[28] Pfeiffer, F. (2023): Das Sender Empfänger Modell einfach erklärt mit Beispielen. https://www.scribbr.de/modelle-konzepte/sender-empfaenger-modell/ (Zugriff am 05.08.2023).

[29] Brückner, B. (2020): Ursachen für Fehlkommunikation und Tipps. https://www.fuer-gruender.de/blog/fehlkommunikation-ursachen-tipps/ (Zugriff am 06.08.2023).

[30] McCarthy, B. (2005): Teaching Around the 4MAT® Cycle: Designing Instruction for Diverse Learners with Diverse Learning Styles. Corwin Press. California.

[31] Heß, K. (2022): KISS-Prinzip – Keep it short and simple. https://www.business-wissen.de/artikel/kiss-prinzip-keep-it-short-and-simple/ (Zugriff am 06.08.2023).

[32] Birkenbihl, V. F. (2020): Kommunikationstraining – Zwischenmenschliche Beziehungen erfolgreich gestalten. 41. Auflage. MVG Verlag. München.

[33] Wierts, S. (o. J.): Schreibstil – So formulieren Sie überzeugend. https://www.starting-up.de/praxis/soft-skills/der-optimale-geschaeftsbrief.html (Zugriff am 07.08.2023).

[34] Lohrmann, J.; Kiefer, A. (2004): Körpersprache. https://www.planet-wissen.de/gesellschaft/kommunikation/koerpersprache/index.html (Zugriff am 08.08.2023).

[35] Windolph, A. (2022): Aktives Zuhören – Wie du besser kommunizierst und Missverständnisse vermeidest. https://projekte-leicht-gemacht.de/blog/softskills/kommunikation/aktives-zuhoren/ (Zugriff am 01.07.2023).

[36] Schiffer, M. (2023): Systemische Fragetechniken für Führungskräfte – Der Weg zum erfolgreichen Leader: Wie Sie mit smarten Fragen Ihre Mitarbeiter erfolgreich führen und Ziele effektiv erreichen. Modern Leader Verlag. (o. O.).

[37] Vogel, I. (2022): Wirkungsvoll sprechen – Tipps für eine bessere Rhetorik. https://www.business-wissen.de/artikel/wirkungsvoll-sprechen-7-tipps-fuer-eine-bessere-rhetorik/ Zugriff am 01.06.2023).

[38] Rotter, I. (2023): So verbessern Sie die Kommunikation in Ihrem Team – 6 Strategien + Tipps. https://www.informatik-aktuell.de/management-und-recht/projektmanagement/die-6-aspekte-der-teamkommunikation.html (Zugriff am 01.05.2023).

[39] Broehenhorst, L. (2023): Kommunikation im Team wertschätzend gestalten. https://www.factro.de/blog/kommunikation-im-team/ (Zugriff am 01.05.2023).

[40] Burghart, A. (2012): »Form Follows Function« – Ein missverständlicher Gestaltungsleitsatz. https://www.centigrade.de/de/blog/form-follows-function-ein-missverstaendlicher-gestaltungsleitsatz/ (Zugriff am 01.05.2023).

[41] Gallup (2023): State of the American Manager Report. https://www.gallup.com/services/182216/state-american-manager-report.aspx (Zugriff am 01.06.2023).

[42] Renz, A. (2022): DISG – Was du aus dem Persönlichkeitstest lernst. Greator. https://greator.com/disg/ (Zugriff am 04.05.2023).

[43] Tellers, L. (2022): Tipps für den Elevator Pitch. https://www.business-wissen.de/artikel/elevator-pitch-tipps-fuer-die-praesentation/ (Zugriff am 05.04.2023).

[44] Fleig, J. (2022): So wird eine SWOT-Analyse erstellt. https://www.business-wissen.de/artikel/swot-analyse-so-wird-eine-swot-analyse-erstellt/ (Zugriff am 03.04.2023).

[45] Schwegler, C. (2017): Gruppenarbeiten anders präsentieren – Vernissage statt Präsentation. https://neuland.ch/blog/vernissage-gruppenarbeiten-anders-prasentieren.html (Zugriff am 01.02.2023).

[46] Martins, J. (2023): Raci-Matrix – Beispiele und Vorlage im Überblick! https://asana.com/de/resources/raci-chart (Zugriff am 03.04.2023).

[47] Henkel, P. (2018): Schnelleinstieg – Kanban im Projektmanagement. https://www.projectwizards.net/de/blog/2018/03/kanban (Zugriff am 02.06.2023).

[48] Fleig, J. (2022): Beispiele für Key Performance Indicators (KPI). https://www.business-wissen.de/hb/key-performance-indicators-kpi-beispiele-anschaulich-erklaert/ (Zugriff am 01.06.2023).

[49] Sölch, W. (2017): 360-Grad-Feedback – Vorgehensweise und Tipps. https://www.business-wissen.de/artikel/360-grad-feedback-vorgehensweise-und-tipps/ (Zugriff am 03.06.2023).

[50] Hünninghaus, A. (2021): WARME DUSCHE FÜR ALLE – Komplimente machen das Büroleben so viel besser. https://www.wiwo.de/my/erfolg/beruf/warme-dusche-fuer-alle-komplimente-machen-das-bueroleben-so-viel-besser/27638774.html (Zugriff am 02.05.2023).

[51] Teng, M. (2021): 5 Anzeichen dafür, dass ihr ein Mikromanager seid — und wie ihr das sofort korrigiert. https://www.businessinsider.de/better-capitalism/arbeit/5-anzeichen-dafuer-dass-ihr-ein-mikromanager-seid-2021-2/ (Zugriff am 04.05.2023).

[52] Fleig, J. (2023): So funktioniert Scrum – Rollen, Regeln, Methoden. https://www.business-wissen.de/hb/so-funktioniert-scrum-rollen-regeln-methoden/ (Zugriff am 20.05.2023).

[53] Kaiser, N. (2021): Mit dem Kanban-Board den Workflow verbessern. https://www.business-wissen.de/artikel/agiles-projektmanagement-so-funktioniert-das-kanban-board/ (Zugriff am 04.05.2023).

[54] Glasl, F. (2020): Konfliktmanagement – Ein Handbuch für Führung, Beratung und Mediation. Haupt Verlag. Bern.

[55] Gallup (2023): State of the American Manager Report. https://www.gallup.com/services/182216/state-american-manager-report.aspx (Zugriff am 01.06.2023).

[56] Amiralai, S. (2021): Gallup Q12 – 12 Fragen für mehr Mitarbeiterzufriedenheit. https://hirnpuls.de/gallup-q12-mehr-mitarbeiterzufriedenheit/ (Zugriff am 02.06.2023).

[57] Fleig, J. (2022): Arbeitstechniken für strukturiertes Arbeiten – Brainstorming für bessere Problemlösungen. https://www.business-wissen.de/hb/kreative-problemloesung-mit-brainstorming/ (Zugriff am 15.07.2023).

[58] Fleig, J. (2021): Entscheidungsfindung – Mit diesen Methoden bereiten Sie Entscheidungen vor. https://www.business-wissen.de/hb/entscheidungstechniken-nutzen-methoden-tools/ (Zugriff am 16.07.2023).

Du möchtest mit **deinem** Buch zuverlässig **neue Kunden gewinnen**...

... und dabei deutlich weniger pro Neukunde zahlen?

Dann erfahre, wie Experten mit Ratgebern & Sachbüchern planbar und zuverlässig neue Kunden generieren.

Auf unserer Website enthüllen wir die geheime Strategie hinter Personenmarken, die mit ihrem Buch zuverlässig neue Kunden gewinnen und gleichzeitig auf die Bestsellerlisten kommen.

autoren.remote-verlag.de/video/opt-in/derkickstartfuerjungefuehrungskraefte